Neue Prämissen in Führung und HR-Management

Jean-Marcel Kobi

Neue Prämissen in Führung und HR-Management

Mehr Leistung durch Sicherheit und Verbundenheit

 Springer Gabler

Jean-Marcel Kobi
J.M. Kobi & Partner
Eichbülstr. 2 b
8712 Stäfa
Schweiz

kobi.partner@swissonline.ch

ISBN 978-3-658-12111-2   ISBN 978-3-658-12112-9 (eBook)
DOI 10.1007/978-3-658-12112-9

Die Deutsche Nationalbibliothek verzeichnet diese Publikation in der Deutschen Nationalbibliografie; detaillierte bibliografische Daten sind im Internet über http://dnb.d-nb.de abrufbar.

Springer Gabler
© Springer Fachmedien Wiesbaden 2016

Lektorat: Ulrike M. Vetter

Gedruckt auf säurefreiem und chlorfrei gebleichtem Papier

Springer Fachmedien Wiesbaden ist Teil der Fachverlagsgruppe Springer Science+Business Media
(www.springer.com)

Inhaltsverzeichnis

1   **Einleitung** 1
    1.1   Ein frischer Blick auf Managementprämissen 2
    1.2   Grundfragen in neuem Licht 3
    1.3   Transdisziplinär und einfach 3
    Literatur 4

Teil I   Mächtige Grundtriebe und Lernvoraussetzungen

2   **Strukturierende Kräfte – limbisches System, Gene, Kultur**
    und Erfahrungen 7
    2.1   Neurowissenschaftliche Anstöße 7
        2.1.1   Limbisches System und Cortex 7
        2.1.2   Kulturelle Prägungen und externe Bedingungen 9
        2.1.3   Menschen konstruieren ihre eigene Wirklichkeit 10
        2.1.4   Limbisches System, Kultur und Erfahrungen beeinflussen sich
            gegenseitig 11
        2.1.5   Emotion schlägt Ratio – beachtet wird, was die Aufmerksamkeit
            des limbischen Systems weckt 12
    2.2   Veränderbar – nicht veränderbar – Ist Willensfreiheit eine Illusion? 13
        2.2.1   Limbische Instruktionen lassen sich nur schwer verändern 13
        2.2.2   Willensfreiheit und Veränderbarkeit 13
    2.3   Die Grundtriebe, die unser Verhalten steuern – ein limbisches Modell 14
        2.3.1   Zentrale Inhalte eines limbischen Modells 15
        2.3.2   Es gibt individuelle Unterschiede, aber die vier limbischen
            Bedürfnisse sind die wesentlichen Treiber 16
        2.3.3   Unterschiedliche Stärke limbischer Bedürfnisse 17
    2.4   Die Balance der limbischen Bedürfnisse – Reziprozität beachten 20
    2.5   Wie lernen wir? – Experimentieren und reflektieren 22
        2.5.1   Nachhaltig gelernt wird vor allem durch Versuch und Irrtum 22
        2.5.2   Alle reden von Neuroplastizität, aber Veränderungen sind
            anstrengend 24

      2.5.3   Lernvoraussetzungen sind Vertrauen, Freiraum, Sinn erkennen
              sowie Kommunikation 26
      2.5.4   Ganzheitliches Wahrnehmen 26
      2.5.5   Experimente verhelfen zu neuen Erkenntnissen 27
      2.5.6   Handeln allein genügt nicht, wenn es nicht reflektiert wird 28
      2.5.7   Gelernt wird von eigenen Erfolgen und von den Fehlern
              der andern 29
   2.6 Ein Zwischenhalt – Sicherheit, Verbundenheit und Reflexion sind das
        Mächtige 30
      2.6.1   Die limbischen Bedürfnisse beachten 30
      2.6.2   Sicherheit und Verbundenheit betonen 30
      2.6.3   Die limbischen Bedürfnisse ausbalancieren 30
      2.6.4   Durch neue Erfahrungen und Reflexion zu einer eigenen
              Stimme finden 31
   Literatur 31

Teil II   Das Mächtige im Unternehmen umsetzen

3   Das Mächtige in der Führung von Organisationen 35
   3.1 Verbindliche Werte und Unternehmenskultur – Die Kulturzwiebel 35
      3.1.1   Von der sichtbaren Unternehmenskultur zu den Werten und
              Grundannahmen 37
      3.1.2   Unternehmen unterscheiden sich in ihren Antworten auf
              relevante Spannungsfelder 41
   3.2 Vom Wertmanagement zur WERTEentwicklung 42
      3.2.1   Grundlage von Werten und Unternehmenskultur sind die
              limbischen Bedürfnisse 42
      3.2.2   Werte und Unternehmenskultur schaffen Orientierung 47
      3.2.3   Mit Werten beschäftigen sich vor allem erfolgreiche
              Unternehmen 50
      3.2.4   Werte und Unternehmenskultur erfassen und gestalten 50
   3.3 Werteorientierte Leitbilder und Unternehmensstrategie 51
      3.3.1   Leitbilder entwickeln 52
      3.3.2   Unternehmensbeispiele 53
      3.3.3   Leitbilder umsetzen 56
   3.4 Unterschiedliche Bedürfnisse von Unternehmen und Mitarbeitenden
        ausbalancieren 57
   3.5 Psychologische Arbeitsverträge – ein Anwendungsbeispiel
        unterschiedlicher Bedürfnisse 58
      3.5.1   Die Basis des psychologischen Vertrages bricht weg 59
      3.5.2   ...mit gravierenden Folgen 60
      3.5.3   Die Spielregeln neu definieren 61

3.6 Human Capital Excellence – Die Mitarbeitenden im Mittelpunkt 63
   3.6.1 Unterschätztes Humankapital 64
   3.6.2 Die Mitarbeitenden sind Hauptleistungsträger, -kostenträger und
       – imageträger – Die empirische Bedeutung der Mitarbeitenden 64
   3.6.3 Die ethische Sensibilisierung wächst 67
   3.6.4 Das Commitment ist hoch, wenn die limbischen Sicherheits-
       und Beziehungsbedürfnisse befriedigt werden 68
   3.6.5 Das Humankapital ist für den Unternehmenserfolg bedeutsam
       – Aussagen aus Forschungsberichten 69
   3.6.6 Das Humankapital aufwerten 70
   3.6.7 Das Humankapital messen – Was nicht gemessen wird, wird
       nicht gemacht 71
3.7 Zum lernenden Unternehmen werden – Reflexion statt
   Wissensmanagement 72
Literatur 74

4 Das Mächtige in Veränderungsprozessen 77
4.1 Kein Wandel ohne Sicherheit 78
4.2 Beziehungsmanagement als Schlüssel zu Veränderungen 81
4.3 Wandel durch Experimente und Reflexion 82
4.4 Ein unternehmensspezifisches Design des Wandels 84
Literatur 91

5 Das Mächtige in der Mitarbeiterführung 93
5.1 Die Führungskräfte prägen, und das Mächtige prägt die Führung 93
5.2 Führung ist eine Frage der Haltung 94
   5.2.1 Führungskultur statt Führungstechnik 95
   5.2.2 Führungskultur hat ihre Wurzeln in Grundannahmen
       und Werten 95
   5.2.3 Führung ist nur beschränkt lernbar – Die Richtigen auswählen
       und ihnen Erfahrungen ermöglichen 95
5.3 Erfolgreiche Führung unterstreicht das Sicherheitsbedürfnis 96
5.4 Führung gestaltet Beziehungen 98
   5.4.1 Einfühlungsvermögen, Aufmerksamkeit und individualisierte
       Führung 99
   5.4.2 Wertschöpfung beginnt mit Wertschätzung 99
   5.4.3 Mitarbeitende fair behandeln und sie einbeziehen 100
   5.4.4 Das persönliche Gespräch ist durch nichts zu ersetzen 100
   5.4.5 Unterstützung, Anerkennung 101
   5.4.6 Die Meisterstufe – Sinn, Spaß, Spielraum 102
5.5 Experimentieren und Reflektieren in der Führung 103
5.6 Mächtige Führungsgrundsätze 103

5.7   Führungsqualität messen und belohnen   105
Literatur   107

6   Das Mächtige im HR-Management   109
6.1   Klare Schwerpunkte – Werteorientierung, Sicherheit, Verbundenheit
       und Reflexion   113
6.2   Interner Beschäftigungsfähigkeit gibt Sicherheit   114
       6.2.1   Über die Zukunft der Arbeit   114
       6.2.2   Von Arbeitsplatzsicherheit über Arbeitsmarktfähigkeit
               zu interner Beschäftigungsfähigkeit   116
       6.2.3   Entlassungen kosten Vertrauen, Motivation und Identifikation   . . .   117
       6.2.4   Interne Beschäftigungsfähigkeit hat ein Mitarbeitenden- und
               ein Unternehmensgesicht   119
       6.2.5   Flexibilisierungsansätze zur Erhöhung der
               Beschäftigungsfähigkeit   121
       6.2.6   Entwicklung und Erhaltung der Leistungsfähigkeit
               der 50 Plus als Beispiel   122
6.3   Den Mitarbeitenden ein Sicherheitsgefühl vermitteln   126
6.4   Beziehungen gestalten – Beiträge des HR-Managements
       zur Verbundenheit   128
6.5   Reflektierte Herausforderungen – Potenziale entfalten   132
6.6   Das Mächtige in Rekrutierung, Entlöhnung und Personalentwicklung   134
6.7   HR-Marketing und Rekrutierung   134
       6.7.1   Limbische Anforderungsprofile als Basis von
               Stellenbesetzungen   135
       6.7.2   Die Mitarbeitenden als Kunden behandeln (Verbundenheit)   137
6.8   Leistungsmanagement und Entlöhnung   137
       6.8.1   Entlöhnungssysteme auf die Sicherheitsaspekte ausrichten   138
       6.8.2   Verbundenheit durch fairen Beurteilungsprozess   138
       6.8.3   Anerkennung der persönlichen Leistung   139
6.9   Werte- und Personalentwicklung – akzeptieren, dass die
       Entwicklungsmöglichkeiten beschränkt sind   141
       6.9.1   Auf die Kernkompetenzen fokussieren   142
       6.9.2   Werte und Haltungen verinnerlichen   142
       6.9.3   Neue Erfahrungen ermöglichen   143
       6.9.4   Personalentwicklung reflektieren   144
6.10   Personalcontrolling als systematisches Reflexionsfeld   145
Literatur   146

Fazit   149

Abbildungsverzeichnis

Abb. 2.1 Aufbau des Gehirns 8

Abb. 2.2 Grundtriebe, die unser Verhalten steuern 15

Abb. 2.3 Bedürfnisse verschiedener Mitarbeitergenerationen 16

Abb. 2.4 Stärke limbischer Bedürfnisse 17

Abb. 2.5 Limbische Bedürfnisse in der Balance 22

Abb. 2.6 Wie lernen wir? 22

Abb. 2.7 Experimentieren und reflektieren 23

Abb. 3.0 Mächtige Themen im Unternehmen 33

Abb. 3.1 Das Mächtige in der Führung von Organisationen 36

Abb. 3.2 Die Kulturzwiebel 36

Abb. 3.3 Werte aus der Limbik ableiten 42

Abb. 3.4 Leitbildumsetzung 56

Abb. 3.5 Balance von Mitarbeiter- und Unternehmensbedürfnissen 57

Abb. 3.6 Der psychologische Arbeitsvertrag 59

Abb. 3.7 Limbik und Commitment 69

Abb. 3.8 Humankapital und Unternehmenserfolg 71

Abb. 4.1 Das Mächtige in Veränderungsprozessen 78

Abb. 4.2 Der Veränderungsprozess 82

Abb. 4.3 Zusammenspiel von harten und weichen Faktoren 86

Abb. 4.4 Die Brücke des Wandels 88

Abb. 5.1 Das Mächtige in der Mitarbeiterführung 96

Abb. 5.2 Beispiel limbischer Führungsgrundsätze 103

Abb. 5.3 Führungsaspekte eines Versicherungsunternehmens 104

Abb. 5.4 Führungsqualität messen (Beispiel) 106

Abb. 6.1 Das Mächtige im HR-Management   113
Abb. 6.2 Beschäftigungsfähigkeits-Check (Beispiel)   120
Abb. 6.3 Flexibilisierungsansätze   121
Abb. 6.4 Limbische Entlöhnungsgrundsätze   137
Abb. 6.5 Kernkompetenzen   143

Einleitung

1

In seiner Erzählung „Die Furggel" schildert Meinrad Inglin (1998), wie der Vater seinem Sohn beim steilen Aufstieg zum Pass seine Lebensphilosophie vermittelt: „Den Bergsteigern sind die Furggeln so bekannt wie die Gipfel. Man wandert und steigt und schwitzt, dann steht man belohnt auf der Passhöhe, man hat einen wichtigen Abschnitt hinter sich und schaut in eine neue Welt hinein. Das kommt auch im menschlichen Leben vor. Das Leben ist wie eine Wanderung, und ein paar Mal steht man auch auf so einer Furggel, die zwei Abschnitte trennt. ..."

Wir stehen auch im betriebswirtschaftlichen Denken an einem Übergang, wo Neues sichtbar wird und sich langsam Beachtung verschafft. Dieses Buch will mit einem praxisbezogenen, integralen Ansatz neue Akzente in Unternehmensführung, Unternehmenskultur, Veränderungsprozessen, Mitarbeiterführung sowie HR-Management setzen.

Das Mächtige im Titel sind die prägenden, einflussreichen, aber auch unbewussten und verdrängten Kräfte. Nach K. Schmid (1977) ist „über dem Bruchstrich das Genaue (Bewusste, Gewollte, Vernünftige), unter dem Bruchstrich das Mächtige". Auch wenn es nicht berechenbar und belegbar ist, bestimmt es die Realität. Das Genaue bedeutet Zielbestimmung, das Mächtige Motivation. „Das Genaue ist vorn, vor Augen, das Mächtige im Rücken". Wir richten unsere Aufmerksamkeit vor allem auf das Genaue. Das Mächtige in und um uns spüren wir zwar, doch scheint es eher hinderlich und wird – soweit möglich – rationalisiert. Problematisch wird die Beschränkung auf das Genaue, wenn es eigentlich um das Mächtige geht, das als Teil der Realität akzeptiert und berücksichtigt werden muss.

Der Einfluss intrinsischen menschlichen Handelns kann in der Betriebswirtschaft nicht länger ausgeklammert werden. Eine zukunftsfähige Ökonomie muss zentrale limbische Bedürfnisse wie Sicherheit und Verbundenheit verstärkt einbeziehen und der Reflexion einen herausragenden Platz einräumen. Daraus ergeben sich neue Sichtweisen und Begründungen. Die Bedeutung der strategischen und leistungsbezogenen Aspekte soll damit nicht geschmälert werden. Sie standen aber in der Vergangenheit oft genug im Scheinwer-

© Springer Fachmedien Wiesbaden 2016
J.-M. Kobi, *Neue Prämissen in Führung und HR-Management*,
DOI 10.1007/978-3-658-12112-9_1

1

ferlicht. Deshalb soll hier das bisher Vernachlässigte, das Mächtige besonders beleuchtet und damit auch die Bedeutung der Mitarbeitenden im Unternehmen neu begründet werden.

Dies ist kein weiteres Buch zur Hirnforschung, aber eines, das wichtige ihrer Erkenntnisse in die betriebswirtschaftliche Praxis zu übersetzen sucht. In der Auseinandersetzung mit dieser und anderen Disziplinen werden neue faszinierende Wege sichtbar, wie ich es auch bei der Bearbeitung anderer Themen (Unternehmenskultur, Change, Personalrisiken, Balance im Management) erlebte.

Natürlich haben mich verschiedene Autoren angeregt, allen voran H. A. Wüthrich und seine Musterbrecher, der Hirnforscher G. Hüther und der Vordenker des limbischen Ansatzes, H. G. Häusel. Ein besonderer Dank gilt den kritischen Erstlesern, meinem Sohn Marius sowie Dieter Tschudin, denen ich zahlreiche Hinweise verdanke.

1.1   Ein frischer Blick auf Managementprämissen

Verschiedene Prämissen zu Führung, Werten/Unternehmenskultur, Veränderungsprozessen und HR-Management sind anpassungsbedürftig. Das Ökonomische hat heute ein übergroßes Gewicht. Machbarkeitsdenken, Zahlengläubigkeit, Messbarkeit, Plan- und Veränderungsglaube, einseitige Betonung der harten Faktoren, Kurzfristdenken und Kontrollmentalität beherrschen unternehmerisches Denken und Handeln. Unsere Zeit ist fasziniert von ökonomischem Wachstumsglauben.

Traditionelle Ökonomen gehen in ihrer Theoriebildung von rationalen, eigennützig handelnden Individuen aus. Dieses Menschenbild vermag viele Phänomene nicht zu erklären. Erkenntnisse von Hirnforschung, Verhaltenspsychologie und Soziologie setzen zunehmend Fragezeichen hinter traditionelle ökonomische Prämissen. „Nicht alles, was zählt, kann gezählt werden, und nicht alles was gezählt werden kann, zählt" (Albert Einstein). Auch wirtschaftliches Handeln orientiert sich oft an Werten wie Fairness und Reziprozität. Menschen handeln regelmäßig irrational und interessieren sich nicht nur für Gewinn und Macht. Der Einfluss instinktiven menschlichen Handelns und die Erkenntnisse aus andern Wissensgebieten, können nicht länger ausgeblendet werden. Die ausschließlich zahlen- und faktenorientierten Sichtweisen rein wirtschaftlichen Denkens greifen zu kurz und der vorwiegend quantitative Instrumentenkasten muss erweitert werden. Menschliche Werte, Gefühle und Wurzeln sind wieder stärker zu betonen.

Im Dreigestirn von Ökonomie, Ökologie und Sozialem spielt das Soziale eine Nebenrolle. Vor lauter Wachstumsdenken, Fusionen, Erfolgsdruck, Reorganisationen und inkonsistenter Führung bleiben die Mitarbeitenden auf der Strecke. Als Menschen interessieren sie nur am Rande bzw. nur im Sinne ihres Leistungsbeitrages. Investitionen in Menschen haben keine Hochkonjunktur. Die Mitarbeiterorientierung rangiert weit hinter Finanzen, Strategien, Marketing und Informatik. Das Maß der Dinge muss in der Ökonomie wieder stärker der Mensch werden.

So wie sich in der Informatik der Fokus von der Hardware zur Software verlagert hat, sind auch die harten Faktoren im Unternehmen nur ein Teil des Erfolges. Ihre Bedeutung wird zunehmend relativiert. Es sind nicht allein die Strategien, die erfolgreich sind, nicht die Strukturen, die eine Zusammenarbeit erleichtern, nicht die Prozesse, die Effizienz erlauben, sondern die Menschen, die diese mittragen und umsetzen. Die Bedeutung von Mitarbeitenden und Unternehmenskultur wird unter-, Managementkonzepte und harte Faktoren werden überschätzt. Bei Zusammenschlüssen bleiben beispielsweise die personellen und kulturellen Themen meist ausgeklammert, erweisen sich jedoch später immer wieder als entscheidend.

Die mitarbeiterbezogenen Erfolgsfaktoren haben viel mit der Geschichte des Mannes zu tun, der seinen Schlüssel unter einer Lampe sucht und, als er gefragt wird, ob er denn sicher sei, den Schlüssel hier verloren zu haben, antwortet: „Nein, aber hier hat es Licht." Viele Manager suchen den Erfolg in Strategien, Strukturen und Instrumenten, die von Beratern besonders gut angeleuchtet werden, obwohl sie ahnen, dass die Menschen, die Kultur und gelebten Werte ebenso wichtig sind. Aber diese „weichen" Faktoren sind schlecht beleuchtet.

1.2 Grundfragen in neuem Licht

Man „steigt und schwitzt" und sucht im Aufstieg zum Übergang Antworten zu ein paar Grundfragen:

- Welche menschlichen Grundbedürfnisse müssen berücksichtigt werden?
- Was ist veränderbar und was nicht?
- Wie lernen wir?

1.3 Transdisziplinär und einfach

Keine Theorie und kein Modell vermag die ganze Realität abzubilden. Sie alle haben Grenzen. Theorien sind Krücken, aber es sind notwendige Stützen.

Leitgedanken dieses Buches waren Transdisziplinarität und Einfachheit. Fortschritt ist heute vor allem mit einer transdisziplinären Sicht zu erzielen. Auch in der Ökonomie sind Ansätze von Hirnforschung, Psychologie, Neurophysiologie, Verhaltensökonomie, Philosophie und Soziologie einzubeziehen und fruchtbar zu machen. Hilfreich sind vor allem einfache Theorien, die gleichzeitig ein breites Feld abdecken. Komplexe Probleme brauchen nicht immer komplexe Lösungen. In einer Welt der Ungewissheiten führen einfache Ansätze oft zu besseren Resultaten. Einfachheit heißt Beschränkung auf das Wesentliche, auf das, was wirklich wichtig ist. Dem Zeitgeist entspricht eine neue Lust an reduktionistischen Ansätzen, z. B. im Alpinismus (möglichst wenig Gepäck), in der Architektur (Reduktion auf das Wesentliche) oder in der Kunst (ars povero). Je dynamischer die Märkte sind, desto erfolgreicher sind einfache Konzepte. Einfache Produkte und Dienstleistungen werden von den Kunden verstanden und gekauft. Einfache Prozesse sind transparent, verständlich und schnell eingeführt. Komplexität beeindruckt, Einfachheit überzeugt. Alles Lebendige ist einfach. Einfach sein, ist höchste Kunst, meinte C.G. Jung, und nach A. Einstein sollte man alles so einfach wie möglich machen, aber nicht einfacher. Das größte Hindernis: Das Einfache ist auch das Schwierige.

Literatur

Häusel, H.-G. (2010). *Think Limbik* (4. Aufl.). München: Haufe.

Hüther, G. (2011). *Was wir sind und was wir sein könnten – ein neurobiologischer Mutmacher.* Frankfurt a. M.: Fischer.

Inglin, M. (1998). *Die Furggel.* Zürich: Ammann Verlag.

Kaduk, St., Osmetz, D., Wüthrich, H. A., & Hammer, D. (2013). *Musterbrecher, Die Kunst das Spiel zu drehen.* Hamburg: Murmann.

Schmid, K. (1977). *Das Genaue und das Mächtige.* Zürich: Artemis-Verlag.

Wüthrich, H. A., Osmetz, D., & Kaduk, S. (2009). *Musterbrecher – Führung neu leben* (3. Aufl.). Wiesbaden: Gabler.

Teil I
Mächtige Grundtriebe und Lernvoraussetzungen

Strukturierende Kräfte – limbisches System, Gene, Kultur und Erfahrungen

2

2.1 Neurowissenschaftliche Anstöße

In der Hirnforschung sind in den letzten Jahren wichtige Fortschritte erzielt worden. Trotzdem bleibt Vieles im Dunkeln. „Je mehr man erfährt, desto komplizierter werden die Zusammenhänge" (Hüther 2011). Nach einem raschen Bedeutungszuwachs und einer gewissen Selbstüberschätzung der Neurowissenschaften, ist man heute wieder bescheidener geworden und meidet Verallgemeinerungen.

Hirnforscher versuchen, dem Gehirn beim Denken zuzuschauen. Trotz bildgebender Verfahren und einer große Datenmenge bleiben viele Phänomene isoliert und vermögen das Zusammenspiel der Hirnregionen nur ansatzweise zu erklären. Wie Bewusstsein entsteht, ist noch unklar. Kausale Beziehungen zwischen Hirn und Bewusstsein sind lückenhaft, und Verhalten ist weiterhin schwer voraussehbar. Das Hirn ist offenbar komplexer und variabler, als bisher angenommen. Es funktioniert ohne Steuerungszentrale. Vielfältige Netzwerke sind aktiv. Das Gehirn ist ein dezentral vernetztes, dynamisch arbeitendes Organ mit Milliarden von Nervenzellen (Elger 2013, Peters & Ghadiri 2014).

2.1.1 Limbisches System und Cortex

Das Gehirn lässt sich grob in Großhirn (Neocortex), limbisches System und Hirnstamm einteilen (Abb. 2.1).

Das Limbische „umsäumt" den Hirnstamm, den ältesten Teil des Gehirns, der die fundamentalen Funktionen des Körpers regelt. Limbik ist ein Sammelbegriff für eine Reihe von Hirnstrukturen, die an Emotionen, Motivation und Gedächtnis beteiligt sind. Dazu gehören die Amygdala, der Hippocampus und spezifische Cortex-Bereiche. Das Großhirn ist seinerseits für Denken, Sprache, soziale Bewertungen, Werte und moralische Entschei-

© Springer Fachmedien Wiesbaden 2016
J.-M. Kobi, *Neue Prämissen in Führung und HR-Management*,
DOI 10.1007/978-3-658-12112-9_2

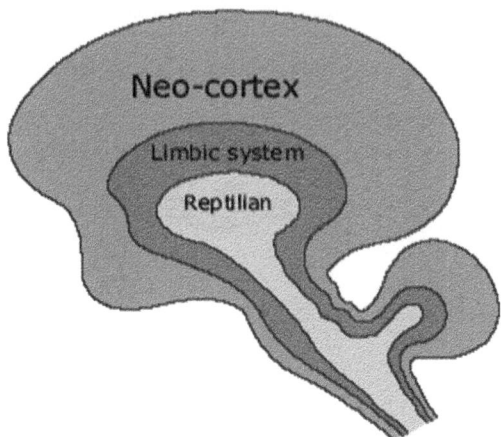

Abb. 2.1 Aufbau des Gehirns

dungen zuständig. Es dürfte allerdings zu einfach sein und der Komplexität des Gehirns kaum gerecht werden, das Großhirn mit Verstand und Vernunft, das limbischen System mit Emotionen und den Hirnstamm mit der Steuerung wichtiger Körperfunktionen und niederen Instinkten gleichzusetzen.

Die Verstandeskräfte (Denken, Sprache, Handlungsplanung usw.) und das bewusste Lernen und Umlernen sind im Großhirn angesiedelt. Hier sind auch die inneren Einstellungen, Überzeugungen und Haltungen verankert, die auf Erfahrung basieren. Im präfrontalen Cortex werden wichtige Informationen der eigenen Persönlichkeit wie Selbstbild, Zielorientierung, Haltungen, Verantwortung, Empathie, Handlungsplanung und Folgenabschätzung verarbeitet.

Das limbische System wird von den Neurowissenschaften als emotionales Machtzentrum des Gehirns umschrieben. Es spielt bei der Entstehung und Umsetzung von Emotionen und Stimmungen eine wichtige Rolle und liegt weitgehend unterhalb der bewusstseinsfähigen Schichten. Die von dort auftauchenden Gefühle erzeugen in uns Wünsche und Absichten, die unser bewusstes Denken und Fühlen anstoßen. Verstand und Vernunft setzen wir ein, wenn Gefühle widersprüchlich sind oder keine tragfähige Grundlage haben, wenn etwas so komplex ist, daß die Gefühle damit nicht fertig werden. Um größere Datenmengen zu verarbeiten ist die vergleichsweise umfangreiche Großhirnrinde zuständig. Dort sitzt ein assoziativer Sucher, der große Datenmengen unglaublich schnell verknüpfen kann. An dieser Stelle schaltet sich das limbische System ein und entscheidet, was aufgrund des angesammelten Wissens getan wird. Am Ende eines Prozesses des Abwägens steht das Emotionale Für und Wider (Roth 2008). Die Bewertungen, die eine Situation als gefährlich oder ungefährlich kategorisieren, finden nicht bewusst und rational statt, sondern laufen blitzschnell und unbewusst ab. Der Mensch ist kein reines Vernunftwesen, und die rationale Kontrolle bleibt immer unvollständig.

Inputs oder Reize bringen Informationen zuerst ins sogenannte limbische oder emotionale System. Erst mit einer kleinen Verzögerung geht die Information weiter an das

Großhirn und wird da zur bewussten Wahrnehmung. Die motorische Handlung erfolgt dann mit einer weiteren kurzen Verzögerung. Der bewusste Entscheid erscheint zwar deutlich nach Beginn der Gehirnaktivität, aber vor der motorischen Handlung. Das gestattet möglicherweise dem Cortex, das Endergebnis des Willensprozesses zu beeinflussen oder zu steuern. Das Bewusstsein hat also eine Interventionsmöglichkeit. In ähnlicher Weise unterscheidet Kahnemann (2012) zwei Arten des Denkens: das schnelle, instinktive und emotionale System 1 (entsprechend der Limbik) und das langsame, Dinge durchdenkende und logischere System 2 (entsprechend dem Neocortex). Die menschlichen biologischen Triebe und Instinkte sitzen im limbischen System, das deutlich älter ist als der Neocortex.

Eine permanente Kommunikation der Nervenzellen stellt ein Gleichgewicht zwischen Limbik und Cortex her. Dabei überlappen sich die Funktionen des Hirns viel stärker, als bisher angenommen.

2.1.2 Kulturelle Prägungen und externe Bedingungen

Strukturierende Kräfte von Wahrnehmung und Entscheidungen sind – neben den genetischen Prädispositionen – das kulturelle und das gesellschaftliche Lebensumfeld (Familie, Erziehung, Vorbilder) und die individuellen Erfahrungen. Der Aufbau des Gehirns wird davon beeinflusst, in welcher Lebenswelt man aufwächst. Menschen sind nicht nur das Produkt ihrer Erbanlagen, sondern auch ihrer Umwelt und ihrer Lebensgeschichte. Der Mensch ist ein soziales Wesen, das stark durch soziale Rollen, Normen, Erwartungen, Meinungsführer, Bildung und Sanktionen in ihrem kulturellen Raum geprägt ist.

Einzelne Individuen sind immer in soziale Strukturen eingebunden und stehen in vielfältigen sozialen Beziehungen. Die soziokulturelle Umwelt, in die ein Mensch hineinwächst, bestimmt die neuronale Architektur seines Gehirns entscheidend mit. Nach Meinung der Soziologen werden unsere Hoffnungen, Ängste und Gewohnheiten in hohem Maße von der Gesellschaft geprägt. Die Menschwerdung erfolgt als sozialer und kultureller Prozess. Dieses kulturelle Erbe enthält die gemeinsamen Denkweisen des Verstehens, Bewertens und Kommunizierens, die den Lebensstil von Menschen ausmachen. Hirnfunktion und Hirnstrukturen werden von Lebensumständen und Erziehung beeinflusst. Der Mensch wird in der Gesellschaft sozialisiert. Er passt sich an seine soziale Gemeinschaft an. Überzeugungen und Einstellungen werden weitgehend durch die vorherrschenden Meinungen z. B. von Vertrauenspersonen bestimmt. Indem sich der Einzelne die Werte und Traditionen seiner sozialen Umwelt aneignet, wird er ein handlungsfähiges und unverwechselbares Individuum.

Die angeborenen Bedürfnisse werden bei jedem Menschen im Laufe des Lebens durch Erfahrung verändert. Wenn Menschen neue Erfahrungen machen und sie reflektieren, werden neue Haltungen möglich. Nach Jäncke (2013) sind wir nicht einfach das, was Gene aus uns machen, sondern auch das, was Erfahrung und Gelerntes aus uns machen. Besonders stark werden unsere Erwartungen in Ausnahmesituationen und Krisen geprägt.

2.1.3   Menschen konstruieren ihre eigene Wirklichkeit

Gemäß Kelly (1986), dem Vater des Konstruktivismus, konstruiert jeder Mensch seine eigenen individuellen Werte. Er beschreibt seine Wirklichkeit mit begrifflichen Abstraktionen (Konstrukten), die durch seine individuellen Erfahrungen geformt werden, und verschafft sich damit seine eigene Realität. Individuen entwickeln im Laufe ihres Lebens eine begrenzte Anzahl von Konstrukten, die ihre persönliche Interpretation der Realität darstellen. Durch Zuordnung von Ähnlichkeiten und Gegensätzen wird der Erfahrungsschatz strukturiert bzw. konstruiert. Der Mensch ist weder allein trieb-, noch umweltbestimmt, sondern geformt durch seine persönlichen Konstrukte, die auf individuellem Erfahrungswissen beruhen. Sein Verhalten ist davon abhängig, wie er sich seine Welt konstruiert. Konstrukte formen die Art und Weise, wie Ereignisse interpretiert werden. Die Wirklichkeit ist immer eine individuelle Konstruktion des Gehirns. Wie die Welt gesehen wird, hängt davon ab, wie Erfahrungen gedeutet, bewertet und eingeordnet werden. Die Welt sieht aus verschiedenen Perspektiven unterschiedlich aus. Es gibt keine einzig wahre Perspektive und keine objektive Wirklichkeit. Menschen konstruieren ihre soziale Wirklichkeit auch in jeder Kulturepoche anders.

Menschen suchen ständig die eigene Wahrnehmung der Realität zu verbessern. Sie gehen wie Wissenschaftler vor, bilden Hypothesen über ihre Umwelt und verifizieren oder falsifizieren sie an Alltagserfahrungen. Die Konstrukte werden an diesen Erfahrungen bestätigt oder widerlegt. Durch Bestätigung verfestigt sich das Weltbild, und aufgrund neuer Erfahrungen werden angepasste Konstrukte gebildet.

Die Realität ist nicht direkt fassbar. Sie wird sozial und sprachlich konstruiert. Sprache, Symbole und Bilder prägen unser Denken. Der Mensch antizipiert Ereignisse in Form individueller Verknüpfungen seiner Erfahrungen. Er sieht, was seinen Erwartungen entspricht. Er interpretiert die Welt, nimmt aber immer nur einen Ausschnitt wahr. Die Konstrukte bestimmen die Wahrnehmung und Bewertung zukünftiger Ereignisse.

Regelmässig wiederholte Vorstellungen führen zu handlungsleitenden Strukturen im Gehirn. Wichtig ist, wohin wir unser Bewusstsein lenken und welche Erwartungen und Haltungen uns leiten. Unsere Gedanken sind unsere Energien. Sie können uns stärken oder schwächen. Gedanken, Einstellungen und Überzeugungen wirken sich entscheidend auf die Interpretation der Umwelt und die Gefühlslage aus. „Das Heil der Welt liegt nicht in neuen Maßnahmen, sondern in einer andern Gesinnung" (Albert Schweizer). Vieles können wir nicht verändern, aber wir können mit einer Veränderung der Grundannahmen und Muster unsere Einstellungen gegenüber dem Unabänderlichen verändern, sodass wir mit ihm leben können.

Je erfolgreicher man eine Zeit lang mit bestimmten Denk- und Verhaltensmustern vorankommt, desto größer wird die Gefahr, dass die immer wieder besuchten Nervenbahnen im Hirn zu Autobahnen ohne Ausfahrtsmöglichkeiten werden.

2.1.4 Limbisches System, Kultur und Erfahrungen beeinflussen sich gegenseitig

Während das limbische System als biologische Grundausstattung in weiten Teilen genetisch festgelegt ist, stellen die soziokulturellen Prägungen das dar, was im sozialen Prozess dazugelernt wird. Die angeborenen Bedürfnisse erfahren im Laufe des Lebens durch Erfahrungen Veränderungen. Die Gene geben das Maximum vor. Ob es erreicht wird, hängt von den Umweltbedingungen und den Erfahrungen ab.

Eine der wesentlichen Erkenntnisse der Hirnforschung der letzten Jahre ist, dass Beziehungserfahrungen und Kultur starke gestaltende Kräfte im Gehirn sind. Das Gehirn ist dafür optimiert, mit anderen Menschen in Beziehung zu stehen. Menschliche Gehirne werden nicht nur durch die Biologie, sondern auch durch die Kultur, Erziehung und Erfahrung geprägt. Individuelle Beziehungserfahrungen und kulturelle Errungenschaften wie Moral, Freiheit usw. strukturieren das Gehirn. Erfahrungen hinterlassen darin Spuren.

Ob die Gene oder die Umwelt den Menschen stärker formen, wird kontrovers diskutiert. Auch hier gibt es kein Entweder-oder, sondern nur ein Sowohl-als-auch. Die menschliche Psyche ist sowohl von unseren genetischen Prädispositionen wie auch unserer kulturellen und sozialen Umwelt sowie individuellen Lebenserfahrungen geprägt. Längst nicht alle Gene, die jemand in sich trägt, sind aktiv. Während des ganzen Lebens werden Gene unter dem Einfluss anderer Gene, aber auch der Umwelt ein und ausgeschaltet (Epigenetik).

Genetische Veranlagung, Kultur und Umwelt beeinflussen sich im dynamischen Wechselspiel gegenseitig. Neuere Forschung nimmt an, dass sich neuronale Netzwerke entlang kultureller Praktiken verändern können. Genetische Einflüsse werden durch Umwelteinflüsse überformt beziehungsweise durch das soziokulturelle Umfeld geprägt. Menschen denken, entscheiden und handeln immer als ganze Person. Soziale Erfahrung, psychische Komponenten und physisches Empfinden lassen sich nicht voneinander trennen.

Im Sinne des Psychologen Willi (1989) kann man von Koevolution sprechen (gemeinsames Stimulieren und gemeinsames Wachsen). Psychische Zustände drücken sich im Körper aus, und Körperzustände beeinflussen psychische Zustände. Im Wechselspiel prägen die Erlebnisse eines Menschen sein Gehirn, und umgekehrt bestimmt die sich stetig ändernde Struktur des Gehirns, wie ein Mensch soziale Erlebnisse wahrnimmt und nutzt. Wir werden von unserem Gehirn nicht nur gesteuert, sondern unser Gehirn verändert sich ebenso durch gezieltes Üben und bewusste Lebensführung. Das chemische Vererbungssystem bestimmt, was wir sein können, das kulturelle System besteht aus der Zwiesprache zwischen den beiden und bestimmt, was wir dann werden (Schatz 2010).

Inzwischen lehren auch die Neurowissenschaften, dass die Emotionen nicht nur unser Fühlen, sondern auch unser rationales Denken entscheidend beeinflussen und steuern. Um gute Entscheidungen zu treffen, müssen Intuition und Verstand zusammenspannen. Der Bauch entscheidet, der Kopf begründet.

In psychosozialen Krisen fallen wir gerne in ältere Muster zurück. Falls auch diese keine Lösung für die gestellte Herausforderung bieten, greift das Hirn auf archaische Notfallprogramme des Hirnstamms, die als Lösungswege Angriff, Flucht und Erstarrung bevorzugen, zurück.

2.1.5 Emotion schlägt Ratio – beachtet wird, was die Aufmerksamkeit des limbischen Systems weckt

Während die einen (Darwin, Freud, Kahnemann) an die Dominanz der Gene glauben (der Mensch ist triebgesteuert), meinen andere (Behavioristen, Kommunisten), Persönlichkeit und Verhalten seien allein umweltgesteuert und ihr Handeln resultiere aus Erziehung und Lernen. Geschichtlich gesehen, hatte einmal die eine und dann wieder die andere Theorie die Oberhand.

Das limbische System bewertet schnell, unbewusst und emotional alles, was wir tun, nach gut und schlecht und steuert damit das Verhalten. In diesem Sinne ist das Limbische das Mächtige. Unbewusste limbische Bewertungen bestimmen unser Handeln. Beachtung findet, was die Aufmerksamkeit des limbischen Systems findet. Es ist das emotionale Erfahrungsgedächtnis und das eigentliche Steuerungszentrum. Im limbischen System werden Emotionen und Triebe gesteuert, während die im Großhirn angesiedelte Vernunft die Emotionen im Zaume zu halten sucht. Das erste und das letzte Wort haben aber immer die Gefühle: das erste beim Entstehen unserer Wünsche, das letzte bei der Entscheidung darüber, ob das, was sich Vernunft und Verstand zurechtgelegt haben, tatsächlich getan werden soll. Die meisten Entscheidungen werden unbewusst gefällt und erst nachträglich vom Verstand gerechtfertigt. Handeln ist stärker durch unbewusste limbische Bewertungen als durch rationale Entscheidungen geprägt. Impulse gehen unseren bewussten Entscheidungen voraus. Lust oder Unlust, Gefühle der Unsicherheit, Gereiztheit, aber auch Sympathie oder Zufriedenheit steuern unser Verhalten.

Nach heutigem Wissenstand wird deutlich mehr als die Hälfte der Persönlichkeit genetisch oder in der frühkindlichen Phase festgelegt (Roth 2008). Das Gehirn wird besonders in den ersten Lebensjahren und in der Pubertät geformt. Die restliche Prägung erfolgt durch Erziehung, Lebenserfahrung und Kultur. Auch nach andern Autoren ist der Charakter einer Person stärker von genetischen Gegebenheiten als von Sozialstrukturen geprägt. Wenn sich in einem Wettlauf alle Teilnehmer optimal vorbereitet haben, entscheiden die Gene darüber, wer gewinnt (Spitzer 2013).

Zwar können wir uns von unseren Genen durch kritische Reflexion distanzieren und bewusst handeln (Ich will nicht). Der Verstand hat sozusagen eine Vetomöglichkeit. Nach den Worten von Jean-Jaques Rousseau „liegt die Freiheit des Menschen nicht darin, dass er tun kann, was er will, sondern darin, dass er nicht tun muss, was er nicht will". Die Fähigkeit zur Impulskontrolle ist aber beschränkt. Das Großhirn muss sich anstrengen, um irrationale Entscheidungen zu unterlaufen. Nur wenn mögliche Konsequenzen der Handlungen so aufgezeigt werden, dass damit starke Gefühle verbunden sind, kann Verhalten verändert werden. Die Grenzen sind allerdings schnell einmal erreicht. Bewusste Handlungen und Entscheidungen beanspruchen viel kognitive Kapazität. Der Verstand ist schnell erschöpft, wenn er die Impulse des Unbewussten unterdrücken soll und die Impulskontrolle bleibt selbst bei bewussten Menschen unvollkommen.

Die Gene prägen den individuellen Lebensverlauf, aber sie legen ihn nicht endgültig fest. Wir sind nicht nur das, was uns die Gene aufgeben, sondern auch das, was Erfahrungen und Gelerntes mit uns macht. Wir sind nicht einseitig vom Schicksal und unserer genetischen Grundausstattung determiniert, sondern auch von der umgebenden Kultur.

Wenn sich die Grundlagen eines bestimmten Werte- und Verhaltenssets ändern, können sich Menschenbilder verändern. Wir werden somit geprägt durch die schwer veränderbaren Gene, aber auch durch das teilweise veränderbare soziokulturelle Umfeld sowie die inneren Einstellungen.

Die diskutierten Anteile von Limbik und Neocortex sind das eine. Umstrittener ist, inwieweit Limbik und Neocortex veränderbar sind.

2.2 Veränderbar – nicht veränderbar – Ist Willensfreiheit eine Illusion?

2.2.1 Limbische Instruktionen lassen sich nur schwer verändern

Das limbische Profil prägt die Persönlichkeit. Die Grundstruktur – das Vertrauen in die Welt und die emotionale Prägung – lässt sich nur schwer umpolen. Man kann sich nur in engen Grenzen selbst erfinden. Die limbischen Instruktionen greifen auf alle Ebenen unseres Lebens ein. Neuere Forschungen zeigen immerhin, dass eine ungünstige genetische Ausstattung durch positive Lebenserfahrungen überformt werden kann. In der Praxis gibt es jedoch erhebliche Hürden. Der Hirnforscher Roth (2008) meint, dass sich erwachsene Menschen in ihrer Persönlichkeit nicht mehr durch äußere Initiativen verändern lassen. Wir leben innerhalb gewisser Bandbreiten, deren Grenzen nur von der Person selbst veränderbar sind.

2.2.2 Willensfreiheit und Veränderbarkeit

Die Frage der Willensfreiheit wird innerhalb der Neurowissenschaften kontrovers diskutiert. Möglicherweise wissen wir noch zu wenig über unser Gehirn und unser Bewusstsein, um zu verstehen, was Willensfreiheit bedeutet.

Neuerdings ist vermehrt von Veränderbarkeit des Gehirns (Neuroplastizität) die Rede. Damit ist gemeint, dass Menschen veränderbarer sind, als bisher angenommen. Die Gene stecken lediglich das Potenzial ab; ob es auch ausgeschöpft wird, hängt vom sozialen Umfeld ab. Selbst gute Anlagen können sich nicht entwickeln, wenn sie auf unfruchtbaren Boden fallen.

Werte und Denkhaltungen lassen sich am ehesten durch Experimente und Reflexion verändern. Dies gelingt allerdings nur langfristig und bedingt, dass es einem wichtig ist. Die Macht der Gewohnheit ist groß und sie zu verändern aufwändig. Bewusster Wandel erfordert große Anstrengung. Es braucht ein intensives Interesse und viel Zeit. Außerdem muss es sich um zentrale Werte handeln.

Gewisse Fachleute erklären Willensfreiheit als Illusion. Nach ihnen können Temperament, Offenheit, Selbstvertrauen, Zuverlässigkeit und Verantwortungsbewusstsein nur sehr beschränkt durch Erfahrungen und Erziehung beeinflusst werden. Sie glauben, dass es keinen freien Willen gibt – mindestens nicht in dem Umfang, wie wir glauben möchten – und dass die Menschenbilder, die unsere Realität bestimmen, sehr änderungsresistent sind.

Nach Roth (2008) tritt der Willensakt erst auf, nachdem das Gehirn schon entschieden hat, welche Handlung es ausführen will. Der Wille ist kein Initiator, sondern ein Zensor. Kahnemann (2012) zeigt, dass die Entscheidungsfindung nur in seltenen Fällen völlig rational erfolgt. Die meisten Entscheidungen im Alltag werden spontan und unterbewusst gefällt. Auch bei Kaufentscheidungen ist der Anteil des freien Willens klein. Wir greifen zu, bevor sich die Stimme der Vernunft einschalten kann. Kinder, die warten können, wenn sie beim Marshmallowtest zwischen etwas, das sofort verfügbar ist, und einer größeren Alternative, die sie erst in der Zukunft erhalten, sind in der Minderzahl. Für die meisten ist es unheimlich schwer, zu warten. Diejenigen, die es können, erweisen sich im späteren Leben als erfolgreicher, gesünder, sozialer und emotional ausgeglichener. Bis zu einem gewissen Grad lässt sich Selbstdisziplin lernen, z. B. über einen Plan, was man im Falle der Versuchung zu unternehmen gedenkt. Aber auch das strengt das Gehirn an.

Die Frage der Willensfreiheit bleibt umstritten, aber wir können doch feststellen, dass die Limbik mächtiger ist als der Cortex und dass limbische Instruktionen sich nur schwer verändern lassen. Willensfreiheit ist möglich, aber beschwerlich.

2.3 Die Grundtriebe, die unser Verhalten steuern – ein limbisches Modell

Wenn das Limbische bedeutsam und schwer beeinflussbar ist, stellt sich die Frage nach den das Verhalten bestimmenden Grundtrieben umso dringender. Es gibt verschiedene Ansätze, die sich in einzelnen Aspekten unterscheiden, inhaltlich aber Ähnlichkeiten aufweisen.

Der Psychologe H.G. Häusel unterscheidet in „Think Limbic" (2010) drei zentrale Entscheidsteuerungen des limbischen Systems, die auch die scheinbar rationalen Entscheidungen beeinflussen. Als Urkräfte bezeichnet er Balance, Dominanzstreben und Stimulanz. Zum Wunsch nach Balance zählt er Sicherheit, Stabilität, Harmonie, Konstanz und Aufrechterhaltung des Status quo sowie Risikobegrenzung. Das Dominanzstreben ist nach ihm durch Stichworte wie Durchsetzungsvermögen, Status, Macht, Autonomie und Einflussnahme gekennzeichnet. Zur Stimulanz zählt er die Suche nach Neuem, Herausforderung, Genuss und Freude. Häusel hat seinen Ansatz wissenschaftlich und transdisziplinär zu fundieren gesucht (Häusel 2011). Für den deutschsprachigen Raum räumt er der Balance 50 %, der Dominanz und dem Lernen die andere Hälfte ein.

Lawrence und Nohria (2003) gehen von vier angeborenen und universell gültigen Grundtrieben (Primärtrieben, Grundmotiven menschlichen Verhaltens) aus: nämlich Verteidigungs-, Bindungs-, Erwerbs- und Lerntrieb. Der Verteidigungstrieb will Schaden von sich selbst und den Nächsten abwenden, der Bindungstrieb für langfristige Beziehungen sorgen, der Erwerbstrieb steht für den Drang, mehr zu haben als andere und der Lerntrieb sucht die Welt und sich selbst besser zu verstehen.

Von Cube (2004) spricht vom Bedürfnis nach sozialer Einbindung, Aggressionstrieb und Neugierdetrieb. Nach ihm wird Lust oder Flow erzeugt, wenn Unsicherheit in Sicherheit umgewandelt werden kann, d. h. wenn angemessene Herausforderung, Anerkennung und Bindung in ausgewogenem Maße vorhanden sind.

McClelland postulierte in seiner Theorie der Bedürfnisse, dass die Motivation einer Person auf dem Bedürfnis nach Leistung (Achievement; Antrieb, Erfolg zu haben und anspruchsvolle Ziele anzustreben und zu verfolgen), Macht (Power) und Zugehörigkeit (Affiliation) gründen. Rock (2011) nennt als Triebfedern menschlichen Verhaltens Sicherheit, Verbundenheit/Fairness sowie Autonomie/Status. Bei interkulturellen Werteuntersuchungen standen Sicherheit (Tradition), Verbundenheit (Wohlwollen), Leistung (Power, Self Direction, Achievement) und Lernen (Stimulation, Hedonismus) im Vordergrund. Auch bei Maslow sind die Sicherheits- und sozialen Bedürfnisse grundlegend. Sie sind nach ihm natürlich gegeben und nur bis zu einem gewissen Grad veränderbar. Schon viel früher hat der chinesische Philosoph Konfuzius Sicherheit und Beziehungen als wichtigste Motivatoren bezeichnet.

2.3.1   Zentrale Inhalte eines limbischen Modells

Aus den angeführten Ansätzen können als roter Faden folgende vier Grundtriebe unterschieden werden (Abb. 2.2):

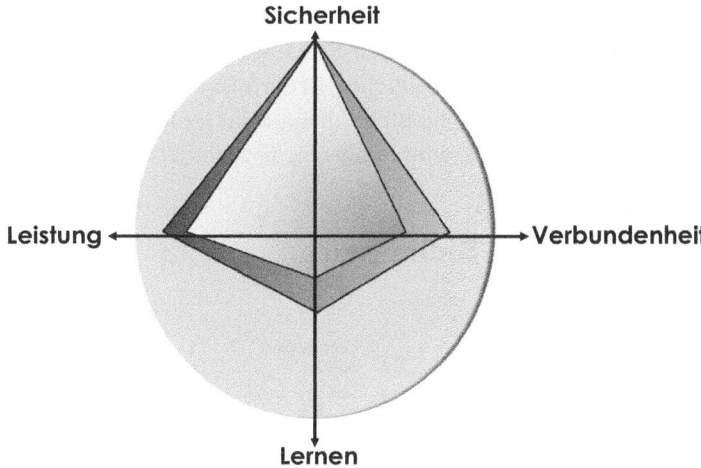

Abb. 2.2 Grundtriebe, die unser Verhalten steuern

Auch wenn sich modern Menschen dagegen sträuben mögen, ein starkes Sicherheitsbedürfnis anzuerkennen, umschreiben die Begriffe Sicherheit und Verbundenheit diese menschlichen Bedürfnisse am treffendsten.

Die Abbildung macht deutlich, dass Sicherheit am stärksten ausgeprägt ist, gefolgt von Verbundenheit und Leistung. Die Bedeutung von Lernen ist am schwächsten, wächst aber am stärksten. Abbildung 2.2 zeigt die Normal-Ausprägung im europäischen Raum. Aufgrund individueller, kultureller und zeitlicher Unterschiede können allerdings nur Bandbreiten aufgezeigt werden.

2.3.2 Es gibt individuelle Unterschiede, aber die vier limbischen Bedürfnisse sind die wesentlichen Treiber

Die vier Grundtriebe sind von Mensch zu Mensch unterschiedlich ausgeprägt. Bei allen Differenzen zwischen Jungen und Alten, Führungskräften und Mitarbeitenden, Frauen und Männern oder zwischen verschiedenen Kulturkreisen sind die vier limbischen Bedürfnisse aber die wesentlichen Treiber menschlichen Handelns.

Die meisten Trendprognosen über zukünftige Mitarbeiterbedürfnisse im Berufsleben gehen einseitig von gut ausgebildeten, gut verdienenden Mitarbeitenden aus und blenden die normalen Mitarbeitenden aus. Sie unterschätzen deshalb die Bedeutung von Sicherheit und Verbundenheit massiv. Wer nur gerade die Grundbedürfnisse abzudecken vermag, gibt Arbeitsplatzsicherheit und sicherem Einkommen einen höheren Stellenwert. Für die meisten Beschäftigten entsprechen der feste Arbeitsplatz und das sichere Einkommen nach wie vor der Idealvorstellung. Es braucht die ganz normalen Mitarbeitenden, die kontinuierlich ihre Leistung erbringen, sich mit dem Unternehmen identifizieren und ihm treu bleiben sowie die Unternehmenskultur prägen. Ihnen sind Stabilität, Aufmerksamkeit und Anerkennung wichtig.

Auch wenn Generationenkonzepte in den Sozialwissenschaften umstritten sind, wird immer wieder versucht, die unterschiedlichen Bedürfnisse einzelner Mitarbeitergenerationen zu umschreiben. Die limbische Sicht, die auf die Bedeutung von Sicherheit und Verbundenheit hinweist (Abb. 2.3), wird durch eine psychologische Landkarte bestätigt.

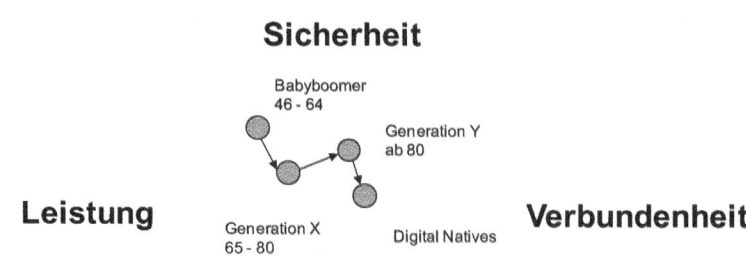

Abb. 2.3 Bedürfnisse verschiedener Mitarbeitergenerationen

Auch die jüngere Generation sehnt sich nach Stabilität im Berufsleben und Verbundenheit. Das Verbundenheitsbedürfnis hat sich in den letzten Jahren tendenziell weiter verstärkt. Dauerhafte Werte, wie Freizeit, Familie und Freunde werden wichtiger. Die Verschiebungen sind allerdings gering. Babyboomer, Generation X und Y sowie Digital Natives unterscheiden sich weniger, als oftmals behauptet wird. Die Vorstellung, die neue Generation werde die Welt radikal verändern, dürfte eine Übertreibung sein. Meines Erachtens sind neben den zentralen Sicherheits- und Verbundenheitsbedürfnissen wie Wertschätzung und Glaubwürdigkeit, die schon immer bestanden, nur Selbstentfaltung und Spaß an der Arbeit statt Pflichtgefühl und Disziplin sowie Technologieaffinität – allerdings eher als Anwender- wirklich neuere Merkmale jüngerer Mitarbeitergenerationen. Auch nach dem neuesten Crédit Suisse-Jugendbarometer (2014) ist die junge Generation an traditionellen Werten orientiert, optimistisch und strebsam. Das Wertesystem präsentiert sich überraschend beständig. Von einer einseitigen Ich-Generation kann keine Rede sein (Opaschowski 2010). Persönliche Entwicklungsperspektiven, Dialog, Mitsprache und Partnerschaft in der eigenen Arbeit, menschliche Beziehungen und angenehme Atmosphäre, individuelle Arbeitszeitgestaltungsmöglichkeiten, Anerkennung überdurchschnittlicher Leistungen sowie Balance zwischen Beruf und Familie sind nicht wirklich neu und schon lange wichtig.

2.3.3 Unterschiedliche Stärke limbischer Bedürfnisse

Die unterschiedlich ausgeprägten limbischen Bedürfnisse lassen sich wie folgt näher darstellen (Abb. 2.4):

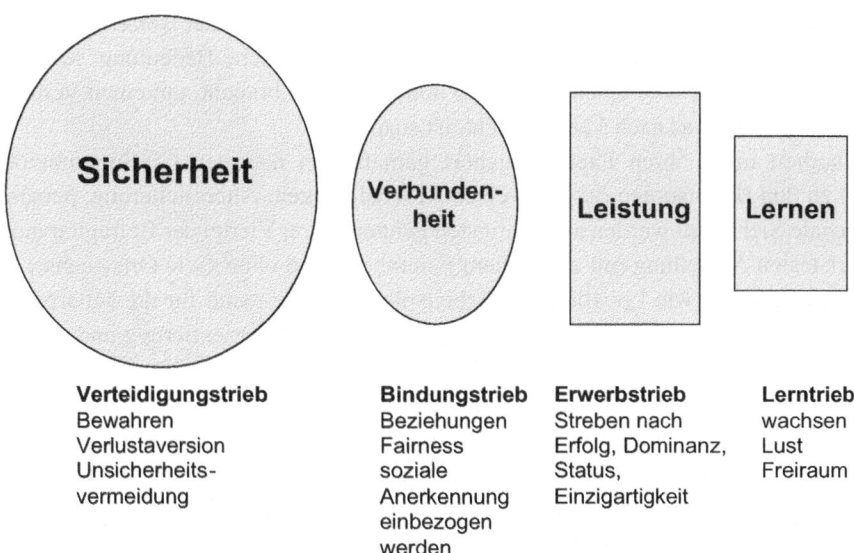

Verteidigungstrieb
Bewahren
Verlustaversion
Unsicherheits-
vermeidung

Bindungstrieb
Beziehungen
Fairness
soziale
Anerkennung
einbezogen
werden

Erwerbstrieb
Streben nach
Erfolg, Dominanz,
Status,
Einzigartigkeit

Lerntrieb
wachsen
Lust
Freiraum

Abb. 2.4 Stärke limbischer Bedürfnisse

Am stärksten ausgeprägt ist das Sicherheitsbedürfnis (Safety First)
Wesentliche Inhalte des Sicherheitsbedürfnisses sind Verteidigungstrieb, Unsicherheitsvermeidung, Bewahren des Erreichten und Verlustaversion.

Je mehr Komplexität und Volatilität wachsen, desto mehr schwindet die Sicherheit.
Viele haben das Gefühl, Berechenbarkeit und Verlässlichkeit seien nicht mehr gegeben.
Einseitige Einkommensverteilung hat zu einer Entfremdung gegenüber den Eliten ge-
führt. Auf diesem Boden wächst die Sehnsucht nach Kontinuität und Verwurzelung. Der
Mensch hat eine ausgesprochene Verlustaversion.

Sicherheit ist kein Trend, sondern eine Konstante. Die existenziellen Bedrohungen früherer Völker wirken im Wunsch nach Sicherheit nach. Biologisch und entwicklungsge-
schichtlich ist der Mensch ein konservatives Wesen. Er liebt Beständigkeit und Kontinuität. In Krisensituationen ist das Sicherheitsbedürfnis besonders ausgeprägt. In einem Zustand der Unsicherheit ist es Mitarbeitenden unwohl und sie suchen soziale Geborgenheit.
Die unbewussten Beharrungsmechanismen sind dominant. Offenbar ist für Menschen ein
Gefühl der Sicherheit und der Stabilität als Grundlage für Leistung und Lust auf Neues
unerlässlich. Wenn in Fusionszeiten Sicherheit verlorengeht, leidet die Performance. Interessanterweise ziehen Menschen beispielsweise sogar eindeutig falsche Prognosen der
Unsicherheit vor.

Fast alle Mitarbeitenden sind zuerst einmal stark sicherheits- und beziehungsorientiert.
Der Verlust an Sicherheit in einer sich schnell wandelnden Welt ruft ein Gefühl existen-
zieller Unsicherheit hervor und als Gegenreaktion eine Sehnsucht nach Verlässlichkeit. Je
unsicherer die allgemeine Lage empfunden wird, desto wichtiger wird der Sicherheitsaspekt. Mit dem subjektiven Unsicherheitsgefühl wachsen auch die Bedeutung von Sicherheit und der Wunsch nach festen Beziehungen.

Das limbische System reagiert deutlich intensiver auf Gefahren als auf Belohnungen.
Verluste werden stärker gewichtet als Gewinne (Rock 2011). An der Börse haben eine ge-
wonnene und eine verlorene Währungseinheit unterschiedliche Bedeutung. Kahnemann
(2012) wies nach, dass es einen doppelt so hohen Gewinn braucht, um einen Verlust aus-
zugleichen. Alles, was nach Verlust riecht, ist suspekt.

Sicherheit in all ihren Facetten gehört gemäß dem neuesten CS-Sorgenbarometer
(2014) zu den Hauptsorgen der Schweizer. Arbeitslosigkeit, Alterssicherung, persönliche
und soziale Sicherheit werden am häufigsten genannt. Drei Viertel der Befragten möchten
in einer festen Anstellung mit geregeltem Feierabend und ohne viele Ortswechsel leben.
Traditionelle Werte wie Loyalität und Arbeitsplatzsicherheit sind für die Mitarbeitenden
von großer Bedeutung, gerade weil es ihnen immer mehr an Orientierung und einem fundamentalen Sicherheitsgefühl mangelt.

Wenn kürzlich an einem Kongress zur Zukunft der Arbeit ein deutlich steigender Fle-
xibilitätsbedarf vorausgesagt wurde, dürfte das dem Wunsch der Unternehmen und einzelner ungebundener junger Mitarbeitender entsprechen, oder nur die Flexibilisierung der
Arbeitszeit betreffen. Für die meisten Mitarbeitenden hat aber die Sicherheit eingestan-
dener oder nicht eingestandenermassen einen hohen Stellenwert. Die meisten Menschen
suchen vor allem eine berufliche Heimat und ein Mindestmass an Sicherheit und Verläss-

lichkeit. Wenn unter Hinweis auf Jobnomaden und High-Potentials die Bedeutung der Sicherheit angezweifelt wird, dürfte das nicht den Wünschen der Mehrheit der „normalen" Mitarbeitenden entsprechen. Selbst Jobnomaden und junge Nachwuchskräfte halten viel von traditionellen Arbeitsformen, sobald sie sesshaft geworden sind. Haus, Erwerbstätigkeit des Partners und schulpflichtige Kinder verstärken das Sicherheitsbedürfnis. Den Menschen sind ein Sicherheitsgefühl, Stabilität und ein regelmässiges, sicheres Einkommen sehr wichtig. Erst eine sichere Arbeitsstelle gibt den geistigen Freiraum, sich mit Neuem zu beschäftigen. Es braucht die Grundlage von Sicherheit, Verlässlichkeit und Stabilität, um innovativ tätig zu werden. Mittlerweile wird Verlässlichkeit sogar als wichtiger als Freiheit eingestuft (Opaschowski 2010). Unternehmen werden in Zukunft mehr Sicherheit und Verbundenheit gewährleisten müssen.

Nach Sennet (1998) müssen Menschen über längere Zeit ähnliche Aufgaben bearbeiten können, um das Gefühl zu haben, ihre Sache gut zu machen. Überspannte Flexibilitätsforderungen weichen wieder langfristigen Beziehungen und dem Eigenwert individueller Arbeit. Die Sehnsucht nach langfristigen Beziehungen wächst. Der Filmproduzent Y. Yersin meint, der wichtigste Weg, das Leben zu meistern sei, Wurzeln zu haben und sie zu kennen. Am Bewährten festzuhalten vermittelt das Gefühl der Sicherheit, Geborgenheit und Kompetenz und reduziert die Furcht vor der Zukunft (Roth 2008).

Natürlich gilt es auch hier die Balance zu halten. Eine überbetonte Kultur der Sicherheit und Verlässlichkeit kann in Anspruchsmentalität, Bequemlichkeit und Konsumentenhaltung kippen.

Etwas schwächer ausgeprägt als das Sicherheitsbedürfnis sind die Bedürfnisse nach Verbundenheit und Leistung

Verbundenheit ist ein seelisches Grundbedürfnis. In der Psychologie wird damit das Gefühl bezeichnet, einer Person oder einer Personengruppe zuzugehören und zu ihr in einer vertrauensvollen Beziehung zu stehen. Wesentliche Inhalte der Verbundenheit sind der Wunsch nach Wertschätzung, Zugehörigkeit, langfristigen Beziehungen, Fairness und Gerechtigkeit sowie Einbezug und soziale Anerkennung.

Wertschätzung von oben nach unten erzeugt Loyalität von unten nach oben (Wüthrich et al. 2009, S. 75). Echte Bindung besteht nur dauerhaft, wenn man sich um den andern bemüht. Ein solches zwischenmenschliches Beziehungsbedürfnis äußert sich als Gegenreaktion zu übersteigerter Individualisierung. Als Jäger und Sammler waren die Menschen aufeinander angewiesen. Der Einzelne konnte nur im Verband des Stammes oder der Familie überleben. Die Einbindung in soziale Netzwerke hat sich bis heute erhalten. Das Glück von Menschen ist von Qualität und Quantität ihrer sozialen Beziehungen abhängig. Fairness und gerechte Behandlung sind Primärbelohnungen. Sogar Stress wird bei positiven Beziehungen weniger empfunden.

Nach der Bindungstheorie müssen Bindungs- und dem Explorationsverhalten in einer Balance stehen. In Überforderungssituationen ist das Bindungsverhaltenssystem aktiviert. Erst wenn es sich wieder beruhigt hat, wird Explorationsverhalten möglich.

Unter **Leistung**sdrang wird das Streben nach Einfluss, Dominanz/Macht, Erfolg, Exzellenz, Status/Ansehen und Einzigartigkeit verstanden, aber auch der Wunsch, etwas Besonderes zu sein und sich von andern abzuheben.

Die ursprünglich im Umfeld des Protestantismus entwickelte Idee, materieller Erfolg sei das Verdienst eigener Leistung, ist im westlichen Denken tief verankert. Die Humanethnologie meint, jeder Mensch wolle in dem, was er tue, gut sein und dabei mit Wertschätzung wahrgenommen werden. Die Anerkennung durch die anderen in Form von Ansehen und Status ist in diesem Sinne elementar. Den eigenen Status zu schützen und zu steigern, ist den Menschen ein primäres Anliegen. Abgelehnt zu werden, wird als schlimm empfunden.

Das Streben nach Einfluss und Macht entspricht fundamentalem menschlichem Verhalten. Nach Dostojewski ist der Wille zur Macht ein Grundtrieb. Menschen sind intensiv bestrebt, aufeinander Einfluss auszuüben. Sie wollen die Gegenseite vereinnahmen, und sie konkurrieren um Ränge und Positionen. Möglicherweise hat der Kommunismus den Drang von Menschen, sich gegenseitig zu messen und herausfordernde Ziele zu erreichen, unterschätzt.

Macht ist an sich weder gut noch böse, aber sie schliesst die Gefahr des Missbrauchs ein. Sie wird zum Problem, wenn einseitig persönliche Motive befriedigt werden. Deshalb braucht sie Schranken.

Am schwächsten ausgeprägt ist das Lernen
Lernen beinhaltet Lern- und Spieltrieb, Neugierde, Lust, Freiraum/Autonomie sowie Entwicklungsmöglichkeiten. Sie wächst auf dem Boden von Neugierde, Sicherheit, Vertrauen und Offenheit.

Die Fähigkeit, auf individueller und unternehmerischer Ebene schnell zu lernen, wird je länger je mehr zu einer Kernfähigkeit. Die Mitarbeitenden bringen zwar eine natürliche Neugierde mit. Meist ist aber das Sicherheitsdenken stärker und bindet den Lerntrieb zurück. Die Mitarbeitenden müssen daher immer wieder von der Bedeutung des Lernens für die eigene Entwicklung und die Entwicklung des Unternehmens überzeugt werden.

2.4 Die Balance der limbischen Bedürfnisse – Reziprozität beachten

Don Quijote ist ein Extremist. Er will alles oder nichts und muss am Ende – nachdem er sich und den Seinen wegen seiner Verbohrtheit Tod und Verderben bereitet hat – einsehen, dass derjenige, der das Unmögliche sucht, eben deshalb das Mögliche verspielt. Je weiter das Pendel in die eine Richtung schwingt, desto stärker werden die entgegengesetzten Kräfte. Alles Einseitige löst Gegenenergien aus. Nur Kräfte im Gleichgewicht sind stabil. Falsch sind immer die Übertreibungen. Ungleichgewichte sind krisenanfällig. Es geht immer um die richtige Dosis: um ein Wachstum, das auch die Konsolidierung einschliesst, um eine Unternehmenskultur, die auf Leistung, aber auch auf Vertrauen baut (Kobi Balance).

Nach Probst und Reisch (2004) wollen zwei Drittel der Unternehmen zu viel und brennen aus. Sie sterben an einer Überdosis Wandel, Fusionen usw. Auch das andere Extrem: zu wenig Wandel und Wachstum, ein Klima der Stubenwärme, führt in die Krise, wie vorzeitig gealterte Firmen zeigen (z. B. Rank Xerox, Kodak). Am langlebigsten sind Unternehmen, die die Extreme meiden. So wie es falsch ist, wenn in der Ökonomie fast ausschließlich Effizienz und Innovation betont werden, dürfen auch Sicherheit und Verbundenheit nicht einseitig im Mittelpunkt stehen.

Die Reziprozität oder Wechselseitigkeit ist ein universelles Prinzip. Sie ist eines der wenigen elementaren Phänomene und interkulturell gültigen Regeln des Zusammenlebens. In der Soziologie ist es ein Grundprinzip des menschlichen Verhaltens. Das, was man erhält, wird zurückgegeben. Stets wird die Balance von Geben und Nehmen gesucht. „Wie du mir, so ich dir" ist in der Natur das klassische Prinzip. Grundlage ist die goldene Regel („Was du nicht willst, dass man dir tu, das füg auch keinem andern zu"). Reziprozität stärkt die sozialen Bindungen, erzeugt Verpflichtungen und gibt dem sozialen Leben Ordnung und Vorhersehbarkeit. Nichts ist langfristiger als ein fairer Ausgleich der Interessen. Nach Ulrich (2002) ist das Reziprozitätsprinzip der moralische Kern. Durch Gegenseitigkeit entstehen Beziehungen und Vertrauen.

Die Welt des persönlichen Austausches wird durch Reziprozität gesteuert und ist durch ein hohes Kooperationsniveau geprägt. Soziale Beziehungen funktionieren in der Regel nur, wenn sie reziprok, d. h. ausgewogen sind. Je unpersönlicher der Austausch ist, desto eher werden Eigeninteressen verfolgt, und je anonymer die Umgebung und je geringer die Chance, einander wieder zu begegnen, desto größer der Eigennutz.

Die Reziprozität wird heute von verschiedenen Seiten bedroht: Schnelllebigkeit und Ökonomisierung aller Bereiche fördert einseitige Vorteilsbetrachtung. Außerdem schränkt auch die geografische Flexibilität die Möglichkeiten von Reziprozität innerhalb der Familie ein, wie sie früher selbstverständlich war.

Wenn die Norm der Wechselseitigkeit nicht mehr eingehalten wird, fühlen sich Menschen selbst nicht mehr gebunden. Niemand will der „Dumme" sein. Wenn sich Fairnessziele nicht realisieren lassen und keine Möglichkeit besteht, unkooperatives Verhalten zu bestrafen, stellen auch faire Partner ihre Kooperation ein und beginnen, sich eigensüchtig zu verhalten. Je üblicher Betrug in einem bestimmten Kontext ist, desto weniger schlecht fühlen sich diejenigen, die ebenfalls betrügen.

Wie Untersuchungen zeigen, verhält sich die Mehrheit der Menschen nach den Regeln der Reziprozität. Nur Altruisten (sie sind beispielsweise in Nichtregierungsorganisationen oder in der Freiwilligenarbeit anzutreffen) gehen darüber hinaus und die Minderheit der Egoisten bleibt deutlich hinter ihr zurück und versucht ihren eigenen Nutzen zu maximieren.

Die Reziprozität ist auch im Unternehmen grundlegend. Sie wurde allerdings bisher kaum im Zusammenhang mit Führung, psychologischem Arbeitsvertrag, Generationenvertrag und Commitment diskutiert.

Die limbischen Bedürfnisse müssen – wie die Mobiles von Calder – in einer Balance gehalten werden (Abb. 2.5):

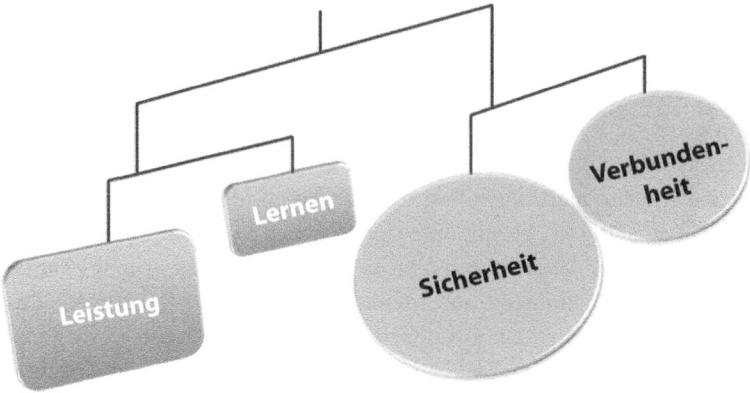

Abb. 2.5 Limbische Bedürfnisse in der Balance

2.5 Wie lernen wir? – Experimentieren und reflektieren

2.5.1 Nachhaltig gelernt wird vor allem durch Versuch und Irrtum

Es gibt keine allgemein akzeptierte Lerntheorie oder ultimative Lerntechnik. Die Berücksichtigung verschiedener Ansätze führt zum Erfolg. Gelernt wird durch Einsicht/Bewusstmachung, Druck oder Lust, aber vor allem durch Handeln und Reflexion (Abb. 2.6).

Einsicht und Bewusstmachung (Vorbild, Lernen am eigenen Erfolg, Modellernen) allein ist gewöhnlich kein ausreichendes Motiv, etwas zu ändern. Druck (Zwang, Forderungen) und Lust (eigener Wille, Interesse) können in bestimmten Situationen Lernanstöße vermitteln. Echte Bewusstseinsveränderungen geschehen aber in der Regel in der direkten

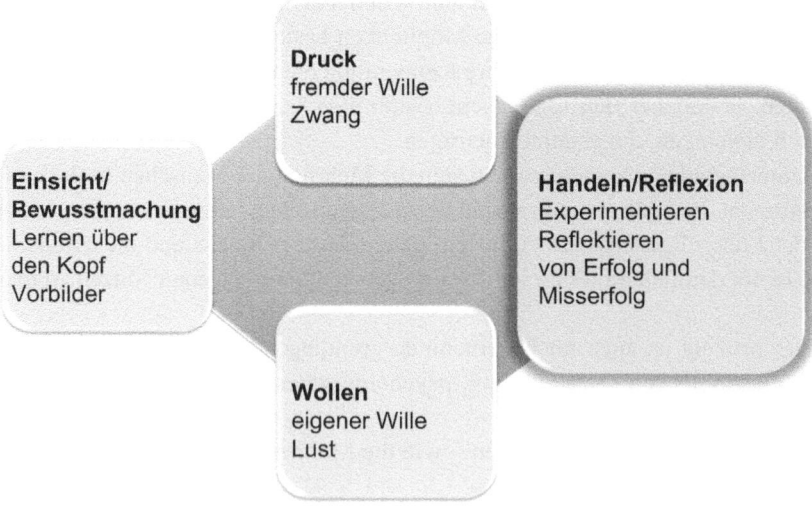

Abb. 2.6 Wie lernen wir?

Auseinandersetzung mit konkreten Problemen, durch Handeln und durch das Erleben von Erfolg und Misserfolg. Menschen lernen einerseits rational, über den Kopf, aber wahrscheinlich häufiger durch Erfahrung, durch Versuch und Irrtum.

Nach Hüther (2011) funktionieren zukunftsfähige Unternehmen ähnlich wie zeitlebens lernfähige Gehirne: Sie lernen durch Versuch und Irrtum, sammeln Erfahrungen und passen ihre Organisation immer wieder neu an die sich ändernden Rahmenbedingungen an. Erfahrungen aufgrund von Herausforderungen hinterlassen Spuren im Gehirn. In Verbindung mit Reflexion können sie zu neuen Haltungen führen. Es gibt keine Rezepte. Man muss sich hineinbegeben und aus Erleben und Erfahrungen lernen. Dann kann sich das Gehirn verändern. Deshalb erweisen sich vor allem kognitive Verhaltenstherapien als wirksam (Achtsamkeitsansatz, initiieren – machen – daraus lernen). Experimente und Reflexion, das ist der Königsweg zur Entfaltung. Das lernende Unternehmen setzt auf Experimente und Reflexion.

Zuerst gilt es, das Umfeld ganzheitlich wahrzunehmen, in Varianten zu denken, hemmende und fördernde Elemente einzubeziehen und Hypothesen zu entwickeln. Dann braucht es den Mut loszufahren und die Ergebnisse zu reflektieren. Das Lernen zum Gegenstand des Lernens zu machen ist ein pragmatischer und wirkungsvoller Ansatz.

Die Möglichkeit, in der Auseinandersetzung mit Problemen widersprüchliche Erfahrungen zu machen, ist eine Grundbedingung für Bewusstseinsänderungen. Manchmal müssen die Mitarbeitenden veranlasst werden, Neues auszuprobieren, damit sie dann aufgrund ihrer Erfahrung bereit sind, ihre innere Haltung zu ändern. „Wenn man den Geschmack der Birne erfahren will, muss man sie essen." Selbstvertrauen entsteht, wenn erfolgreich bewältigte Herausforderungen zu positiven Lernerfahrungen führen. Dadurch wird das Vertrauen in die eigenen Fähigkeiten gestärkt.

Der Lernprozess läßt sich wie folgt darstellen (Abb. 2.7):

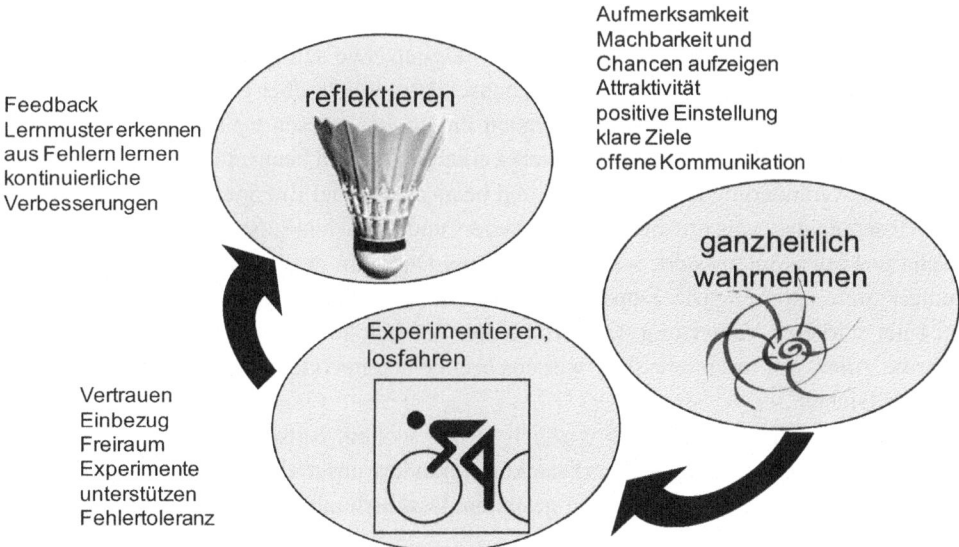

Abb. 2.7 Experimentieren und reflektieren

Der individuelle Lernprozess kann auf die Führung von Organisationen und Mitarbeitenden sowie das HR-Management übertragen werden. Entscheidend ist, dass die Mitarbeitenden die richtigen Erfahrungen machen und die Ergebnisse reflektieren. In vielen Unternehmen nimmt man sich nicht die Zeit zur Reflexion. Auch Projekte und Systeme in Unternehmen werden selten systematisch reflektiert.

2.5.2 Alle reden von Neuroplastizität, aber Veränderungen sind anstrengend

Es wird vermehrt von Neuroplastizität gesprochen, das heißt das Hirn wird als veränderbarer gehalten, als bisher angenommen (Hüther 2011). Neuroplastizität ist die Eigenschaft von Synapsen und Nervenzellen, die wechselseitigen Vernetzungen zu verändern und sich anzupassen. Forschungen mit bildgebende Verfahren und MRT zeigen, dass das Gehirn sich lebenslang umstrukturieren kann. Auch das Gehirn erwachsener Menschen kann bis ins hohe Alter Nervenzellen neu miteinander verbinden. Es ist nicht irgendwann fertig konstruiert. Specht (2014) glaubt aufgrund seiner Studien nicht, dass sich die Persönlichkeit im Laufe des Lebens immer stärker stabilisiert. „Es gab bisher bloß zu wenige Studien, die bis ins hohe Alter reichen." Was Hänschen nicht gelernt hat, kann Hans noch lernen, muss es aber anders erarbeiten. Mit Erfahrung und Vorwissen können Information schneller eingeordnet werden und die Urteile werden ausgewogener.

Damit Menschen die Netzwerke im präfrontalen Cortex optimal nutzen und verbessern können, benötigt das Gehirn neuroplastische Botenstoffe. Diese Botenstoffe werden im Mittelhirn ausgeschüttet und ergießen sich bis in den präfrontalen Cortex. Dort geschieht zweierlei. Erstens wird die Kommunikation der Nervenzellen untereinander aktiver. Zweitens werden neue Verbindungen geknüpft und bestehende verfestigen sich. Im Ergebnis beginnen sich nach Hüther (2011) ungenutzte Potenziale des Gehirns zu entfalten.

Die gute Nachricht: Veränderungen sind möglich. Die schlechte Nachricht: Sie sind anstrengend. Lernen ist zwar bis zum Lebensende möglich, aber einmal Geprägtes lässt sich nur schwer umprägen. Die emotionalen Prägungen müssen weitgehend als gegeben betrachtet werden. Umbildungen von Netzwerken im Gehirn beanspruchen viel limbische Kapazität. Veränderung ist anstrengend und beansprucht viel Energie.

Wir lernen das, was uns intensiv interessiert und uns wichtig ist (Hüther 2011, S. 92). Wenn uns etwas interessiert, wird beim Lernen Dopamin ausgeschüttet und das Belohnungssystem aktiviert. Das Dopamin führt zu einer Aktivierung des Gehirns und damit zu einer stärkeren Vernetzung der Lerninhalte. Wir belohnen uns durch unsere Lernfortschritte. Alles, was uns interessiert, was uns Freude bereitet oder innerlich berührt, merken wir uns leichter.

Außerdem müssen wir etwas wirklich lernen wollen. Entscheidend ist, worauf wir unser Bewusstsein lenken. Aufmerksamkeit verändert unser Gehirn. Die Lust sich einzubringen, mit zu denken und mit zu gestalten, lässt sich nicht anordnen oder verordnen, nur wecken. Man kann keinen Menschen motivieren, sein kreatives Potenzial zu entfalten, man kann ihn nur dazu einladen, ermutigen sowie einen Rahmen schaffen.

Erfahrungen müssen unter die Haut gehen, damit sie berücksichtigt werden. Aufwühlende Erfahrungen (Arbeitslosigkeit, schwere Konflikte, Verlust von Unterstützung durch das Umfeld), können Auslöser für eine Neustrukturierung von Teilbereichen des Gehirns sein.

Da die Nervenstrukturen entsprechend der Nutzung aus- oder abgebaut werden, sind möglichst vielfältige und unterschiedliche Erfahrungen wertvoll. Alle Verschaltungen im Hirn entstehen nur, wenn sie immer wieder aktiviert werden. Das Hirn verändert sich, wenn man es benutzt. Längst nicht alle Gene, die jemand in sich trägt, sind aktiv. Das Gehirn baut sich ab oder vergrößert sich wie ein Muskel. Es ist zwar keiner, funktioniert aber ähnlich. Muskeln wachsen und werden größer, wenn man sie intensiv benutzt. Werden sie vernachlässigt, bauen sie sich ab. Je öfter eine Strasse befahren wird, desto breiter wird sie. Wer sein Gehirn benutzt, bildet neue Verbindungen zwischen den Nervenzellen, den sogenannten Synapsen. Je mehr Synapsen vorhanden sind, desto einfacher und schneller lernt das Gehirn Neues dazu. Jeder starke Nervenimpuls ist für eine Zelle Anlass, die betroffenen Synapsen zu verstärken. Unbenutzte Kontakte werden hingegen zuerst schwächer und sterben dann ab. Je öfter die Synapsen benutzt werden, desto besser funktionieren sie. Werden sie nicht genutzt, bröckeln sie irgendwann ab. So bleiben nur diejenigen Nervenzellen mit ihren Kontakten übrig, die auch häufig aktiv sind. Das Gehirn ist immer so gut, wie es gefordert wird. Es darf nicht verkümmern.

Die Funktionen, die nicht gebraucht werden, kommen einem abhanden. Impulse laufen besser über jene Synapsen, über die sie schon einmal gelaufen sind. Die Wege entstehen durch ihren Gebrauch (Spitzer 2013). Jedes Gefühl, jeder Gedanke, jede Handlung, die oft genug auftritt, verselbständigt sich und läuft irgendwann automatisch ab.

Das Gehirn wird so, wie und wofür man es mit Begeisterung benutzt (Hüther 2011, S. 93). Wer begeistert ist, verändert sich schneller, deshalb ist die Frage nach den wirklich wertvollen Zielen wichtig. Sinn und Zweck müssen klar sein.

Der Speicherplatz im Gehirn ist dynamisch und immer so groß wie gerade benötigt. Bisherige Informationen werden von neuen verdrängt. Informationen im Gehirn sind Aktivitätsmuster, die sich überlagern können. Damit das Gehirn nicht in einem Wust an Informationen untergeht, siebt es das aus, was es nicht braucht, wobei die Wichtigkeit darnach beurteilt wird, wie oft eine Information wiederholt wird.

Gelernt wird besonders gut, wenn das Gehirn vielfältig stimuliert und das Neue oft wiederholt wird. Menschen sind auf das Erreichen positiver Emotionen ausgerichtet. Besonders empfänglich sind sie für Informationen, die kurz zurückliegen, lebendig und bildhaft sind. Dann passt sich das Netzwerk besonders effektiv an die neuen Informationen an.

Weil Erfahrungen Spuren im Gehirn hinterlassen, sollten den Mitarbeitenden neue Lebenserfahrungen ermöglicht werden. Erfahrungen kann man nicht lehren, aber man kann die Mitarbeitenden ermuntern, sie selbst zu machen und sie dabei unterstützen.

2.5.3 Lernvoraussetzungen sind Vertrauen, Freiraum, Sinn erkennen sowie Kommunikation

Lernkultur wächst auf dem Boden von Sicherheit und Vertrauen. Im lernenden Unternehmen kommt dem Lernen ein hoher Stellenwert zu. Ideen werden geschätzt, Ängste und Widerstände als normal betrachtet und angesprochen. Fehler sind gestattet, weil sie eine wichtige Lernmöglichkeit darstellen. Wo keine Fehler toleriert werden, darf auch keine Initiative erwartet werden.

Wenn primär durch Handeln und Experimentieren gelernt wird, müssen die Führungskräfte ihren Mitarbeitenden vertrauen und ihnen den nötigen Rückhalt geben, damit sie bereit sind, zu experimentieren. Lernen durch Handeln setzt voraus, dass man handeln darf. Die Mitarbeitenden brauchen die Erlaubnis des Vorgesetzten, wie auch den nötigen Freiraum, damit sie es wagen, Neuland zu betreten und zu lernen.

Untersuchungen zeigen, dass die Zufriedenheit der Mitarbeitenden in dem Maße steigt, in dem sie das Bewusstsein haben, frei mit den Vorgesetzten diskutieren zu können. Sinnantworten können wahrscheinlich nur im Gespräch vermittelt und durch offene Kommunikation unterstützt werden. Das lernende Unternehmen fördert informelle Kommunikation und Netzwerke. Um effizient Wissen vermitteln zu können, muss zunächst eine Beziehung aufgebaut werden, und der Sinn des Lernens muss klargemacht werden können.

Die Mitarbeitenden lernfähig zu halten, und sie zu ermuntern, primär die Chancen und nicht die Bedrohungen des Neuen zu sehen, ist eine der anspruchsvollsten Führungsaufgaben. Fördernd ist in erster Linie der spürbar hohe Stellenwert des Lernens. Lernmöglichkeiten und Lernsituationen werden bewusst geschaffen und es gibt entsprechende Anreize und Lernangebote.

2.5.4 Ganzheitliches Wahrnehmen

Wahrnehmung ist eine komplexe Leistung des Gehirns. Echte Wahrnehmung setzt Angstfreiheit, Aufmerksamkeit und Offenheit voraus.

Aufmerksamkeit hat mit Empathie und der Fähigkeit, schwache Signale zu erkennen, zu tun. Sie ist eine auf die Gegenwart gerichtete Lebenshaltung (Sorgfalt, Genauigkeit, Konzentration). Je mehr Aufmerksamkeit wir auf etwas richten, desto intensiver und differenzierter nehmen wir es wahr. Was man wirklich sucht, sucht einen. Aufmerksamkeit sensibilisiert die Mitarbeitenden. Ganzheitlich wahrnehmen heißt, die richtigen Fragen stellen, Hypothesen und Ziele formulieren, aber auch die Notwendigkeit begründen, Chancen aufzeigen, Ängste und Widerstände spüren und einen Rahmen sowie Lernvoraussetzungen schaffen.

Statt wahrzunehmen, verlassen wir uns zu oft auf alle möglichen Messinstrumente und Schemas. Der Bauer richtet sich für die Aussaat nach dem Kalender seines Saatgutlieferanten. Er ist nicht mehr fähig, aufgrund der Beschaffenheit von Boden, Wetter usw.

selbständig den richtigen Zeitpunkt für die Aussaat zu wählen. Selbstkompetenz geht Schritt für Schritt verloren.

2.5.5 Experimente verhelfen zu neuen Erkenntnissen

Samuel Beckett formulierte prägnant: „Versuch und Irrtum; neuer Versuch und kleinerer Irrtum; schließlich Versuch ohne Irrtum, das ist das ideale Lernmodell." Scheitern ist Lernen. Wer gelernt hat, scheitert möglicherweise wieder, aber das nächste Mal eben besser, informierter, kompetenter.

Wie in der wissenschaftlichen Forschung und der Technik werden neue Erkenntnisse auch in der Führung durch Experimente und eine Vielzahl von Versuchen gewonnen, die reflektiert werden. Auch das Geschäftsmodell junger IT-Unternehmen basiert auf Versuch und Irrtum. Fehler und Pleiten werden nicht persönlich genommen, sondern als wertvolle Lernerfahrungen genutzt. Ähnlich führen auch im Unternehmen reflektierte Herausforderungen zu neuen Haltungen. Diese Erkenntnis haben Führung und HR-Management noch zu wenig verinnerlicht.

Man muss aus der Box heraustreten und experimentieren. Nur wer sich etwas zutraut, neue Ideen und Strategien ausprobiert und Erfahrungen zuläßt, verändert etwas. Wer Neuland betritt und experimentiert, gewinnt neue Impulse. Ohne Handeln bildet sich keine Erfahrung und ohne Reflexion kein Lernen. Bleibt die Frage, ob nicht häufig zu lange geplant wird, statt etwas einfach auszuprobieren.

Gemäß dem Psychotherapeuten Wolfensberger (2007) bringt es nichts, nach den Ursprüngen einer Sache zu forschen, ohne etwas zu verändern. Das ist reiner Selbstbetrug. Manchmal ist es wichtiger, etwas zu tun, als nach verborgenen Motiven zu suchen. Wandlung geschieht durch Handlung. Heilung durch die Tat. Die Handlung muss die innere Entwicklung, die in Gang gebracht werden soll, gewissermassen vorwegnehmen.

Vertrauen ist die Vorbedingungen, damit Mitarbeitende es wagen, Neuland zu betreten. Es braucht Vertrauen, jemandem schwierige Aufgaben zu übertragen. Zu oft werden Nachwuchsleuten die „Flügel gestutzt" und später ist man erstaunt, dass sie nicht mehr fliegen können. Die Mitarbeitenden sollten dazu ermuntert werden, den gewährten Freiraum zu nutzen und neue, emotional bedeutsame Erfahrungen zu machen (Kaduk et al. 2013, S. 101). Sie sollen Neues ausprobieren, um andere Perspektiven zu erleben. Google fordert seine Mitarbeitenden auf, sich an einem Tag pro Woche mit Dingen außerhalb des Üblichen zu beschäftigen. Damit sollen die Kreativität und das Engagement in der eigenen Arbeit gefördert werden.

Fehler müssen zugelassen werde. Fehlertoleranz heißt, dass Scheitern erlaubt ist. Wenn der Durchbruch nicht gelingt, ist das auch kein Drama. Man hat dann mindestens etwas gelernt. Gescheiterte Versuche werden als Erfahrung verbucht und nicht als Versagen. Wo keine Fehler toleriert werden, darf auch keine Initiative erwartet werden. In den deutschsprachigen Ländern fehlt, im Unterschied zum angelsächsischen Raum, manchmal die Großzügigkeit, jemandem eine 2. Chance einzuräumen.

Experimente brauchen Mut und so etwas wie eine Start-up-Mentalität. Mut wird durch Erfahrung belohnt.

In Krisensituationen wird besonders intensiv gelernt. Krisen sind Chancen, Gewohnheiten zu verändern, denn sie erhöhen die Bereitschaft, Neues auszuprobieren. Je erfolgreicher ein Unternehmen in der Vergangenheit war, und je verfestigter die Kultur ist, desto mehr Leidensdruck braucht es, um die Chancen statt die Probleme zu sehen. Die Hoffnung, dass man etwas verändern kann, muss größer sein als die Angst vor dem Scheitern.

2.5.6   Handeln allein genügt nicht, wenn es nicht reflektiert wird

Feedback wird eher zwischen zwei Personen oder in kleinem Kreis in Alltagssituationen gegeben, während Reflexion eine grundlegendere Standortbestimmung ist, die auch einen größeren Kreis umfassen kann.

Erfahrungen allein machen die Menschen nicht klüger, sondern erst ihre Reflexion. Im Gegensatz zum Tier kann der Mensch sein eigenes Verhalten beobachten, seine Handlungen reflektieren, über seine Beweggründe nachdenken und sie bis zu einem gewissen Grad auch steuern.

Jeder Prozess bedarf, wenn gelernt werden soll, der Reflexion. Wenn es gelingt, gelegentlich inne zu halten und das eigene Handeln zu hinterfragen, können Routinen durchbrochen werden. Sich der eigenen Motive und Antriebe bewusst zu werden heißt, nach getaner Arbeit Distanz schaffen und sozusagen vom „Feldherrenhügel" herab und mit einer ganzheitlichen Perspektive zu überlegen, was wie abgelaufen ist. Es heißt Abstand nehmen, um besser sehen zu können. Hilfreich können auch Beobachtung oder Feedback von Aussen sein.

Durch Reflexion erkennt man verborgene Muster und wird sich der eigenen Motive und Antriebe bewusst. Das Wahrnehmen und kritische Hinterfragen der Denkmodelle und impliziten Regeln ist eine wesentliche Voraussetzung für Veränderungen. Die Fähigkeit zu reflektieren ist eine höhere Form des Bewusstseins. Wer die eigenen Handlungen und Projekte auswertet, kommt sich selbst auf die Schliche. Reflexive Denkprozesse beeinflussen innere Haltungen.

Reflexion ist das Kerngeschäft der Philosophie. Schon Marc Aurel und Michel Montaigne pflegten die Selbstreflexion. Philosophen klären Begriffe, betrachten Probleme aus neuen Gesichtswinkeln und reflektieren. Die alten Griechen propagierten: „Erkenne dich selbst". Heute fordert der Philosoph Hampe (2009), die „eigene Stimme" zu suchen, indem man in einem Reflexionsprozess über die bisherige Lebensgeschichte herausfindet, welche Stränge man fortsetzen will und welche nicht.

Auch im Sport ist es wichtig, dass Erfolg und Misserfolg analysiert, Änderungen vorgenommen und beim nächsten Spiel umgesetzt werden. Ähnlich sollten auch die Vorgänge im Unternehmensumfeld vermehrt reflektiert werden. In bestimmten fehleranfälligen Bereichen ist das bereits Routine. Keine Flugzeugcrew verläßt den Flieger ohne Debriefing und in Spitälern sind Fallkonferenzen fest eingeplant.

Die Möglichkeiten zu Feedback und Reflexion sind vielfältig. Schon Sokrates empfahl das offene Gespräch. Standortbestimmungen nach jedem Projekt oder jeder Sitzung sind gute Reflexionsmöglichkeiten. Reflexion braucht Ehrlichkeit gegen sich selbst, Zeit, Vermeiden von Schuldzuweisungen und Moderation auf hohem Niveau. Besonders oft wirkt sich der Mangel an Zeit für eine gründliche Reflexion hemmend aus. Damit bleibt die moralische Entwicklung auf der Strecke (Staffelbach 2013). Unter dem Druck von „Feuerwehrübungen" wird die Chance zu lernen häufig vertan. Mangels Zeit werden auch in den Medien immer weniger Hintergründe ausgeleuchtet und hinterfragt. Lernende Unternehmen institutionalisieren Reflexion und räumen dafür Zeit ein. Durch eine Feedbackkultur erfahren die Mitarbeitenden Verbundenheit. Leider meinen aber nur 28 % der Mitarbeitenden von ihrem Vorgesetzten Feedback zu erhalten.

2.5.7 Gelernt wird von eigenen Erfolgen und von den Fehlern der andern

Nichts wirkt so stimulierend, wie selbst kleine Erfolge. Gemeinsames Erleben erfolgreichen Wandels ermutigt, die Bemühungen fortzusetzen. Erfolg beschleunigt die Lernspirale, gibt Selbstvertrauen und Kraft.

Einzelne Individuen und auch Unternehmen lernen weniger von ihren Fehlern als von ihren Erfolgen und den Fehlern der andern, damit ihnen nicht das gleiche passiert. Auch Unternehmen sammeln positive Erfahrungen und verändern gestützt darauf langfristig ihr Verhalten (Goldberg 2014).

Studien zum Operationsverhalten von Chirurgen zeigen, dass sie mehr aus ihren Erfolgen als aus den begangenen Fehlern lernen. Das erklärt die Psychologie mit der Attributionstheorie. Menschen versuchen, sich ihre Welt so zurechtzulegen, dass sie ein möglichst positives Selbstbild von sich aufrechterhalten können. Erfolg und Misserfolg werden dem eigenen Handeln zugeschrieben, Fehler hingegen nicht bei sich selbst gesucht, sondern bei externen Einflussfaktoren, ungünstigen Umständen, oder einfach nur bei einer Pechsträne. Gegenüber den eigenen Fehlern ist man blind. Man will sie nicht so genau kennen. Sie werden verdrängt. Umgekehrt werden die Fehler anderer diesen direkt angerechnet. Weil wir uns an unsere Erfolge erinnern, aber unsere Misserfolge verdrängen, lernen wir nicht aus unsern Fehlern. So haben beispielsweise Banker aus der Finanzkrise nichts gelernt, weil sie sich Fehler nicht eingestehen konnten.

Reflexion muss immer auch Veränderungen in der Umwelt im Auge behalten, sonst kann Lernen aus Erfahrung und früheren Erfolgen gefährlich werden, wenn sich die Umwelt verändert. Erfolg kann lernresistent machen.

Frühere Erfolge können als Kraftquelle genutzt werden. Wenn erfolgreich gemeisterte schwierige Situationen wieder hervorgeholt werden, wird Vertrauen in die eigenen Kräfte aktiviert. Umgekehrt kann Fehlersuche demotivieren. Negativ über Misserfolge nachzudenken, beeinträchtigt das Selbstwertgefühl.

2.6   Ein Zwischenhalt – Sicherheit, Verbundenheit und Reflexion sind das Mächtige

Um im Bild von Inglin zu bleiben, stehen wir nun am Übergang und überlegen, welche Erkenntnisse wir für Unternehmens- und Mitarbeiterführung sowie das HR-Management mitnehmen wollen.

2.6.1   Die limbischen Bedürfnisse beachten

Das Limbische spielt einerseits eine große Rolle und läßt sich andererseits nur schwer verändern. Was sich nur schwer beeinflussen läßt, lohnt möglicherweise den Aufwand zur Veränderung nicht. Es bringt mehr, sich auf das Veränderbare zu konzentrieren. Schon der Stoiker Marc Aurel plädierte dafür, gelassen hinzunehmen, was sich nicht ändern läßt und sich auf die wesentlichen Dinge zu fokussieren, die wirklich beeinflusst werden können, statt zu versuchen, das schwer Veränderbare anzugehen. Wer gegen das Unveränderbare ankämpft, verbraucht Energien, die dann für wichtigere Dinge fehlen. Reif sein heißt, sich mit dem Wesentlichen auseinandersetzen und das, was wir nicht ändern können, loslassen. Man muss mit den Steinen bauen, die man hat, andere gibt es nicht.

2.6.2   Sicherheit und Verbundenheit betonen

Die vier limbischen Bedürfnisse Sicherheit, Verbundenheit, Leistung und Lernen sind die wesentlichen Treiber menschlichen Handelns. Am stärksten ausgeprägt ist das Sicherheitsbedürfnis, gefolgt von Verbundenheit und Leistung. Weil Leistung schon heute viel Aufmerksamkeit erhält, wird in diesem Buch der Fokus auf Sicherheit und Verbundenheit gelegt. Damit soll die Bedeutung von Leistung und Lernen nicht gemindert, aber eine notwendige Schwerpunktverschiebung deutlich gemacht werden. Leistung und Innovation gründen in Sicherheit und Verbundenheit.

2.6.3   Die limbischen Bedürfnisse ausbalancieren

Unternehmen und Mitarbeitende haben unterschiedliche Bedürfnisse. Unternehmen müssen sich bewusst sein, dass ihre Bedürfnisse nach Leistung und Innovation nur unter Berücksichtigung der Mitarbeiterbedürfnisse Sicherheit und Verbundenheit zum Tragen kommen. Wenn Sicherheit am Arbeitsplatz und ein soziales Umfeld die Mitarbeiterwerte fördert, sind sie zufriedener, ausgeglichener, motivierter und engagierter. Dann werden Identifikation und Commitment, Leistungsbereitschaft und Kreativität möglich.

Unternehmens- und Mitarbeiterbedürfnisse müssen in einer Balance stehen. Wenn Leistung und Innovation einseitig betont werden, gehen Gleichgewicht und Stabilität verloren. Jeder Wert dreht, wenn übersteuert, ins Negative. Alles, was ins Extreme getrieben wird, wird krank (Kobi Balance 2008). Nur Kräfte im Gleichgewicht sind stabil. Je weiter das Pendel in die eine Richtung schwingt, desto stärker werden die entgegengesetzten Kräfte.

Wir diskutieren zu sehr in den Kategorien von Entweder-oder statt Sowohl-als-auch. Erst das Beachten beider Pole erzeugt Ausgewogenheit, Harmonie, Stärke, Selbstbewusstsein, sowohl in menschlicher wie auch in wirtschaftlicher, technischer, wissenschaftlicher und politischer Hinsicht. Einseitigkeit ist zerstörerisch. Alles wirkt in Übermaß oder Unterdosis fatal. Zu viel von etwas, auch wenn es gut ist, schwächt. Je mehr in den Extremen gedacht wird, desto deutlicher wird der Ruf, an den Dualismen zu rütteln und die Menschen nicht nur eindimensional zu sehen.

Ratio und Intuition sind komplementäre Funktionen. Sie bedingen und ergänzen sich. Das entspricht einem Naturgesetz, das als Spannungsausgleich oder als Integration der Gegensätze bezeichnet wird. Wir sollten vermehrt die Pole bewusst ausbalancieren und das Verbindende statt die Gegensätze betonen.

Heute liegt ein Übergewicht auf dem Pol der Leistung. Leistung ist nicht das Letzte, und Geborgenheit ist nicht das Letzte. Wichtig ist, dass der Mensch sich die Polaritäten von Leistung und Geborgenheit bewusst macht und sich ihnen fügt (Schmid 1977). Die einseitige Leistungs- und Gewinnmaximierung ist nicht nachhaltig. Zu oft bleibt soziale Gerechtigkeit eine Worthülse, während der Hunger nach Fortschritt und Erfolg gelebt wird. Unternehmen können ihre Bedürfnisse nur unter Berücksichtigung der Mitarbeiterbedürfnisse verwirklichen. Profitmotiv und soziale Verantwortung müssen in einer Balance stehen. Verletzte soziale Reziprozität ruft bei der Arbeit in unterschiedlichen Kulturen offenbar ähnlich starke negative Gefühle und Stressreaktionen hervor.

2.6.4 Durch neue Erfahrungen und Reflexion zu einer eigenen Stimme finden

Haltungen/Werte können am einfachsten durch Experimente und Reflexion verändert werden. Neue Erfahrungen führen zu neuen Gedanken, Werten und Haltungen und damit zu einer eigenen Stimme.

Literatur

CS Jugendbarometer. (2014). Forschungsinstitut gfs. Bern.
CS Sorgenbarometer. (2014). Forschungsinstitut gfs. Bern.
von Cube, F. (2004). *Lust und Leistung* (11. Aufl.). München: Piper
Elger, Ch. E. (2013) *Neuroleadership*. (2. Aufl.). Freiburg i.Br.: Haufe-Lexware.
Fehr, E. (2002). Über Vernunft, Wille und Eigennutze hinaus. In E. Fehr & G. Schwarz (Hrsg.), *Psychologische Grundlagen der Ökonomie*. Zürich: Neue Zürcher Zeitung.
Fehr, E. (2013). Präferenz für Fairness, in GDI Impuls 2/2013.

Fehr, E., & Schwarz, G. (Hrsg.). (2002). *Psychologische Grundlagen der Ökonomie*. Zürich: Neue Zürcher Zeitung.

Gigerzer, G. (2007). *Bauchentscheidungen – die Intelligenz des Unbewussten und die Macht der Intuition* (6. Aufl.). München: Bertelsmann.

Goldberg, J. (2014). Warum man aus eigenen Fehlern nicht gut lernt, Goldberg Behavioral Blog.

Hampe, M. (2009). *Das vollkommene Leben*. München: Hanser.

Hasselhorn, M., & Gold, A. (2009). *Pädagogische Psychologie* (2. Aufl.). Stuttgart: Kohlhammer.

Häusel, H.-G. (2010). *Think Limbik* (4. Aufl.). Freiburg i.Br.: Haufe.

Häusel, H.-G. (2011). *Die wissenschaftliche Fundierung des Limbic-Ansatzes*. München.

Hüther, G. (2011). *Was wir sind und was wir sein könnten – ein neurobiologischer Mutmacher*. Frankfurt a. M.: Fischer.

Jäncke, L. (2013). *Lehrbuch kognitive Neurowissenschaften*. Bern: Huber-Verlag.

Kaduk, St., Osmetz, D., Wüthrich, H. A., Hammer, D. (2013). *Musterbrecher, Die Kunst das Spiel zu drehen*. Hamburg: Murmann.

Kahnemann, D. (2012). *Schnelles Denken, langsames Denken* (18. Aufl.). München: Siedler Verlag.

Kelly, G. A. (1986). *Die Psychologie der persönlichen Konstrukte*. Paderborn: Junfermann-Verlag.

Klink, K. (2010). Bewusstsein gegen Unterbewusstsein? Nachrichten aus der Quantenwelt, Ausgabe 10/2010.

Kobi, J. M. (2008). *Die Balance im Management*. Wiesbaden: Gabler.

Lawrence, P. R., & Nohria, N. (2003). *Driven, Was Menschen in Organisationen antreibt*. Stuttgart: Klett-Cotta.

Opaschowski, H. W. (2010). *Wir! Warum Ichlinge keine Zukunft mehr haben*. Hamburg: Murmann Verlag.

Peters, T., & Ghadiri, A. (Hrsg.). (2014). *Neuroleadership – Grundlagen, Konzepte, Beipiele*. Wiesbaden: Springer.

Probst, G., Raisch, S. (2004). Die Logik des Niedergangs, in Harvard Business Manager.

Rock, D. (2011). *Brain at Work*. Frankfurt a.M.: Campus.

Roth, G. (2008). *Persönlichkeit, Entscheidung und Verhalten*. Stuttgart: Klett-Cotta.

Schatz, G. (2010). *Die Welt, in der wir leben*. Freiburg i.Br.: Herder .

Schmid, K. (1977). *Das Genaue und das Mächtige*. Artemis Verlag: Zürich.

Sen, A. (2010). *Die Idee der Gerechtigkeit*. München: C.H. Beck.

Sennet, R. (1998). *Der flexible Mensch, Die Kultur des neuen Kapitalismus*. Berlin: Berlin-Verlag.

Spitzer, M. (2013). *Das (un)soziale Gehirn*. Stuttgart: Schattauer.

Staffelbach, B. (Hrsg.). (2013). *HR-Spotlights, Geistesblitze zur Personalführung*. Zürich: Verlag NZZ.

Ulrich, P. (2002). *Der entzauberte Markt*. Freiburg: Herder.

Wahler, H. (2013). *Was sie über ihr Gehirn wissen sollten*. e-book.

Werkmann-Karcher, R. (2010). *Angewandte Psychologie für das HRM*. Berlin: Springer.

Willi, J. (1989). *Koevolution – Die Kunst des gemeinsamen Wachsens*. Hamburg: Rowohlt.

Wolfensberger, K. (2007). Zanggers Seminar. Herisau: Appenzeller Verlag.

Wüthrich, H. A., Osmetz, D., & Kaduk, S. (2009). *Musterbrecher – Führung neu leben* (3. Aufl.). Wiesbaden: Gabler.

Das Mächtige im Unternehmen umsetzen

Teil II zeigt, wie die Grundbedürfnisse Sicherheit, Verbundenheit und Reflexion im Sinne eines integrierten Führungsmodells für Unternehmenskultur, Veränderungsprozesse, Führung und HR-Management fruchtbar gemacht werden können (Abb. 2.1).

	Unternehmens-führung	Mitarbeiter-führung	HR-Management
sicher	verbindliche Werte und Unternehmens-kultur	Haltungen Vertrauen Führungskultur und –technik	Rollen und Schwerpunkte Arbeitsmarkt-fähigkeit
verbunden	Humankapital psych. Arbeitsvertrag Veränderungs-prozesse	wertebezogene Führung Führungs-grundsätze	faire Prozesse Rekrutierung, Entlohnung, Personalent-wicklung
reflektiert	lernendes Unternehmen	Führungs-qualität messen	Personal-controlling

Abb. 3.0 Mächtige Themen im Unternehmen

Das Mächtige in der Führung von Organisationen 3

In der Führung von Organisationen werden die folgenden Themen angesprochen (Abb. 3.1).

3.1 Verbindliche Werte und Unternehmenskultur – Die Kulturzwiebel

Der Kulturbegriff ist schillernd und schwer zu fassen. Einfach ausgedrückt, ist Kultur die Summe aller Lösungen, die so gut funktioniert haben, dass sie als selbstverständlich gelten. Für Praktiker ist die Unternehmenskultur die Art und Weise, wie die Dinge im

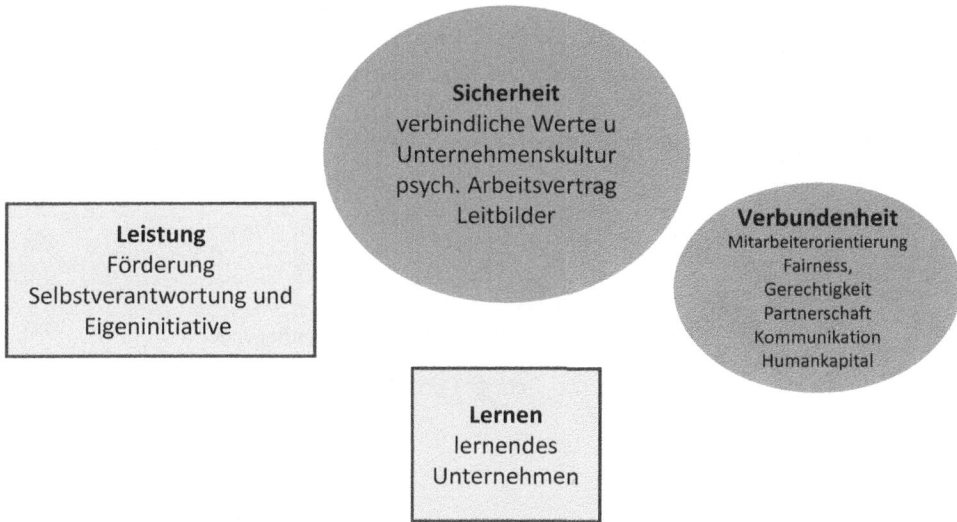

Abb. 3.1 Das Mächtige in der Führung von Organisationen

© Springer Fachmedien Wiesbaden 2016
J.-M. Kobi, *Neue Prämissen in Führung und HR-Management,*
DOI 10.1007/978-3-658-12112-9_3

Unternehmen angepackt werden, der Geist und Stil des Hauses oder – noch einfacher – die Summe aller Selbstverständlichkeiten. Im Kern ist es das, was die Mitarbeitenden glauben, dass es getan werden soll oder eben nicht, oder etwas wissenschaftlicher „die Gesamtheit von Normen, Vorstellungen und Denkhaltungen, die das Verhalten der Mitarbeitenden aller Stufen und damit das Erscheinungsbild eines Unternehmens prägen" (Pümpin et al. 1985).

Damit klingt an, dass für die Unternehmenskultur sowohl das Sichtbare (die sogenannten Artefakte) wie auch die tiefer liegenden Werte und Grundannahmen entscheidend sind. Grundannahmen und Werte sind die eigentliche Grundlage der Unternehmenskultur, sozusagen ihre Wurzeln.

Die Entwicklung der Unternehmenskultur scheitert immer wieder, wenn sie zu oberflächlich verstanden wird und wenn die tiefer gründenden Werte und Grundannahmen zu wenig berücksichtig werden. Oberflächenstrukturen können ohne Tiefenstruktur nicht erfolgreich sein.

Die Unternehmenskultur verkörpert die nicht-systemischen Elemente im Unternehmen. Sie stellt einen Bezugsrahmen dar, bestehend aus Grundannahmen, Hintergrundüberzeugungen und Glaubenssätzen, Werten und Normen, die sich im Zeitablauf bewährt haben und als wichtig gelten, wie auch Denkmuster, Interaktionsformen, Symbole und Geschichten.

Die Unternehmenskultur ist immer auch Teil einer branchenbezogenen, regionalen und nationalen Kultur. Von welchen Werten sich ein Unternehmen leiten lassen will, ist unternehmensspezifisch aufgrund der Strategie zu definieren.

Eine stark ausgeprägte Kultur ist nicht an sich besser. Wenn sie nicht offen für neue Entwicklungen ist, kann sie zur Erstarrung führen. Die Unternehmenskultur sollte lebendig bleiben. Auch Subkulturen sind nicht unbedingt negativ. Die Frage ist, wie viel „roter Faden" aus strategischer Sicht erwünscht ist. Eine einmal erreichte Kultur stellt keinen stabilen Wert dar. Es braucht kontinuierliche Anstrengungen und Anpassungen, um sie zu erhalten und zu entwickeln.

Die verschiedenen kulturellen Ebenen können anhand der Kulturzwiebel aufgezeigt werden (Abb. 3.2).

Abb. 3.2 Die Kulturzwiebel

Hofstede (2001) unterschied auf der äußeren Ebene Symbole, Helden und Rituale sowie im Innern die Werte. Auch Schein (1995) wies darauf hin, dass nicht nur die sichtbaren Verhaltensweisen, die offiziellen Leitbilder Visionen, Strategien den Kern kultureller Phänomene ausmachen, sondern die dahinter liegenden Charaktereigenschaften des
Unternehmens. In diesem Sinne unterschied er Grundannahmen, Werte und Normen sowie Artefakte. Nach ihm sind die sichtbaren Kulturmerkmale leicht zu verändern. Die den
Werten zugrundeliegenden unsichtbaren Annahmen sind hingegen nur schwer zugänglich
und veränderbar.

Zwischen den drei Ebenen der Unternehmenskultur bestehen enge wechselseitige Beziehungen. So sind die geteilten Grundannahmen Basis für Werte und Normen. Werte und
Normen müssen ihrerseits mit den Grundannahmen übereinstimmen, um im Unternehmen
akzeptiert zu werden. Umgekehrt können Werte sich in stabile und unbewusste Grundannahmen wandeln, wenn sie dauerhaft im Unternehmen verankert sind. Ähnliches gilt
für das beobachtbare Verhalten, die sogenannten Artefakte. Sie sind sichtbarer Ausdruck
der ihnen zugrunde liegenden Werte und Normen. Verhaltensweisen und Symbole können
aber ihrerseits Werte und Normen prägen. Die einzelnen Kulturebenen stehen also nicht
isoliert neben-, sondern in enger Beziehung zueinander.

3.1.1 Von der sichtbaren Unternehmenskultur zu den Werten und Grundannahmen

Im Vordergrund des Interesses steht meist die äußere Schale der Kulturzwiebel, das beobachtbare Verhalten, das Gegenständliche und Fassbare. Die tiefere Dimension der Werte
und Normen und im innersten Kern die Grundannahmen werden deutlich seltener angesprochen.

Die Unternehmenskultur darf sich nicht auf das äußerlich Sichtbare beschränken. Es
braucht eine Vertiefung zu den Werten und Grundannahmen. Im Folgenden werden die
verschiedenen Schichten der Zwiebel näher betrachtet.

Artefakte stellen das Sichtbare der Unternehmenskultur dar, das beobachtbare Verhalten. Sie machen den schwerer fassbaren Komplex von Grundannahmen und Wertvorstellungen lebendig und für neue Mitglieder erlebbar. Zu den Artefakten zählen die von den
Unternehmensmitgliedern entwickelten und gelebten Verhaltensweisen, wie tägliche Um-
gangsformen, Rituale (z. B. Einstellungs-, Beförderungs- oder Entlassungsrituale), sichtbaren Symbole des Miteinanders, wie etwa Formen der Sanktionierung und Belohnung,
aber auch Bekleidungsgewohnheiten oder statusbezogene Büroeinrichtungen, Instrumente und Systeme, Technologie und interne Kommunikation. Unternehmenskultur wird
weiter durch Anekdoten, Geschichten, Legenden sowie die im Unternehmen verwendete
Sprache vermittelt. Ausdrücke, Slogans und Metaphern vermitteln den Mitarbeitenden
Botschaften. Ebenso können architektonische Besonderheiten oder die Art, wie Aufgaben
angegangen werden, die Arbeitsmentalität, Antwortzeiten oder Sitzungsrituale Botschaften vermitteln.

Unter den Artefakten liegen die Werte und Grundannahmen. Sie sind das, was die Menschen im Innersten bewegt. Sie versprechen Kontinuität und geben dem Unternehmen ein Gesicht. Schon Peters und Watermann (1984) betonten die Werte. Nach ihnen beinhaltet werteorientiert, dass in jedem Unternehmen ein normatives Wertesystem sehr ernst genommen wird und Führungskräfte und Mitarbeitende danach rekrutiert werden.

Werte, Normen und Regeln entstehen über die Zeit in einem ständigen Kreislauf. Positive und negative Erfahrungen mit bestimmten Verhaltensweisen führen zu Werten (was ist gut, was ist schlecht), und zu Normen (was ist richtig, was ist falsch). Werte sind durch Erziehung, Ausbildung, Erfahrungen im Laufe des Lebens immer fester verwurzelte Auffassungen über das, was wünschens- oder erstrebenswert ist. In den Sozialwissenschaften sind es die gemeinsamen Ziele einer Gruppe. Werte bilden ein übergeordnetes Referenzsystem menschlichen Tuns und Lassens. Beim Wertemanagement geht es weniger um das Quantitative als um das Qualitative. Werte drücken Präferenzen aus und sind für die Mitarbeitenden Beurteilungs- und Orientierungsmaßstab in ihrem beruflichen Verhalten. Sie definieren, was dem Unternehmen wichtig ist und machen damit auch deutlich, was geringere Bedeutung hat.

Im Umgang mit Herausforderungen verändern sich Werte und entwickeln sich weiter. Durch Versuch und Irrtum und das Erleben mehr oder weniger erfolgreich gemeisterter Probleme setzen sich gewisse Werte durch, während andere wieder fallengelassen werden. Solche Erfahrungen führen schließlich zu geteilten Werten, dem Schatz gemeinsamer Überzeugungen und Erwartungen.

Normen stellen eine weitere Konkretisierung der Werte dar. Sie definieren Anforderungen und Erwartungen, Verhaltensrichtlinien oder Regeln, die aussagen, wie man sich in bestimmten Situationen verhalten soll. Sie beschreiben Handlungserwartungen an den Einzelnen. Normen müssen sich im Rahmen der Werte bewegen, um legitim zu sein. Ihre Einhaltung wird durch Sanktionen sichergestellt. Sie sind sichtbarer und fassbarer als Werte.

Den Kern der Kulturzwiebel bilden die Grundannahmen. Grundannahmen sind mentale Muster, Glaubenssätze, Denkpräferenzen, Einstellungen und Haltungen sowie Menschenbilder. Sie gelten als selbstverständlich, unsichtbar, vorbewusst und beinhalten das ganze soziale Erbe. Sie sind der grundlegende Orientierungsmassstab menschlichen Urteilens und Handelns und langfristig relativ konstant. Es geht um die Auffassungen über den Menschen, die Beschaffenheit von Wirklichkeit (Was ist wahr?), die Orientierungspunkte (z. B. Vergangenheit, Gegenwart oder Zukunft), die Beschaffenheit der menschlichen Natur (gut oder böse, veränderbar/nicht veränderbar) und der menschlichen Beziehungen (Individualisierung versus Kollektivismus, Beziehungen zur Umwelt, Autoritätsgläubigkeit usw.).

Grundannahmen bilden sich im Laufe der Zeit unbewusst heraus und werden von den Unternehmensmitgliedern soweit als selbstverständlich vorausgesetzt, dass sie nicht mehr hinterfragt werden. Sie steuern im Innersten die Wahrnehmung, das Denken und Verhalten im Unternehmen, und sie werden automatisch, ohne darüber nachzudenken, befolgt. Weil sie aber nicht sichtbar sind, sind sie nur schwer zu vermitteln.

Beispiele von Grundannahmen in Unternehmen sind Aussagen wie:

- Wir sind eine große Familie.
- Jeder schaut für sich.
- Forschung ist zentral.
- Jeder Einzelne zählt.
- Wir denken langfristig.
- Gewinn steht über allem.
- Die Mitarbeitenden im Mittelpunkt.
- Arbeit muss Sinn machen.
- Wir schaffen es.
- Menschenbild X (faul, den eigenen Nutzen maximierend) oder Y (fleissig, leistungswillig, engagiert, gemeinwohlorientiert)

Mentale Muster sind Gewohnheiten und Verhaltensmuster. Der Mensch hält von Natur aus Ausschau nach Mustern. Das Gehirn merkt sich nicht Einzelheiten, sondern die dahinterstehenden allgemeine Regeln und Muster, die aus der Erziehung und der individuellen Lebenserfahrung entstandene persönliche Konstrukte und Interpretationen der Welt. Die mentalen Muster stellen den Kontext dar, in dem neue Informationen gesehen und interpretiert werden. Der Bauch folgt früher gefassten Urteilen, bzw. Vorurteilen. Regelmäßig wiederholte Vorstellungen führen zu handlungsleitenden Strukturen im Gehirn (Rock 2011). Jedes Gefühl, jeder Gedanke, jede Handlung, die oft genug auftritt, verselbständigt sich und läuft mit der Zeit automatisch ab. Bei der Wahl zwischen Auto oder öffentlichem Verkehr halten Menschen beispielsweise stark an ihrem gewohnten Verkehrsmitteln fest. Verkehrslenkende Maßnahmen haben es schwer, Verhalten tatsächlich zu verändern.

Zwei große unbewusste Prozesse, sind bei Entscheiden im Gehirn aktiv: die Mustererkennung und ihre emotionale Etikettierung (Campell et al. 2009). Mustererkennung bedeutet, dass die jeweilige Situation mit der Brille früherer Erfahrungen betrachtet wird. In neuen Situationen wird auf bekannte Muster zurückgegriffen. Emotionale Etikettierung heißt, dass diese Erfahrungen mit Gefühlen verknüpft sind, die bestimmen, wie man reagieren soll. Wird ein passendes Muster gefunden, läuft eine Routine ab. Man macht das, was man immer in ähnlichen Situationen gemacht hat. Es dominiert die Erwartung, dass bisher Erfolgreiches wieder erfolgreich sein werde. Dabei bleiben Veränderungen im Umfeld unberücksichtigt. Wird kein passendes Muster gefunden, wird die Erfahrungen als unwichtig eingestuft und verdrängt. Wenn neue Erfahrung erfolgreich an alte angeknüpft werden können, werden sie als neues Muster abgespeichert.

Gewohnheiten sind nicht grundsätzlich schlecht. Ohne Gewohnheiten hätten wir den Kopf nicht frei für wichtigere Dinge. Die entscheidende Frage ist, wie solche Routinen verändert werden können. Nach Dunhigg (2014) sind Auslösereiz und Belohnung beizubehalten, aber Alternativen zu bisherigen Routinen zu suchen und Ersatzhandlungen einzuplanen.

Glaubenssätze und Denkpräferenzen sind die subjektive Brille, durch die wir die Welt sehen. Die grundlegenden Überzeugungen werden unbewusst und als selbstverständlich genommen. Sie helfen, Menschen einzuordnen, Probleme zu lösen und das Leben zu bewältigen. Sie steuern Wahrnehmung, Denken und Verhalten. Handlungen und Verhalten entstehen aus dem, was wir glauben. Überzeugungen sind nicht unbedingt wahr, aber wirksam. Oft erweisen sie sich als „sich selbst erfüllende Prophezeiungen".

Wenn Erfahrungen sich verdichten, entstehen daraus Haltungen. Haltungen sind in der Psychologie die Prädisposition eines Individuums, in bestimmter Weise auf konkrete Personen oder die Umwelt zu reagieren. Der Soziologe Bourdieu bezeichnet die dauerhaften Muster des Denkens, Fühlens und Handelns als Habitus, ein durch Sozialisation erworbenes stabiles Wahrnehmungs-, Denk-, und Interpretationsschema, das der Abgrenzung gegenüber anderen Klassen oder Gruppen dient. Beispiele von Einstellungen und Haltungen sind Vorurteile, Sympathie und Antipathie.

Erwartungshaltungen verändern die Wahrnehmung der Realität. Führungsinstrumente entfalten vor allem dann ihre volle Wirkung, wenn sie mit Haltungen wie beispielsweise Respekt, Wertschätzung und Offenheit eingesetzt werden. So ist z. B. Qualität nicht eine Frage von Werkzeugen und Systemen oder ISO-Zertifizierungen sondern von Denkhaltungen. Entscheidender als die harten Fakten des Controllings ist die Haltung, mit der die Daten interpretiert werden. Theorien, Techniken und Prinzipien sind wirkungslos, wenn die Haltung nicht stimmt. Erfolg basiert auf inneren Haltungen sowie der positiven Einstellung, wie Menschen mit den Herausforderungen des Lebens umgehen. Jede Veränderung beginnt im Kopf. Die Einstellung macht einen wichtigen Teil des Erfolges aus. Der innere Turn-around ist eine aktive Eigenleistung. Wir sind, was wir denken. Unsere Gedanken sind unsere Energien. Sie können uns stärken oder schwächen.

Erwartungen verändern die Daten, die das Gehirn aufnimmt. In Experimenten wurde gezeigt, dass der Lehrer, der meint, die schlechten Schüler zugeteilt erhalten zu haben, sie weniger weit bringt als derjenige, der glaubt, die guten Schüler zu unterrichten. Haltung und Erwartungen des Lehrers beeinflussen die Potenzialentfaltung der Schüler entscheidend.

Menschenbilder leiten unser Denken, Fühlen und Handeln. Sie verhelfen zu schnellen Entscheidungen und haben die Tendenz, sich zu verwirklichen. Biologische (Vererbung), psychologische (Bestimmung durch Umgebung und Kultur) und personalistische Menschenbilder (geistiges Menschenbild; das Größere im Menschen) können unterschieden werden, ebenso positive und negative Menschenbilder. Organisationen, die ein positives Menschenbild pflegen, richten sich an den Potenzialen und Neigungen der Mitarbeitenden aus. Sie gehen davon aus, dass gesunde Menschen grundsätzlich motiviert sind. In diesem Sinne betonte Konfuzius das „Du sollst" und machte damit die Menschen arbeitsam und lernbereit, während im Christentum das „Du sollst nicht" dominiert. Dem positiven Menschbild bei Konfuzius, steht ein negatives im Christentum gegenüber (Greor 2010).

Eine Diskussion der Menschenbilder in Unternehmen ist meist schwieriger, als die Werte zu thematisieren (Kaduk et al. 2013, S. 37). Der Weg des Verstehens geht von der Unternehmenskultur über die Werte zu den Menschenbildern.

3.1.2 Unternehmen unterscheiden sich in ihren Antworten auf relevante Spannungsfelder

Wenn man sich fragt, wo sich ein Unternehmen in den folgenden Spannungsfeldern positioniert, zeichnet sich schon ein recht aussagekräftiges Unternehmenskulturprofil ab:

- Misstrauen – Vertrauen
- kurzfristiges/vergangenheitsorientiertes – langfristiges/zukunftsorientiertes Denken
- bewahren – verändern
- businessorientiert – mitarbeiterorientiert
- fordern – fördern
- vorgeben – einbeziehen
- risikoscheu – risikofreudig
- einengende Regeln – Freiraum
- Betonung Instrumente und Systeme – Haltungen
- Strategie – Strategieumsetzung
- quantitatives – qualitatives Wachstum
- zentrale Planung – Selbstorganisation
- Fokus auf Analyse – Umsetzung
- Einzelleistung – Gruppenleistung
- Einstellung zu Wirtschaft und Gesellschaft

Im Homo oeconomicus steckt die Hypothese, der Mensch sei rational und eigensüchtig. Die Managementlehre baut ihrerseits auf den Prinzipien des Kapitalnutzens und der Gewinnmaximierung auf. Demgegenüber sieht das Menschenbild des Social man den Menschen vornehmlich als soziales Wesen, für den Beziehungen entscheidend sind. Die ausschließlich ökonomische Betrachtungsweise ist blind für die soziale Dimension, den natürlichen Zusammenhalt zw. den Menschen.

Das Konstrukt Homo oeconomicus kann nicht erklären, warum Menschen sich für das Gemeinwohl engagieren, oder warum sie anderen vertrauen. Im Übrigen ist auch der Egoist auf andere angewiesen und hat langfristig gesehen ein Eigeninteresse, zu kooperieren. Schon das klassische spieltheoretische Gefangenendilemma zeigt, dass Handeln aus Eigeninteresse zu suboptimalen Entscheidungen führt. Bei längerfristiger Zusammenarbeit ist eine kooperative Haltung erfolgreicher als eine konkurrenzorientierte Strategie.

Inzwischen besteht Einigkeit darüber, dass es den reinen Homo oeconomicus nicht gibt. Die Verhaltensökonomie zeigt, dass sich der Mensch lange nicht so rational und eigennützig verhält, wie im Standardmodell angenommen. Die überwiegende Mehrheit lässt sich auch von Kriterien wie Fairness, Solidarität, Vertrauen, Gerechtigkeit oder reziprokes Handeln und Altruismus leiten. Sie verhält sich „bedingt kooperativ", d. h. sie ist zu Kooperation bereit, falls sich andere auch kooperationswillig zeigen und die Konstellation nicht zu anonym ist. Sobald sie aber merken, dass sie von Egoisten ausgenützt werden, stellen auch sie ihre Kooperation ein. Erst wenn die fairen Individuen die Möglichkeit haben, unkooperatives Verhalten zu disziplinieren, wird eine stabile Kooperation möglich.

Wenn in einer Gesellschaft egoistisches Verhalten akzeptiert ist und als vernünftig gilt, wird es beim Menschen geradezu erweckt.

3.2 Vom Wertmanagement zur WERTEentwicklung

Der Unterschied zwischen Wertmanagement und WERTEentwicklung kann nicht genug betont werden. Mit Wertmanagment ist primär die Steigerung des Unternehmenswertes, des zahlenmäßig belegbaren wirtschaftlichen Erfolges gemeint. Beim der WERTEentwicklung geht es hingegen um den Einbezug von Werten in der Unternehmensführung und der Führung der Mitarbeitenden. Im Vordergrund steht somit der Unternehmenscharakter.

„Wirtschaften" beinhaltete ursprünglich die Bedeutung von „Werte schaffen", und die Ökonomie war Teil der Moralphilosophie (Ulrich 2000). Erst vor hundert Jahren wurde der Begriff auf das Ökonomische reduziert. Dann etablierte sich die Zweiweltenlehre, welche die Wertediskusssion der Politik zuwies und die Wirtschaft als wertfrei erklärte. Inzwischen wächst die Gewissheit, dass auch die Ökonomie zutiefst mit Werten zu tun hat.

Sinn und Wertefragen sind der innere Kompass des Unternehmens. In Zeiten, in denen laufend Orientierung verloren geht und als Gegenreaktion auf Unternehmensskandale werden Wertedefizite besonders schmerzlich bewusst.

3.2.1 Grundlage von Werten und Unternehmenskultur sind die limbischen Bedürfnisse

Wenn Werte sich im Unternehmen mit den individuellen Werten der Mitarbeitenden verbinden sollen, müssen sie im Limbischen gründen. Die wichtigste Quelle von Werten sind die limbischen Bedürfnisse. Abbildung 3.3 zeigt, welche Werte aus den Grundbedürfnissen abgeleitet werden können.

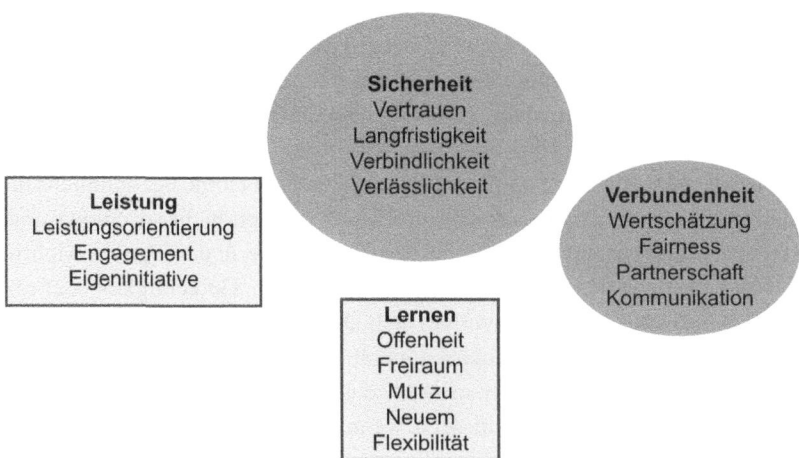

Abb. 3.3 Werte aus der Limbik ableiten

Die Herausforderung liegt darin, die hohen Ansprüche an Leistung und Flexibilität im globalen Wettbewerb zu erfüllen und gleichzeitig den Mitarbeitenden hohe Sicherheit, Vertrauen und ein Gemeinschaftsgefühl zu bieten. Die Betonung von Sicherheit und Verbundenheit knüpft an allgemeine ethische Prinzipien an, wie sie bereits in den Handwerkstugenden statuiert wurden (Tradition, Sorgfalt, Qualität). Alte stabile Werte gewinnen an Boden. Demgegenüber führt betonte Leistungsorientierung leicht zu Unzufriedenheit und sinkender Motivation der Mitarbeitenden.

Werte werden vermehrt diskutiert, aber noch zu wenig gelebt. Trotz ihrer offensichtlichen Bedeutung werden sie unterschätzt und vernachlässigt. Sie verkümmern häufig in der Ecke von Werbung und Public Relations. Von dort müssen sie herausgeholt werden. Es braucht Verbindlichkeit und Sanktionspotenzial, aber auch Anreize, sich an Werte zu halten. Werteorientiertes Verhalten wird noch zu wenig gemessen, kontrolliert und belohnt. Wie groß der Einfluss der gelebten Werte im Unternehmen ist, hängt vom Grad der Verbindlichkeit ab. Wenn Reden und Handeln nicht übereinstimmen, werden Werte diskreditiert.

Welche Werte Individuen oder Gesellschaften hochhalten, lässt sich durch Institutionen (Familie, Unternehmen, Parteien), Märkte (Arbeitsmarkt, Konsummarkt) oder auch Stellung, Geschlecht, Alter, Vorbildung, soziale oder geografische Herkunft und Religion erklären. In unserer Gesellschaft haben sich Vertrauen, Verantwortung, Solidarität, Ehrlichkeit und Hilfsbereitschaft während Jahrhunderten als bestimmende Werte herausgebildet.

Die rein rationale Ökonomie führte zu einem Werteverfall, Unternehmensskandale (z. B. Parmalat, Enron, Swissair) rüttelten auf und trugen dazu bei, dass wieder vermehrt nach Werten gefragt wird. Man besinnt sich auf „alte" Werte zurück. So diagnostiziert der Zukunftsforscher Opaschowski (2009) eine Renaissance alter Werte wie Solidarität, soziales Verhalten und Vertrauen. In Zukunft dürften traditionelle Werte wieder wichtiger werden.

Sicherheit

Sicherheit und Verbundenheit sind zentrale Schlüssel für den Unternehmenserfolg. Sicherheit zeichnet sich durch Vertrauen, Langfristigkeit und Berechenbarkeit aus. Dementsprechend heißt das Geheimnis der ältesten Unternehmen der Welt Vertrauen, Kontinuität, Glaubwürdigkeit und Verlässlichkeit.

Sicherheit nach innen erlaubt es, nach außen flexibel und anpassungsfähig zu bleiben. Zuversicht in die Zukunft des Unternehmens ermöglicht es den Mitarbeitenden, mit Unsicherheiten, Friktionen und dem üblichen kurzfristigen Auf- und Ab besser fertig zu werden.

Misstrauens- und Vertrauensorganisationen unterscheiden sich grundlegend. Unternehmen, die einen sichtbaren sozialen Mehrwert erbringen, legen Grundlagen für Vertrauen. Sie sind berechenbar und versprechen Kontinuität. Wenn dauernd alles verändert wird, fehlt es an Berechenbarkeit. Wer dauernd reorganisiert, erreicht nie den nötigen Tiefgang. In Krisensituationen und bei unvorhergesehenen Ereignissen haben Unternehmen mit hohem Vertrauen die besseren Chancen (s. auch Kap. 5.3).

Ein großes Industrieunternehmen hat einzelne Aspekte des Vertrauens wie folgt definiert und mit Standards konkretisiert:

Grundsätze	Standards
Wir gewinnen Vertrauen durch Verlässlichkeit, Berechenbarkeit und glaubwürdiges Handeln	Wir vertrauen unseren Mitarbeitenden und trauen ihnen viel zu.
	Wir sagen, was wir meinen und tun, was wir sagen.
	Wir versprechen nichts, was wir nicht halten können.
	Wir wecken keine falschen Erwartungen. Zusagen halten wir strikte ein.
	Wir gehen mit gutem Beispiel voran.
Wir haben eine langfristige Optik	Unser Bonussystem ist langfristig ausgerichtet.
Wir reden direkt, offen und verbindlich miteinander	Die Weitergabe wichtiger Informationen und Entscheide erfolgt innert zwei Tagen.
	Wichtige Informationen werden auch mündlich erläutert.
	Wir gehen aktiv auf Beiträge unserer Mitarbeitenden ein.
Wir sind jederzeit faire Partner	Auch eine stärkere Position nützen wir nicht aus.
	Wir dulden keine Diskriminierungen und Belästigungen.
Wir gewähren Freiraum für eigenverantwortliches Handeln	Aufgaben, Kompetenzen und Verantwortung delegieren wir auf die tiefstmögliche Ebene.
	Wir verzichten auf unnötige Kontrollen.

Langfristigkeit, Kontinuität, Konstanz

Unter dem Primat des Quantitativen und Messbaren fällt das Langfristige immer öfter unter den Tisch. Kurzfristiges Denken und Handeln gewinnt die Oberhand. Nach Sennet (1998) entspricht das Kurzfristige nicht der menschlichen Natur, die auf Verlässlichkeit und Entwicklung beruht und Verwurzelung in der Gemeinschaft sucht. Im Kurzfristigen gehen Identifikation, soziale Bindung und Vertrauen verloren. Kurzfristigkeit verhindert langfristige Erfolge. Wenn alles immer kurzfristiger wird, wächst der Wunsch nach Berechenbarkeit und stabilen Bindungen.

Der Druck von Quartalsabschlüssen versperrt den Blick auf das Langfristige. Oft wird Werte vernichtend gehandelt, damit Quartalszahlen erreicht werden. Gefragt und belohnt wird der schnelle, sichtbare Erfolg. Die Führungskraft, die allein am Kurzfristigen gemessen wird, wird zum „Kurzstreckenläufer" und zum Getriebenen. Der Anteil der tendenziell kurzfristig Denkenden wächst bedrohlich. Verlangt wird ein direkter und schneller Return. Da Investitionen in die sog. „weichen" Faktoren naturgemäß längerfristiger Natur sind, drohen sie unter die Räder zu geraten (Kobi Balance, S. 25). Der chinesische Aufschwung hat möglicherweise auch damit zu tun, dass es sich chinesische Politiker leisten können, langfristig und strategisch zu denken.

Verbindlichkeit heißt, klare Aufträge erteilen und Standards setzen, Disziplin in der Umsetzung und Messung des Erfolges. Der Erfolg einer neuen Idee hängt davon ab, ob sie innert weniger Tage angegangen wird (Kobi Balance, S. 29). Die Mitarbeitenden suchen stabile Bindungen, Berechenbarkeit, Verlässlichkeit, Verbindlichkeit und Konsequenz.

Was die meisten Menschen und auch Unternehmen besonders schätzen, ist Stabilität und Verlässlichkeit. Auch zuverlässig angewandte Systeme, die nicht immer wieder geändert werden, befriedigen das Sicherheitsbedürfnis der Mitarbeitenden.

Paradoxerweise können selbst einschränkende Rahmenbedingungen wie z. B. Hierarchien oder Richtlinien Sicherheit vermitteln.

Menschen lieben Sicherheit, Beständigkeit und Kontinuität. Zu allen Zeiten war menschliches Zusammenleben vom Bestreben getragen, Unsicherheit durch eine beständige Ordnung zu vermeiden. Wertesysteme sind im Innersten auf Kontinuität ausgerichtet. Kultur braucht Konstanz. Ohne Kontinuität fühlen sich die Mitarbeitenden nicht zu Hause. Starke Unternehmen haben eine langfristige Optik. Sie sind dann effektiv, wenn sie Kontinuität sicherstellen. Werte zu schaffen und zu erhalten verspricht Kontinuität und bildet die Basis für den langfristigen Erfolg vieler mittelständischer Unternehmen. Um dem Zwang von Quartalsabschlüssen und der Kurzfristigkeit zu entfliehen, haben sich einzelne Unternehmen von der Börse zurückgezogen. Von erfolgreichen Unternehmen können wir lernen, dass Langstreckenläufer als Leistungsträger ebenso wichtig sind wie Visionäre. So wie sich langfristige Kundenbeziehungen auszahlen, zahlen sich auch langfristige Mitarbeiterbeziehungen aus.

Verbundenheit: Erfolgreiche Unternehmen haben ein menschliches Gesicht
Es braucht mehr Menschlichkeit im Unternehmen. Alte Tugenden wie menschlich, fair, gerecht und solidarisch beziehen sich auf die Verbundenheit. Soziale Verantwortung gegenüber den Mitarbeitenden bedeutet mehr als Einhaltung von Gesetzen. Wenn nicht alles täuscht, ist ein Umkehrprozess in Richtung menschlicher Bindungen und Sozialstrukturen im Gange. Der Wert von Menschen, die sich mit dem Unternehmen identifizieren, wird wieder deutlicher erkannt.

In einem weiteren Sinne beinhaltet Verbundenheit:

- Aufmerksamkeit, Einfühlungsvermögen, Akzeptanz
- Wertschätzung, Respekt
- Fairness, Gerechtigkeit (gleiche Massstäbe für alle, faire Prozesse, Lohngerechtigkeit), Mitarbeitende werden durch das Gefühl gerechter Behandlung intrinsisch belohnt.
- Anerkennung
- soziale Verantwortung gegenüber den Mitarbeitenden
- Partnerschaft, Solidarität, Zusammenhalt, Gemeinsinn, Dazugehören
- Einbezogen werden, gestalten können
- Beziehungs- und Kommunikationskultur, Transparenz
- Rücksicht, Fürsorge, Unterstützung

Bevor Mitarbeitende sich engagieren, müssen sie spüren, dass sich das Unternehmen für sie engagiert. Sie wollen als Partner respektiert werden. Das Zauberwort heißt Wertschätzung. Die meisten Mitarbeitenden legen wert darauf, in ihrem Arbeitsumfeld akzeptiert und anerkannt zu sein. Wertschätzung entwickelt bei Menschen eine besondere Kraft, die

Identifikation und Innovation ermöglicht. Soziales Kapital ist das, was an menschlichen Werten in einer Gemeinschaft steckt. Sinn und Wertschätzung beeinflussen die Leistung. Fortschrittliche Unternehmen sorgen dafür, dass Menschen Wertschätzung erfahren sowie Gelegenheit zu Begegnungen und zu menschlicher Nähe erhalten. Große Unternehmen sind in dieser Beziehung im Nachteil. Je größer, desto unpersönlicher.

Fairness bedeutet Versprechen halten, fair kommunizieren und ausgewogene, diskriminierungsfreie Behandlung aller. Wenn sich Mitarbeitende unfair behandelt fühlen, neigen sie ihrerseits eher dazu, Fairness vermissen zu lassen.

Persönliches Gerechtigkeitsempfinden verlangt gewisse Standards und Normen, die eine Gleichbehandlung garantieren. Dabei ist Gerechtigkeit nicht allgemeingültig zu formulieren, sondern muss immer wieder in konkreten Situationen neu interpretiert werden.

Ansehen und Anerkennung sind für die Mitarbeitenden die Luft zum Atmen. Leider ist in vielen Unternehmen eine Kultur der Anerkennung deutlich geringer ausgeprägt als eine solche der Leistungsanforderung. Mangelnde Anerkennung ist einer der größten Auslöser von Unzufriedenheit am Arbeitsplatz.

Eine Führungskultur, die Partnerschaft und Dialog betont, setzt den Glauben an die Mitarbeitenden und ihre individuellen Möglichkeiten voraus. Wenn Unternehmen in Zukunft gute Mitarbeitende gewinnen und halten wollen, müssen sie sich partnerschaftlich verhalten und gemeinschaftsbezogene Werte pflegen. Im Übrigen erweisen sich Unternehmen mit einem kooperativen Ansatz als die robusteren (Kaduk et al. 2013, S. 158).

Identifikation entsteht durch Mitwirkung. Alle möchten sich in ihrem Bereich einbringen können. Selbst die Sterberate in Altersheimen sinkt, wenn die Bewohner Einfluss im Alltag haben. Mitwirkungsmöglichkeiten wirken sich auf die Zufriedenheit der Mitarbeitenden aus. Das zeigen auch internationale Studien. In Zukunft werden Unternehmen eher wie Musikbands, nämlich ohne Chef, und weniger wie traditionelle Orchester mit einem Dirigenten, funktionieren.

Bindung entsteht durch Geborgenheit und Beziehungen. Positive Zuwendung zu den Mitarbeitenden ist nachhaltig. In einem facettenreicheren Menschenbild werden auch soziale und emotionale Faktoren einbezogen. Erfolgreiche Unternehmen haben ein großes Netz an informeller Kommunikation. Eine gute Kommunikation vermittelt den Mitarbeitenden die Gewissheit, ernst genommen zu werden. Zu Bindungs- und Beziehungsmaßnahmen können Vorstandsgespräche, Internetplattformen, Kommunikationsräume oder Events beitragen.

Die Beziehungsgestaltung im Sinne von Kontakten auf zwischenmenschlicher Ebene und die Schaffung eines positiven Unternehmensklimas, kommen oft zu kurz. Insbesondere Banken haben in Bezug auf Verbundenheit wenig zu bieten. Zuweilen kann man den Eindruck gewinnen, sie kauften sich mit hohen Boni von der Verpflichtung frei, ihre Mitarbeitenden sozial verantwortlich zu behandeln.

Leistung beinhaltet das Leistungsbedürfnis der Mitarbeitenden, schliesst Leistungs- und Erfolgsorientierung ein, sucht Herausforderungen und anspruchsvolle Ziele, Engagement, Dynamik, Selbstverantwortung, unternehmerisches Denken und konsequentes Handeln sowie Eigeninitiative, mit dem Anspruch, etwas zu bewegen.

Wer Leistung fordert, muss Sinn bieten (Böckmann 1984). Mitarbeitende empfinden ihre Arbeit als sinnvoll, wenn ihre eigene Werteausrichtung zu derjenigen des Unternehmens passt. Weicht sie deutlich ab, fühlen sie sich auf Dauer im Unternehmen unwohl. Die Sinnfrage ist die Frage nach dem Mehrwert der menschlichen Existenz. Wenn sich die Mitarbeitenden zunehmend über ihre Arbeit definieren, wird auch die Frage nach dem Sinn der Arbeit wichtiger. Ohne Sinn kann kein Mensch Befriedigung aus seiner Arbeit ziehen. Je mehr Gewissheiten brüchig werden, desto größer wird der Hunger nach Sinn.

Die Logotheraphie deklariert Werteverwirklichung als Sinnerfüllung und bedauert, dass Freud und Jung Sinngebung und Wertefindung aus den Augen verloren haben (Frankl 1985). Ähnlich fordert auch A. Adler: „Wer einen Menschen oder eine einzelne Verhaltensweise eines Menschen verstehen will, muss dessen Ziele und Zwecke kennen." Strategien geben Antwort auf das Was, aber nicht auf das Warum. Ohne den Sinn gemeinsamer Leistung zu erkennen, ist niemand imstande, über längere Zeit vollen Einsatz zu leisten.

Die Mitarbeitenden müssen das Gefühl haben, dass das, was sie tun, bedeutsam ist. Wenn jeder Einzelne seine Aufgabe als sinnvoll empfindet, ist er auch bereit, sich dafür zu engagieren. Sinnreiches Tun ist der Motor für Motivation. Menschen sind sinngetriebene Wesen. Wer seinen Lebenssinn verwirklichen kann, entfaltet Kraft. Sinn reduziert die Unsicherheit. Arbeitgeber müssen deshalb Sinnfragen beantworten können.

Inhalte von **Lernen** sind:

- Offenheit für Neues, Neugierde
- Freiraum, Autonomie
- Mut zu Neuem und Reflexion
- Flexibilität, Anpassungsfähigkeit

3.2.2   Werte und Unternehmenskultur schaffen Orientierung

Die Unternehmenskultur spielt auf viel breiterer Ebene, als ursprünglich angenommen, eine wichtige Rolle bei

- Veränderungsprozessen
- Mergers
- Outsourcing
- Führungswechseln
- strategische Allianzen
- gesellschaftlichem, technologischem oder politischem Wandel
- Umstrukturierungen usw.

Qualitätsmanagement, Corporate Governance oder neue Strukturen haben kaum eine Chance, wenn sie quer zur Unternehmenskultur stehen. Kulturelle Aspekte in der Unternehmensentwicklung zu vernachlässigen, bedeutet oft, die Ursachen für Problemfelder im

Unternehmen auszublenden und sich auf die Symptome zu beschränken, was in der Regel nicht zielführend ist. Die kulturellen Themen müssen integraler Bestandteil einer ganzheitlichen Unternehmensentwicklung sein.

Die wirklichen Probleme im Rahmen des betrieblichen Wandels oder bei der Einführung neuer Managementsysteme sind nicht technischer oder wirtschaftlicher, sondern kultureller und menschlicher Art. Kultur ist eine harte Tatsache.

Unternehmenskultur und Werte:

- geben dem Unternehmen Charakter. Sie sind sozusagen das menschliche Gesicht des Unternehmens.
- sind Orientierungshilfen für Führungskräfte und Mitarbeitende. Die Unternehmenskultur ist eine Führungshilfe für das Management und ein Orientierungsmaßstab für die Mitarbeitenden. Mitarbeitende in Unternehmen mit einer starken Unternehmenskultur wissen, was von ihnen erwartet wird. Die Unternehmenskultur gibt ihnen Sicherheit in Entscheidungssituationen. Wer seine eigene Kultur kennt, kann sie in der täglichen Führungsarbeit gezielt einsetzen und damit eine sichtbare Wirkung erzielen. Werte sind ein grundlegender Orientierungsmaßstab menschlichen Urteilens und Handelns. Damit wird auch deutlich, was weniger wichtig ist. In diesem Sinne haben Werte auch eine Filterfunktion. Sie umschreiben Verhaltensweisen und Annahmen, die im unternehmerischen Alltag als wichtig und bedeutungsvoll erachtet werden. Menschen brauchen Werte, um sich zurechtzufinden.
- legen Handlungsmaßstäbe fest und erlauben es, auf viele Vorschriften und Regelungen zu verzichten. Je mehr ein Unternehmen aus einem konsequenten Wertesystem heraus handelt, desto dynamischer wird es. Deshalb sind Unternehmen mit klaren Grundwerten weniger auf Vorschriften und Kontrollen angewiesen. Es braucht weniger Bürokratie.
- dienen der langfristigen Existenzsicherung des Unternehmens. Es besteht eine direkte Verbindung zwischen den Werten und dem Energieniveau eines Menschen oder einer Organisation. Forschungsarbeiten zeigen, dass langfristiger Unternehmenserfolg mit der Qualität der Unternehmenskultur korreliert. Kienbaum bezeichnet die Unternehmenskultur als den Nährboden für den Unternehmenserfolg. Unternehmenskultur ist der eigentliche Schlüssel zur Wertschöpfung. Unternehmen mit einer klaren Werteorientierung haben einen klaren Wettbewerbsvorteil. Werteorientierte Unternehmen sind am Ende mehr wert. Immaterielle Werte bringen materiellen Erfolg.
- sind schwer imitierbar. Jedes Strategiedokument kann abgeschrieben – der richtige Geist kann aber schwerlich kopiert werden. Werthaltungen haben einen deutlich höheren Imitationsschutz als Produkte, Prozesse, Strukturen oder Instrumente.
- ermöglichen zu delegieren
- sind Quelle von Vertrauen und Zusammenarbeit
- versprechen Kontinuität und damit Sicherheit
- schaffen Gruppenidentität

- beeinflussen das emotionale Befinden. Wer sich mit den Werten des Unternehmens identifiziert, bleibt ihm länger treu. Man führt ein angenehmeres und erfolgreicheres Leben, wenn man einen gemeinsamen Vorrat an Werten miteinander teilt.
- vermitteln Sinn
- leisten einen Beitrag zum Unternehmensimage und zur Profilierung. Die Gesellschaft stellt zunehmend moralische Fragen.
- ziehen die richtigen Mitarbeitenden an: Junge Menschen schauen verstärkt auf Unternehmenswerte. Sie möchten sich mit ihrem Unternehmen identifizieren können.
- Über die Unternehmenskultur besteht ein kommunikatives Verständigungspotenzial und damit eine Basis für den Konsens in schwierigen Situationen. Mitarbeitende erbringen dann die besten Leistungen, wenn Unternehmens- und Mitarbeiterwerte sich möglichst weitgehend decken. Dann ist ein Commitment vorhanden.

Fusionen scheitern immer wieder an unverträglichen Kulturen. Im Vorfeld eines Zusammenschlusses bleiben die personellen und kulturellen Themen regelmässig ausgeklammert, obwohl sie sich später meist als entscheidend erweisen.

Im Auftrag des deutschen Bundesministeriums für Arbeit legte Great Place to Work Deutschland (2006) die Ergebnisse einer breit angelegten Studie vor. Demnach wirkt sich eine gute Unternehmenskultur positiv auf das Mitarbeiterengagement aus. Die Studie zeigt auch auf, dass Ökonomie und Soziales kein Widerspruch zu sein brauchen. Eine mitarbeiterorientierte Unternehmenskultur beeinflusst das Engagement der Mitarbeitenden entscheidend. Der Zusammenhang zwischen Human Resources und finanziellen Kennzahlen ist zweifellos gegeben. Unternehmen, die sich an Werten jenseits der Profitorientierung orientieren, sind langfristig ökonomisch erfolgreicher als solche, die nur an Gewinnmaximierung interessiert sind. Diese Werte wirken sich auf Einstellungen und Verhalten der Mitarbeitenden und damit auf die Ergebnisse des Unternehmens aus. Umgekehrt sind harte Werte wie Verantwortung, Pflicht, Disziplin, Macht und Kontrolle nicht der Garant für Unternehmenserfolg.

Nach Deep White (empirisch quantitative Erhebung zu Wertekultur und Unternehmenserfolg 2008) sind diejenigen Unternehmen, die gemessen an sozialen und ökologischen Kriterien besonders gut abschneiden auch erfolgreicher und erwirtschaften mehr Gewinn. Somit ist ein Wirkungszusammenhang zwischen Unternehmenskultur und Unternehmenserfolg anzunehmen. Die Ausprägung der Werte ist in erfolgreichen Unternehmen stärker als in weniger erfolgreichen.

Neuere Forschungen bestätigen den Einfluss des Humanvermögens auf den finanziellen Unternehmenserfolg. Es hat sich noch zu wenig herumgesprochen, wie die nichtfinanziellen Faktoren den langfristigen Unternehmenserfolg beeinflussen. Vor allem in Branchen mit hoher Wettbewerbsintensität ist die Bedeutung der Unternehmenskultur für den Unternehmenserfolg gross. Insgesamt dürfte es nicht übertrieben sein zu behaupten, dass ca. ein Drittel des wirtschaftlichen Erfolges durch Werte und Kultur erklärbar ist.

Werte schaffen wert. Werte wie Vertrauen, langfristiges Denken und Wertschätzung sind die Grundlage von Kundenorientierung, Commitment, Innovation und Leistung.

Werte zählen mehr als Strategien, weil es Werte sind, die Unternehmen kundenorientierter und erfolgreicher machen. Unternehmen, die – gemessen an sozialen und ökologischen Kriterien – besonders gut abschneiden, sind auch an der Börse mehr wert.

Unternehmen werden sich in Zukunft immer weniger der Wertediskussion und der Frage nach ihrer Umsetzung entziehen können. Sie werden sich nicht nur in ihren Werten unterscheiden, sondern vor allem darin, wie weit sie diese leben. Werte werden wieder öffentlich diskutiert. Unfairness wird immer häufiger durch die potentiellen Kunden abgestraft. Weil fehlende Werteorientierung zu einem enormem Vertrauensverlust führen kann, erhalten Werte ein höheres Gewicht. Ohne konsequente Werteorientierung sind existenzgefährdende Skandale wahrscheinlicher. Viele Unternehmen sind gestrauchelt (Beispiele: UBS, ABB), als der Kompass der Werte keine klare Richtung mehr zeigte.

Langsam gewinnt die Auffassung an Boden, der werteorientierte Ansatz sei dem wachstumsorientierten überlegen. Zur langfristigen Wertschöpfung braucht es Unternehmenswerte. Immaterielle Werte gewinnen gegenüber materiellen an Boden. Sicherheit, Verlässlichkeit, Qualität, Sinn, Gesundheit, Wohlbefinden, Lebensfreude und Respekt werden bedeutungsvoller. Neue Managementmethoden sind meistens nur in Organisationen erfolgreich, in denen Kultur und Werte bereits einen hohen Stellenwert haben und in denen eine Sprache als Basis des gemeinsamen Verständnisses dafür besteht.

3.2.3   Mit Werten beschäftigen sich vor allem erfolgreiche Unternehmen

Zwei Drittel der Unternehmen behaupten, Werte hätten für sie einen wesentlichen Anteil am Erfolg. Sie erwarten, dass die Bedeutung der Werte zunimmt. Deutlich weniger geben allerdings an, ihre Werte auch zu leben. Erfolgreiche Unternehmen leben nach Werten, die sich sowohl nach Innen wie nach Außen richten. Wenn Werte von Innen gelebt werden, strahlen sie nach Außen. Starke Unternehmen sind häufig wertebezogen und erweisen sich als erstaunlich krisenresistent.

3.2.4   Werte und Unternehmenskultur erfassen und gestalten

Nur wer die eigenen Werte und die Unternehmenskultur kennt, kann sie verändern. Ohne die Kenntnis der eigenen Kultur und die Reflexion der kulturellen Überzeugungen gibt es keine Kulturgestaltung. Kultur und Werte müssen an die Oberfläche geholt werden, damit sie diskutiert werden können. Um die Unternehmenskultur zu verstehen, ist nach Schein (1995) das Erschließen der Hintergrundüberzeugungen der Menschen im Unternehmen entscheidend. Ein Unternehmen, das seine Kultur entwickeln will, muss die bestehenden Werte und kulturellen Überzeugungen analysieren und reflektieren. Kultur und Werte müssen an die Oberfläche geholt und fassbar gemacht werden, damit sie diskutiert werden können.

Die Methoden der Werte- und Kulturanalyse sind vielfältiger geworden und integrieren auch die psychologische und soziologischen Sicht. Sowohl deduktive Methoden (Dokumentenanalyse, Fragebogen, strukturierte Interviews) als auch induktive (unstrukturierte Interviews, teilnehmende Beobachtung) sind in die Analyse mit einzubeziehen. Das direkte Gespräch erlaubt es in der Regel am besten, die Unternehmenskultur in ihrer qualitativen Dimension zu erfassen. Es ist wichtiger, die Grundprägungen richtig zu erfassen und anschließend die ganze Kraft auf die Gestaltung der zentralen Elemente zu legen, als absolute Genauigkeit anzustreben.

Mitarbeitendenbefragungen beschränken sich zu oft auf das äußerlich Sichtbare und fragen zu wenig nach Werten und Denkhaltungen. Neue Befragungsmethoden erlauben es, die tiefer liegenden Werte und Grundüberzeugungen aufzuzeigen und heimliche Spielregeln und ungeschriebene Gesetze im Unternehmen transparent zu machen. Insbesondere mit der auf der Konstrukttheorie basierenden „Repertory Grid-Technik" ist es heute möglich, die Werte und Grundannahmen der Führungskräfte und Mitarbeitenden zu ermitteln und an ihre nicht bewussten subjektiven Einstellungen, Bewertungen und Meinungen zu gelangen. Die Interviewanlage ist inhaltsoffen und erfasst auch die qualitativen Aspekte.

Es gibt kein Werte- und Kulturmanagement, nur ein werte- und kulturbewusstes Management. Kulturentwicklung ist ein anspruchsvoller Veränderungsprozess, der nach den Regeln von Veränderungsprozessen anzugehen ist (s. Kap. 4). Kulturentwicklung findet in erster Linie im Kopf statt und ist zunächst eine Frage des Bewusstseins aller Führungskräfte für die Werte und die Hintergrundüberzeugungen (Ulrich 2000). Damit die aufkeimende Wertediskussion in Unternehmen nicht auf einer abstrakten Ebene „hängen bleibt", sondern bei Führungskräften und Mitarbeitenden etwas auslöst, sind die Werte mit Standards bzw. einem controllingfähigen Erfolgsmaßstab, der aufzeigt, wo die Messlatte für das tägliche Handeln liegt, zu verdeutlichen (Kobi Balance, S. 66).

3.3 Werteorientierte Leitbilder und Unternehmensstrategie

Leitbilder enthalten im Sinne eines gemeinsam erarbeiteten Unternehmensfundamentes die Werte des Unternehmens. Sie umschreiben ein Wertesystem und formulieren Leitplanken. Leitbilder unterscheiden sich von Visionen, Verhaltensgrundsätzen und Compliance. Sie sind konkreter als eine Vision aber abstrakter als die daraus abgeleiteten Verhaltensgrundsätze, die Werte konkretisieren und Orientierung im Unternehmensalltag geben sollen. Gleichzeitig gehen sie über Compliance-Regeln hinaus, die primär die Rechtmäßigkeit des Handelns gewährleisten wollen.

Menschen wie Unternehmen brauchen Prinzipien, die sie gegenüber allen Betroffenen verantworten können. Die in einem Leitbild niedergelegten Werte sind Orientierungshilfen und –rahmen für Führungskräfte und Mitarbeitende sowie eine Differenzierungsmöglichkeit gegenüber andern Unternehmen. Gemeinsam entwickelte Werte, die von oben vorgelebt werden, haben die größte Wirkung.

Die Durchsicht vieler Leitbilder zeigt, dass Effizienz, Innovation und Kommunikation am häufigsten genannt werden. Die limbischen Grundwerte Sicherheit, Vertrauen und Wertschätzung werden relativ selten angesprochen und sollten unbedingt unternehmensspezifisch thematisiert werden.

3.3.1 Leitbilder entwickeln

Zukunftsfähige Leitbilder sind unverwechselbar und berücksichtigen die limbischen Schlüsselwerte. Jedes Unternehmen muss seine eigenen Werte, seine eigene Stimme entwickeln. Klare Profilierung und Einzigartigkeit zeichnen sie aus. Schlüssel einer konsequenten Umsetzung ist die Fokussierung bzw. Konzentration auf das Wesentliche.

Menschen haben fünf Sinne und die meisten können sich auch nicht mehr als fünf Dinge merken. Ein Leitbild sollte sich deshalb auf vier bis fünf Kernwerte beschränken.

Leitbilder sollten so weit wie möglich gemeinsam erarbeitet und verbindlich festgeschrieben werden. Einseitig von oben entwickelte Leitbilder werden zu wenig mitgetragen, und nur von unten entwickelte sind häufig zu sehr von einer Innensicht geleitet. Die Mitarbeitenden sind in einen anspruchsvollen Mix von Top-down- und Bottom-up-Prozess einzubinden. Das braucht Zeit, bringt aber einen hohen Nutzen. Abstrakte Werte sind mit Bildern und Geschichten zu veranschaulichen, damit sie fassbarer werden.

Gelebte Leitbilder beeinflussen Auswahl, Förderung und Honorierung der Mitarbeitenden. Im Hinblick auf die Umsetzung sind die Kernwerte mit Standards und praktischen Verhaltensgrundsätzen zu konkretisieren. Standards definieren Bandbreiten, die nicht über- oder unterschritten werden sollten. Sie setzen eine maßstabbildende Sollvorstellung voraus und sind unerlässlich, wenn anschließend festgestellt werden soll, ob eine Zusage eingehalten wurde. Damit das Leitbild im täglichen Handeln überprüfbar ist, sind Werte so weit wie möglich in praktische Verhaltensweisen zu übersetzen. Sie sollten zudem einklagbar sein und Sanktionsmöglichkeiten vorsehen. Verstöße sind konsequent zu ahnden.

Ein großes Dienstleistungsunternehmen hat in seinem Leitbild folgende mitarbeiterbezogenen Kernsätze formuliert:

- Menschen geben unserem Unternehmen ein Gesicht.
- Langfristige Beziehungen zu unseren Mitarbeitenden sind die Grundlage unseres Unternehmenserfolges.
- Wir sind ein sozialer und fairer Arbeitgeber.
- Wir bieten ein Umfeld, Arbeitsinhalte und Entwicklungsmöglichkeiten, die unsere Mitarbeitenden veranlassen, im Unternehmen zu bleiben.
- Die Gesundheit der Mitarbeitenden ist uns ein wichtiges Anliegen.

In einem andern Unternehmen wurden Entwicklungsmöglichkeiten und Respekt zusätzlich mit Standards unterlegt:

Entwicklungsmöglichkeiten	
Menschen in ihrer Einzigartigkeit akzeptieren und ihnen	Jeder neu Eintretende hat einen Einführungsplan.
Entwicklungsmöglichkeiten aufzeigen	Wir ermitteln die individuellen Mitarbeiterpotenziale und erarbeiten entsprechende Entwicklungspläne.
Respekt	
Aktiv zuhören	Wir suchen das persönliche Gespräch und gehen sensibel auf Mitarbeiterbedürfnisse ein.
Einfühlungs- und Wahrnehmungsvermögen	Wir gehen von den Stärken der Mitarbeitenden aus und suchen ihre Aufgaben ganzheitlich zu gestalten.

Es kann auch sinnvoll sein, Standards für die Mitarbeitenden zu erarbeiten. In einer Retailbank wurde beispielsweise der Grundsatz „verlässlicher Partner sein" für die Mitarbeitenden wie folgt konkretisiert:

- Ich trage durch mein Verhalten zu einer positiven Atmosphäre bei.
- Andere behandle ich so, wie ich selber behandelt werden möchte.
- Auf mich kann man sich verlassen.
- Konflikte trage ich offen und sachlich aus.
- Ich halte mich arbeitsmarktfähig.
- Ich nehme meine Verantwortung wahr. Bei mir gibt es keine Rückdelegation.
- Ich stehe für die Werte und Ziele meines Unternehmens ein.

Entlarvend ist die folgende Negativaussage eines Detailhandelsunternehmens: „Köpfe müssen regelmäßig rollen, nur so lassen sich Disziplin und Ordnung dauerhaft gewährleisten. Mitarbeitende dürfen sich nicht zu sicher fühlen."

3.3.2 Unternehmensbeispiele

Es gibt sie, die Beispiele von Unternehmen, die die Mitarbeiterorientierung betonen und leben. Dabei handelt es sich aber mehrheitlich nicht um Großunternehmen.

Die Governance der *Benediktiner* beruht auf drei Eckpfeilern:

- Einbettung in eine gemeinsames Wertesystem (Vertrauen, Gastfreundschaft)
- demokratische Strukturen
- Autonomie, aber auch unterstützende Kontrolle

Gottlieb Duttweiler, der Gründer der *Migros*, legte bereits vor 50 Jahren viel Wert auf die Wahrnehmung sozialer Verantwortung in seinem Unternehmen, indem er einen Prozent des Umsatzes dem sozialen und kulturellen Engagement zuwies.

Raiffeisen Schweiz kann als genossenschaftlich organisiertes und nicht börsenkotiertes Unternehmen langfristiger denken, weil der Bankenverband nicht von Quartalszahlen getrieben wird.

Der Schraubenhändler *Würth* (ca. 40.000 Mitarbeitende in 80 Ländern, 5,5 Mia. € Umsatz), ein außergewöhnlich erfolgreiches Unternehmen, betont die Mitarbeiterorientierung, die sich in Respekt und Achtung, Berechenbarkeit, Leistungsbereitschaft und Menschlichkeit äußert. Das Unternehmen soll ein Marktplatz der Begegnung sein. Der Pionier, Prof. Würth, unterscheidet Führungstechnik und Führungskultur und betont, die Führungskultur werde immer entscheidender. 90 % der Wettbewerbsvorteile hätten ihre Wurzeln in der Unternehmenskultur. „Unternehmenskultur bringt Erfolg. Sie ist das Immunsystem gegen negative Einflüsse."

Gemäß Michael *Hilti* (Hauptaktionär des liechtensteinischen Befestigungstechnikunternehmens mit 14.600 Mitarbeitenden und rund 2 Mrd. € Umsatz), wird die Hilti-Kultur seit 20 Jahren weiterentwickelt. Die Formel lautet: Mitarbeiterzufriedenheit führt zu Kundenzufriedenheit und diese zu guten Geschäften. Individuelle Entwicklung und Unternehmenswachstum bilden eine Einheit. Werte und Haltungen werden allen Mitarbeitenden in einem dreitägigen Einführungsseminar vermittelt. An Kulturtagen werden die zentralen Werte diskutiert. Hilti hat eindeutige Korrelationen zwischen der Unternehmenskultur, der Kundenzufriedenheit und den finanziellen Resultaten festgestellt. Der CEO von Hilti hält fest, dass das Unternehmen nicht trotz, sondern dank der Aufwendungen für die Kulturentwicklung profitabel ist.

Goretex (Herstellung von Funktionstextilien, 10.000 Mitarbeitende in 30 Ländern, Umsatz ca. 3 Mia. $) hat eine lange Tradition der Innovation und gehörte kontinuierlich zur Liste der besten Unternehmen. Die Wachstumsraten sind beeindruckend und die Anzahl Patente sowie der Gewinn markant höher als derjenige der wichtigsten Konkurrenten. Erklärtermaßen hat die Unternehmenskultur entscheidenden Anteil am Unternehmenserfolg. Das Leitbild nennt zwei Faktoren, die sich gegenseitig verstärken: „to make money und have fun". Die Befriedigung in der Arbeit wird groß geschrieben, und eine ganze Reihe von Handlungsprinzipien und Konzepten ist auf die Konkretisierung des Leitbildes ausgerichtet. Als zentral werden Freiheit, Wertschätzung der Mitarbeitenden, Innovation und Qualität bezeichnet. Zur Wertschätzung der Mitarbeitenden gehört, dass jeder Mitarbeitende als einmaliges Individuum betrachtet und als Partner behandelt wird. Alle sind Teilhaber. Titel und Hierarchien sind verpönt. Dadurch, dass keine Niederlassung mehr als 150 Mitarbeitende umfasst, wird eine menschliche Größe des Unternehmens, in dem noch alle Mitglieder ausreichend persönliche Beziehungen untereinander pflegen und Probleme unbürokratisch lösen können, sichergestellt.

Victorinox (Messerfabrik mit ca. 1900 Mitarbeitenden und 500 Mio. Franken Umsatz) ist stolz auf die soziale Tradition des Hauses. Bescheidenheit ist bei Victorinox eine Tugend. Entlassungen aus wirtschaftlichen Gründen hat es noch nie gegeben. Die Jobs werden auf die Mitarbeitenden zugeschnitten. 90 % der Führungskräfte wurden intern aufgebaut. An Weihnachten bedankt sich der Chef mit Handschlag bei jedem Mitarbeiten-den. Sie werden am Erfolg beteiligt. Die Fluktuationsrate liegt unter 1 % und die Ausfall-stunden sind auffallend tief.

Das vor allem für qualitativ hochwertige Zahnbürsten bekannte innovative Schweizer Familienunternehmen *Trisa* (ca. 1100 Mitarbeitende, 235 Mio. Umsatz) ist seit Jahren in einem schwierigen Markt erfolgreich und schuf Arbeitsplätze, während die Konkurrenz gleichzeitig abbauen musste. Die nachhaltige Unternehmensentwicklung genießt bei Tri-sa seit Jahrzehnten erste Priorität. Der CEO betont, Menschlichkeit, Nachhaltigkeit und soziale Verantwortung hätten nichts mit romantischen Illusionen zu tun; sie seien eine nüchterne Einschätzung der Rolle des Menschen im und für das Unternehmen. Erster Partner sind nicht die Kunden, sondern die Mitarbeitenden. „Erst die Balance zwischen wirtschaftlichen Interessen und sozialer Verantwortung macht ein Unternehmen auf der ganzen Linie erfolgreich." Schon in den 60er-Jahren wurde eine Mitbeteiligung der Mit-arbeitenden eingeführt. Ein Drittel der Aktien gehören den Mitarbeitenden. Außerdem wurde im Rahmen des „Trisa Spirits" jedes Jahr mindestens eine mitarbeiterbezogene Ak-tion durchgeführt. Ein ausgesprochenes Klima des Vertrauens erlaubte es, viel zu bewe-gen. Der heutige Unternehmensleiter geht sogar so weit zu behaupten, das Unternehmen würde ohne seine spezielle Unternehmenskultur nicht mehr existieren.

Gemäß dem neuen VR-Präsidenten von *Novartis* sollen die bisherigen Leitwerte In-novation, Dynamik und Diversität durch ausgesprochen mitarbeiterorientierte Werte wie Zusammenarbeit, gegenseitige Unterstützung und Vertrauen gestärkt werden.

In der *Haufe-umantis AG*, ein IT-Unternehmen in der Ostschweiz, wird der CEO demo-kratisch von den Mitarbeitenden gewählt. Die Führungskräfte müssen sich jedes Jahr neu bewerben und ihre Arbeitsverträge werden von den Mitarbeitenden unterschrieben. Die Belegschaft hat Mitsprache in allen Bereichen, inklusive die strategischen Ziele. Die Ein-bindung der Mitarbeitenden in Entscheidungen wird als Voraussetzung für langfristigen Erfolg betrachtet.

Beim Elektroinstallateur *Burkhalter Group* gilt: „Geht es den Mitarbeitenden gut, geht es der Firma gut". Dieser Logik sind 40 % mehr Gewinn innert weniger Jahre und eine tiefe Fluktuation zu verdanken. Der Börsenkurs hat sich in vier Jahren vervierfacht.

Bei der *SV-Group* wird die Wertschätzung und Nähe zu den Mitarbeitenden als Schlüs-sel zum Erfolg betrachtet. „Wir hören genau hin und nehmen die Bedürfnisse der Mit-arbeitenden ernst".

Die *Nestlé S.A.* hat das Ziel, den Gewinn für die Aktionäre zu steigern und gleichzeitig verantwortungsvoll zu wirtschaften. In diesem Sinne bezeichnen sie sich als UND-Ge-sellschaft.

Der Chef von *Eckes Granini* ließ die Unternehmensstrategie von 50 Mitarbeitenden aus allen Hierarchiestufen und Abteilungen erarbeiten. Diese Strategie setzte er dann auch um und erreichte damit ein hohes Umsatzwachstum.

3.3.3 Leitbilder umsetzen

Die Entwicklung von tragenden Werten und Standards ist erfahrungsgemäß ein längerer Prozess, der erst als erfolgreich bezeichnet werden kann, wenn den Grundwerten auch in schwierigen Zeiten nachgelebt wird.

Während das Management behauptet, Werte seien wichtig, meint die große Mehrheit der Mitarbeitenden, die Werte im Unternehmen seien weitgehend Lippenbekenntnisse und würden nicht gelebt. Wer sich auf anspruchsvolle Werte festlegt, muss auch in der Lage sein, sie umzusetzen. In einem Pharmaunternehmen erhält jeder Mitarbeitende eine gelbe Karte, die er – ähnlich wie ein Schiedsrichter im Fußball – zücken kann, wenn Werten nicht nachgelebt wird.

Fragen Sie sich bezogen auf Ihr Unternehmen:

- Welches sind die wichtigsten, breit akzeptierten Werte im Unternehmen?
- Was sind die bewussten oder unbewussten „Gesetze"/Spielregeln, an die man sich hält?
- Orientieren sich alle an den gleichen Wertmaßstäben? Spricht man die gleiche Sprache?
- Was beachten, betonen und kontrollieren die Führungskräfte?
- Sind die Werte konkretisiert? Werden sie gemessen/bewertet, kontrolliert und belohnt?

Abbildung 3.4 zeigt ein Konzept zur Umsetzung eines Leitbildes:

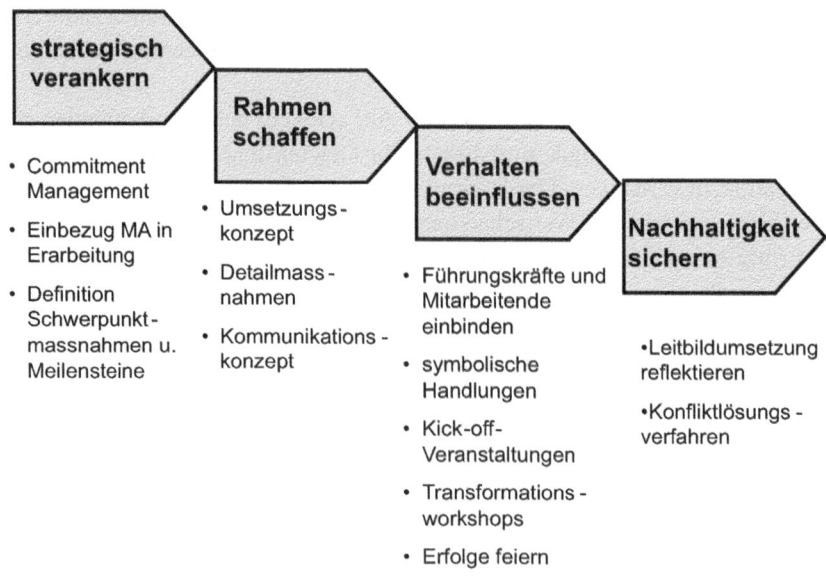

Abb. 3.4 Leitbildumsetzung

3.4 Unterschiedliche Bedürfnisse von Unternehmen und Mitarbeitenden ausbalancieren

Besonders bedeutsam ist es, die unterschiedlichen Grundbedürfnisse von Unternehmen und Mitarbeitenden auszubalancieren. Während die Mitarbeitenden Sicherheit und Verbundenheit suchen, sind Unternehmen primär an Leistung und Innovation sowie Flexibilität interessiert (Abb. 3.5).

Die Herausforderung für Unternehmen liegt darin, den Ansprüchen des Wettbewerbes zu genügen und gleichzeitig den Mitarbeitenden Sicherheit/Vertrauen und Heimat zu bieten. Es geht um die Balance von Wachstum und Konsolidierung und um eine Unternehmenskultur, die nicht einseitig auf Leistung baut, sondern auch Sicherheit und Verbundenheit einbezieht. Auch hier ist ein Gleichgewicht zu suchen. Wachstum, Wandel und einseitige Leistungsorientierung wirken sich – wie übertriebene Nestwärme in Über- wie auch in Unterdosis – fatal aus.

Die Mitarbeitenden wünschen sich einen Ausgleich der unterschiedlichen Bedürfnisse. Leistungsorientierung und ökonomische Betrachtungsweise finden ihre Grenze an Zusammenhalt und Solidarität innerhalb der Gemeinschaft. Tatsächlich gibt es keine Flexibilität ohne Sicherheit. Erfolgreiche Unternehmen befriedigen alle vier Grundtriebe, nicht nur Leistung und Innovation/Flexibilität. Fehlende Balance beeinträchtigt die Arbeitsergebnisse des Einzelnen, aber auch des Unternehmens. Unternehmen vergessen zu leicht, dass ihre eigenen Bedürfnisse nur bei Berücksichtigung der Mitarbeiterinteressen eine Chance haben, befriedigt zu werden. Leistung und Innovation gibt es nur auf der Grundlage von Sicherheit und Verbundenheit. Gemäß dem CEO von Hoffmann-La-Roche, S. Schwan, wird Innovation von unten erzielt und nicht von oben verordnet. Die Erfahrung zeigt, dass Projekte wie die Umsetzung werteorientierter Leitbilder, neuer Prozesse und Veränderungsprojekte nur in sozial kompetenten Organisationen eine Chance auf Erfolg haben.

Abb. 3.5 Balance von Mitarbeiter- und Unternehmensbedürfnissen

Das Management bleibt nur glaubwürdig, wenn es auch in schwierigen Zeiten die Mitarbeitenden als wertvollste Ressource behandelt und glaubhaft vorlebt, dass sich Gewinn- und Mitarbeiterorientierung nicht ausschließen. Leistungs- und Mitarbeiterorientierung müssen in Balance stehen. Wenn nur das Eine oder das Andere stark ausgeprägt ist, ergeben sich keine hohen positiven Gesamtwerte. Kein Wert darf absolut gesetzt werden. Wertschöpfung ist nicht allein anhand von kurzfristigem Gewinn, sondern auch von langfristigem und verantwortlichem Handeln zu beurteilen. Erfolgreich sind Unternehmen, wenn sie neben der Effizienz auch Sicherheit und Verbundenheit einen hohen Stellenwert einräumen. In Dienstleistungs- und Wissensunternehmen ist das Zwischenmenschliche entscheidend. Investitionen in Menschen rechnen sich. Es braucht ein neues unternehmerisches Selbstverständnis im Sinne einer Kultur der Verantwortlichkeit gegenüber den Mitarbeitenden wie auch gegenüber der Gesellschaft. Wenn die individuellen Ziele und Interessen sowie die Unternehmensziele nicht im Gleichgewicht stehen, sind Unternehmen für Leistungsträger wenig attraktiv. Wertorientiertes (ökonomisches) Management muss durch ein werteorientiertes (sozialintegriertes) Management ergänzt werden. Langfristig erfolgreiche Unternehmen sind treu zu ihren Mitarbeitenden. Sie haben Chefs, die seit Jahren im Unternehmen sind, suchen nicht den kurzfristigen Gewinn und haben klare Werte. Immer mehr Unternehmen legen Wert auf ein menschliches Gesicht.

Der Umgang mit den weichen Faktoren ist zu professionalisieren. Bei Sicherheit und Verbundenheit ist ein großer Nachholbedarf vorhanden. Allerdings darf auch hier nicht im Sinne einer einseitigen Mitarbeiterorientierung übertrieben werden. Die Dosis ist entscheidend.

3.5   Psychologische Arbeitsverträge – ein Anwendungsbeispiel unterschiedlicher Bedürfnisse

Der Arbeitsvertrag im engeren Sinne umfasst eine vermögensrechtliche Austauschbeziehung – Arbeit gegen Lohn – sowie eine Reihe von Nebenpflichten wie die Fürsorgepflicht des Arbeitgebers und die Treuepflicht des Arbeitnehmers. Die Beziehung zwischen Arbeitgeber und Arbeitnehmer geht aber weit über diese rechtliche Beziehung hinaus. Sie schließt zusätzlich einen psychologischen Vertrag mit ein, der mit gegenseitigen Erwartungen und Annahmen verbunden ist, was vielen Führungskräften zu wenig bewusst ist (Abb. 3.6).

Konkret erwarten die Mitarbeitenden Beschäftigungssicherheit, Entwicklungsmöglichkeiten, Wertschätzung, Freiraum, Work-Life-Balance und Anerkennung, das Unternehmen Leistungsbereitschaft, Engagement und in zunehmendem Maße Flexibilität und Eigenverantwortung. Die unterschiedlichen Erwartungen entsprechen unterschiedlichen limbischen Bedürfnissen: Leistung und Innovation auf Unternehmensseite, Sicherheit und Verbundenheit bei den Mitarbeitenden. Ziel muss eine möglichst hohe Wertekongruenz von Unternehmens- und Mitarbeitendenbedürfnissen sein.

Psychologische Arbeitsverträge beschreiben, unabhängig von den gegenseitigen juristischen Verpflichtungen, die Erwartungen von Arbeitgeber und Arbeitnehmer. Grundlage

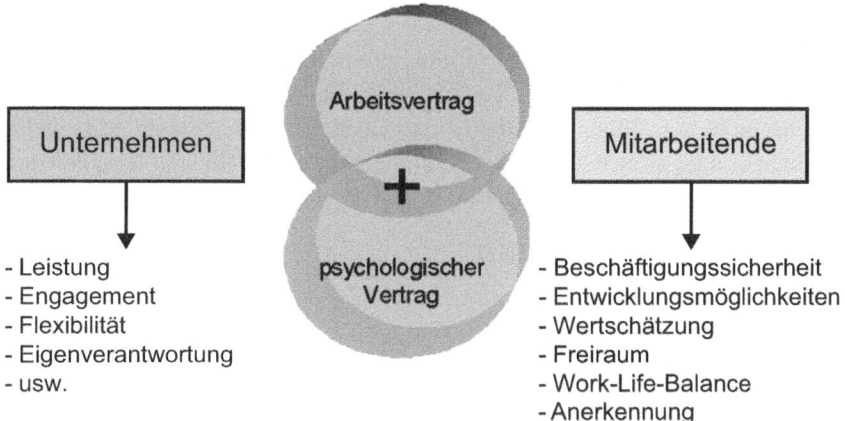

Abb. 3.6 Der psychologische Arbeitsvertrag

dieses Vertrages ist ein wechselseitiges Geben und Nehmen. Sie sind tiefgründiger als die rein rechtlichen Vereinbarungen, weil die Erwartungen selten explizit ausgesprochen und offengelegt werden. Psychologische Verträge existieren meist nur im Kopf des einen oder andern Partners. Naturgemäß lässt sich der Inhalt des psychologischen Vertrages auch nicht einfordern. Trotzdem können die ökonomischen Konsequenzen einer Verletzung des Vertrages gravierend sein.

Teilweise bestehen die Erwartungen schon vor Eintritt ins Unternehmen. Für den Mitarbeitenden kann z. B. der gute Ruf des Unternehmens als Arbeitgeber ein wichtiger Grund sein, sich zu bewerben. Weitere Elemente kommen im Rahmen der Rekrutierungsgespräche dazu, indem z. B. bestimmte Erwartungen betreffend die Kultur, Aufstiegsmöglichkeiten oder die Lohnentwicklung geweckt werden. Andere Elemente bilden sich später auf der Basis von Erfahrungen aus, wie beispielsweise Kollegenbeziehungen und Vorgesetztenverhalten. All diese Erwartungen sind personenbezogen unterschiedlich.

Das „gerechte" Austauschverhältnis oder die soziale Norm der Wechselseitigkeit (Reziprozität s. Kap. 2.4) ist Voraussetzung für zufriedenstellende Arbeitsbeziehungen. Als Orientierungsmaßstab für das Gefühl, gerecht oder ungerecht behandelt zu werden, dient der soziale Vergleich mit ähnlichen Personen und die Beurteilung, ob die Leistungen in einer akzeptablen Bandbreite liegen.

3.5.1 Die Basis des psychologischen Vertrages bricht weg

Der psychologische Vertrag verändert sich grundlegend, wenn aufgrund reinen Business- und Shareholdervalue-Denkens, ständigen Umstrukturierungen, Kostensparprogrammen, Mergers und Entlassungen sowie sinkender Glaubwürdigkeit des Managements (Skandale, Misswirtschaft, überhöhte Boni) Kontinuität und Arbeitsplatzsicherheit aus Mitarbeitersicht nicht mehr gewährleistet sind, während gleichzeitig Eigenverantwortung und

Flexibilitätsanforderungen verstärkt eingefordert werden. Wenn nur noch die ökonomisch verwertbare Arbeitsleistung zählt und ein Sparprogramm das andere jagt, wird soziales Vertrauenskapital zerstört. Löst das Unternehmen das Versprechen von Sicherheit und Entwicklung nicht ein, fühlen sich die Mitarbeitenden ihrerseits nicht mehr gebunden. Die Loyalitätsbezüge zwischen Arbeitgebern und Arbeitnehmern sind labil geworden. In schwierigeren Zeiten ist jeder vermehrt auf seinen eigenen Vorteil bedacht und kämpft um das eigene Überleben.

3.5.2 …mit gravierenden Folgen

Der psychologische Arbeitsvertrag beeinflusst Commitment, Arbeitszufriedenheit und Engagement. Wenn die psychologischen Bedürfnisse ignoriert und heruntergespielt werden, zum Beispiel durch mangelnde Fairness bei Entlassungen, nehmen die Mitarbeitenden Identifikation und Leistungsbereitschaft zurück. Das wirkt sich auch auf das Ergebnis aus. Fusionen, Reorganisationen und Shareholdervalue-Denken beeinträchtigen die Loyalität der Mitarbeitenden. Unglaubwürdiges Unternehmenshandeln fördert geringere Bindung der Mitarbeitenden. Entweder ziehen sie die Konsequenzen und kündigen oder sie kündigen innerlich und nehmen ihr Commitment zurück, was sich letztlich auf die Profitabilität des Unternehmens auswirkt. Die Kosten einer gestörten Beziehung zwischen Arbeitgeber und Arbeitnehmer werden unterschätzt. Für die Mitarbeitenden stimmt die Balance zwischen Geben und Nehmen nicht mehr. Sie fühlen sich ihrerseits nicht mehr gebunden und reagieren mit einer Rücknahme von Identifikations- und Leistungsbereitschaft. Kurzfristige Denkweisen auf Arbeitgeberseite provozieren Individualisierung und die Betonung der Eigeninteressen auf Arbeitnehmerseite. Unternehmen, die die Mitarbeitenden lediglich als Mittel zum Zweck sehen, dürfen sich nicht wundern, wenn diese das Unternehmen ebenfalls als Mittel zum Zweck begreifen. Wer nur Profit sucht, erhält lediglich Gehaltsforderungen. Wie verschiedene Unternehmen erfahren mussten, kann die Verletzung sozialer Erwartungen teuer zu stehen kommen. Unabhängig von den internen Folgen stellen die Medien solche Unternehmen zunehmend an den Pranger, und die Öffentlichkeit bestraft sie mit Konsumverzicht.

Wenn der psychologische Arbeitsvertrag gebrochen wird, entsteht ein Klima des Misstrauens und der Besinnung auf den eigenen Vorteil. Mitarbeitende kommen unter die Räder, mit allen zerstörerischen volkswirtschaftlichen Konsequenzen (Arbeitslosigkeit, Gesundheitsprobleme usw.). Würde und Selbstachtung werden untergraben, und Konflikte in Familie und Gesellschaft brechen auf. In einem gewissen Sinn ist Arbeitslosigkeit Enteignung mühsam erworbener Fähigkeiten und Kenntnisse. Wenn die sozialen Gegensätze weiter aufbrechen, könnte längerfristig der soziale Zusammenhalt erschüttert werden.

Die Kultur des Hire and Fire hat bei den Großbanken ein vergiftetes Arbeitsklima, ohne Sicherheit, Vertrauen und Identifikation gefördert. Die Mitarbeitenden kümmern sich nicht mehr um die langfristigen Interessen ihrer Arbeitgeber, weil diese ihrerseits ihre Treuepflicht gegenüber den Mitarbeitenden nicht wahrnehmen und z. B. Interessenkonflikte auf sie abschieben. Sobald Mitarbeitende davon ausgehen, dass der Arbeitgeber die Regeln nicht einhält, gehen sie selbst dazu über, es nicht mehr so genau zu nehmen, denn niemand will der Dumme sein.

Insgesamt sind also die Folgen eines Bruchs des psychologischen Arbeitsvertrages gravierend, Verunsicherung, Vertrauensverlust, eingeschränktes Commitment, sinkende Loyalität und Solidarität, individualistischere Mitarbeitende, erhöhtes Fehlverhalten am Arbeitsplatz, innere Kündigung, sinkende Produktivität und erhöhte Personalrisiken sind die Folge.

3.5.3 Die Spielregeln neu definieren

Die Balance zwischen dem eigenen Engagement und dem, was in Form von Beziehungen, Arbeitsplatzsicherheit und Anerkennung vom Unternehmen zurückkommt, muss stimmen. Es braucht ein Gleichgewicht des psychologischen Arbeitsvertrages, der neu auszuhandeln ist. Die gegenseitigen zukunftsbezogenen Erwartungen, Interessen und Ziele sind wieder in ein Gleichgewicht zu bringen. Es ist eine zentrale personalpolitische Aufgabe, den psychologischen Arbeitsvertrag so zu formulieren, dass ihn beide Seiten wieder als fair empfinden und die Balance von Geben und Nehmen stimmt.

Vorab ist zu klären, ob im Unternehmen das Szenario Business- oder Mitarbeiterorientierung gelten soll. Im reinen Businessmodell stellt das Unternehmen Mitarbeitende ein und entlässt sie wieder entsprechend der jeweiligen Situation. Die Arbeitnehmer ihrerseits optimieren ihre Interessen. Mindestens kurzfristig und unter der Voraussetzung, dass beide Seiten das Konzept befürworten und primär für sich schauen, mag das gut gehen. Scholz (2003) spricht von Darwiportunismus, einer Kombination von Darwinismus und Opportunismus. Verschiedene wirtschaftlich geführte Fussballvereine stehen für eine solche einseitige Businessorientierung. Auch bei der Deutschen Bank wussten in einer bestimmten Zeit alle: Es geht nicht um Arbeitsplatzsicherheit oder Partnerschaft, es geht um 25 % Rendite.

Ob allerdings ein solches Modell auch längerfristig funktioniert, ist fraglich. Aufgrund spieltheoretischer Computersimulationen und sozialpsychologischer Erfahrungen ist auf alle Fälle längerfristig eine kooperative Strategie erfolgreicher als eine individualistische und rein businessmäßig orientierte. Nur faire Sozialverträge, die das Prinzip der Wechselseitigkeit beachten, gewährleisten nachhaltige Sozialbeziehungen. Die Mitarbeitenden sind dann bereit, sich für die Zukunft ihres Unternehmens überdurchschnittlich einzusetzen, wenn sie für sich selbst eine Zukunft sehen. Unternehmen haben ein starkes Interesse an einer Sicherung der Loyalität von Leistungs- und Know-how-Trägern, d. h. sie müssen sich im Dialog um einen neuen tragfähigen Vertrag bemühen. Dabei sind die gegenseitigen „geheimen" Erwartungen, Ziele und Interessen als Grundlage eines neuen psychologischen Arbeitsvertrages offenzulegen und auch die limbischen Bedürfnisse zu berücksichtigen. Für das Unternehmen kann dies z. B. bedeuten, ein Gleichgewicht zwischen einseitiger Businessorientierung und sozialverträglichem Verhalten zu finden und langfristige, faire menschliche Beziehungen anzubieten.

Für einen neuen psychologischen Arbeitsvertrag gibt es verschiedene Ansätze

• Wahrscheinlich werden Unternehmen auch in Zukunft nicht den Arbeitsplatz auf Lebzeiten und Weiterbildungen weit über die Unternehmensinteressen hinaus versprechen können und wollen. Es macht aber einen wesentlichen Unterschied, ob sie sozialverträgliche Verhältnisse und faire zwischenmenschliche Beziehungen auch in schwierigen Situationen in Aussicht stellen oder ob sie die Mitarbeitenden als austauschbar betrachten. In einer kälter werdenden Arbeitswelt dürften Sicherheit und Verbundenheit wichtigere und geschätztere Attribute werden und eine Profilierungsmöglichkeit für Unternehmen darstellen.

• Ein weiterer Ansatz kann darin bestehen, statt die Arbeitsplatzsicherheit die interne Beschäftigungssicherheit zu betonen, d. h. dass z. B. langjährige Mitarbeitende davon ausgehen dürfen, dass sie bis zum ordentlichen Rentenalter im Unternehmen beschäftigt werden, vorausgesetzt, sie sind bereit, auch neue Aufgaben und Veränderungen der Arbeitssituation in zumutbarem Rahmen in Kauf zu nehmen. Die Mitarbeitenden verstehen sehr wohl, dass es heute keine absolute Arbeitsplatzsicherheit mehr gibt. Sie möchten aber von einer Sicherheit ihrer Beschäftigung ausgehen dürfen, wenn sie ihrerseits flexibel sind. Es macht für sie einen großen Unterschied, ob ihnen ein sozialverträgliches Verhältnis und faire zwischenmenschliche Beziehungen in allen Situationen zugesichert, oder ob sie als austauschbar betrachtet werden. Die Bedeutung einer kulturtragenden Stammbelegschaft, der auch weitergehende Sicherheiten garantiert werden, dürfte von vielen Unternehmen wieder deutlicher erkannt werden.

• Am intensivsten diskutiert wurde die Möglichkeit, Arbeitsplatzsicherheit durch Arbeitsmarktfähigkeit zu ersetzen (z. B. Selbst-GmbH), eine Beschäftigungs- und Qualifizierungsinitiative zur Steuerung der Arbeitsmarktfähigkeit bedeutet, dass den Mitarbeitenden Kompetenzen vermittelt werden, die sie auch außerhalb des Unternehmens vermarkten können. Sie bedingt sowohl unternehmerische Eigenverantwortung der Mitarbeitenden als auch tatkräftige Unterstützung durch das Unternehmen, selbst über die im Unternehmen anwendbaren beruflichen Kompetenzen hinaus. Nur wenn Unternehmen bereit sind die Mitarbeitenden weit über das was ihnen direkt nützt zu unterstützen und ihre Flexibilität zu fördern z. B. durch großzügige Personalentwicklung und geringe Spezialisierung, die Arbeitsmarktfähigkeit der Mitarbeitenden zu unterstützen, ist das Postulat der Arbeitsmarktfähigkeit glaubwürdig. Ein Beitrag könnte z. B. sein, jedem Mitarbeitenden ein Budget für die eigene Weiterbildung zur Verfügung zu stellen. Am wirksamsten kann die Arbeitsmarktfähigkeit aber durch Job rotations bzw. die Förderung der Flexibilität unterstützt werden. Viele Mitarbeitende haben in den letzten Jahren allerdings nicht die gewünschte Förderung erfahren. Sie sind deshalb dem Ansatz gegenüber skeptisch und haben das Gefühl, es gehe den Unternehmen primär darum, die Verantwortung auf sie abzuschieben. Zudem stammt das Interesse für die Arbeitsmarktfähigkeit aus einer von Arbeitslosigkeit und Entlassungen geprägten Zeit. Demographische Engpässe und anziehende Konjunktur verändern die Ausgangslage grundlegend. Wenn Unternehmen zunehmend auf das interne Potenzial angewiesen sind, werden sie auch ein vitales Interesse daran entwickeln, der internen Beschäftigungsfähigkeit hohe Priorität einzuräumen und alles zu unternehmen, damit die Mitarbeitenden die künftigen unternehmensspezifischen Anforderungen erfüllen können. Oberstes Ziel wird die Erhaltung der Leistungsfähigkeit der Mitarbeitenden sein, und nicht ihre Entwicklung nach Außen. Dazu kommt, dass die zukünftigen Anforderungen im Unternehmen klarer definiert werden können, als die Kompetenzen, die in ein paar Jahren zur Arbeitsmarktfähigkeit beitragen könnten. In diesem Sinne gibt die Arbeitsmarktfähigkeit möglicherweise eine trügerische Sicherheit.

- Weiterentwicklungen des psychologischen Arbeitsvertrages sind außerdem in Richtung offener Verträge, die keine nicht einhaltbaren Versprechen enthalten, sowie gelebter Werte (sozialverträgliches Verhalten, Langfristigkeit, faire menschliche Beziehungen) zu sehen.

3.6 Human Capital Excellence – Die Mitarbeitenden im Mittelpunkt

In den letzten Jahren wurde *Corporate Social Responsibility* (CSR) breit diskutiert. Damit wird zum Ausdruck gebracht, dass das Unternehmen nicht nur eine Privatangelegenheit seiner Eigentümer, sondern in vielfältige interne und externe Beziehungen eingebunden ist. Gemäß Definition der europäischen Kommission sind unternehmerische Sozialverantwortung und verantwortungsbewusstes Handeln auch bezüglich der Mitarbeitenden zentrale Punkte der CSR. Mehrwert soll nicht nur für die Aktionäre, sondern auch für die Allgemeinheit geschaffen werden. Neben einem externen, eher gesellschaftsbezogenen, hat CSR einen internen, eher mitarbeiterbezogenen Fokus. Im angelsächsischen Raum sind die gesellschaftlichen, in Europa die mitarbeiterbezogenen Aspekte stärker ausgeprägt.

Unter die externe CSR fallen sowohl eigentliche Sozialinitiativen, wie soziale Philantrophie (Unterstützung einer guten Sache mit Geld) oder Gemeinschaftseinsatz (Mitarbeitende setzen Zeit und Fähigkeiten für eine gute Sache ein; Auftragsvergabe an soziale Institutionen usw.). Unter der internen CSR stellen Unternehmen ganz Unterschiedliches in den Vordergrund, z. B. kooperative Kultur, Prävention oder Gesundheitsmanagement. Zuweilen rückt CSR auch in die Nähe von Imagekampagnen.

Der Begriff *Humankapital* betont die Bedeutung der Mitarbeitenden und die soziale Verantwortung des Unternehmens. Wichtiger als bei der CSR sind eine mitarbeiterorientierte Haltung und geteilte Werte. Der Begriff Humankapital oder -vermögen will die Wertschätzung der Menschen im Unternehmen unterstreichen. Die Mitarbeitenden erwarten in Zukunft von Unternehmen deutlich mehr als bloße Erfüllung gesetzlicher Pflichten. Humankapital ist die positive Seite der Personalrisiken. Die Mitarbeitenden sind das, was das Unternehmen vermag. Sie sind das Vermögen des Unternehmens. In diesem Sinne wäre der Begriff Humanvermögen naheliegender. Weil der Begriff Humankapital sich bereits etabliert hat, wird er hier dennoch verwendet.

3.6.1   Unterschätztes Humankapital

Zwischen ökonomischen, ökologischen und sozialen Aspekten besteht ein Ungleichgewicht. Diskutiert werden vor allem Ökonomie und neuerdings Ökologie. Bei Nachhaltigkeitsanalysen von Banken betreffen 85 % die Umwelt und nur 15 % die soziale Nachhaltigkeit. Nachhaltigkeit ist aber nicht nur in der Ökologie, sondern auch im Sozialen zu suchen. Ökonomische, ökologische und soziale Verantwortung dürfen nicht isoliert betrachtet werden. Sie bedingen sich gegenseitig. So, wie der ökonomische Nutzen des Umweltschutzes zunehmend anerkannt wird, sollte auch klargemacht werden können, dass sich das Engagement für die Mitarbeitenden lohnt.

Das Ungleichgewicht zwischen den Nachhaltigkeitsthemen Ökologie und Soziales wird noch viel zu selten thematisiert. Den sozialen Themen sollte mindestens so viel Bedeutung beigemessen werden, wie dies gegenüber den Umweltthemen schon länger getan wird. Im Sorgenbarometer der Schweizer Bevölkerung kommt die soziale Sicherheit klar vor der Energiewende. Betreffend das Humankapital gibt es einen blinden Fleck, der nicht so schnell beseitigt werden dürfte. Wie das Marshmallow-Experiment zeigt, ist es offenbar schwierig, auf Früchte zu warten, die erst später geerntet werden können, wie das bei Umwelt- und sozialen Themen der Fall ist. Die soziale Verantwortlichkeit dürfte wie die Ökologie Zeit brauchen, um sich durchzusetzen. Die ökologische Nachhaltigkeit brauchte vielfältigen Leidensdruck (Tschernobyl, Fukushima, Ölkatastrophen usw.) und mindestens eine Generation, um breiter anerkannt zu werden. Ähnlich beschwerlich könnte der Weg zur sozialen Nachhaltigkeit werden. Analysten fragen immer noch primär nach wirtschaftlichem Erfolg, Gewinn und Wachstum, allenfalls ökologischer Nachhaltigkeit, aber kaum nach sozialem Engagement von Unternehmen. Die Bedeutung der sozialen Verantwortlichkeit wird erst langsam klarer gesehen.

Defizite in der sozialen Kultur sind fehlendes langfristiges Denken, angeschlagene gegenseitige Solidarität zw. Arbeitgebern und Arbeitnehmern sowie fehlende menschliche Nähe des Managements zu den Mitarbeitenden.

3.6.2   Die Mitarbeitenden sind Hauptleistungsträger, -kostenträger und – imageträger – Die empirische Bedeutung der Mitarbeitenden

In Dienstleistungsunternehmen machen die Personalkosten 70–90 % der Kosten aus. Die Mitarbeitenden sind der Hauptkostenfaktor, aber auch der Hauptleistungs- und Hauptimagefaktor. Die Bedeutung des Faktors Mensch als sensibelste, teuerste und erfolgsentscheidende Unternehmensressource wird immer noch verkannt, mindestens wenn es nicht nur um Worte, sondern um Taten geht.

Unternehmen können dauernde Wettbewerbsvorteile aufbauen, wenn sie ihre Kernressource, nämlich die Mitarbeitenden, entsprechend pflegen. Bevor Mitarbeitende sich engagieren, müssen sie spüren, dass sich das Unternehmen für sie als Menschen interessiert. Sie wollen als Partner respektiert werden. Erfolgreiche Unternehmen haben ein menschliches Gesicht.

In Leitbildern und Hochglanzbroschüren stehen die Mitarbeitenden durchaus im Mittelpunkt. In Tat und Wahrheit fühlen sie sich aber oft als reiner Produktionsfaktor und unpersönlich behandelt. Vor lauter Ökonomisierung, Wachstum, Fusionen, Erfolgs- und Wachstumsdruck, Reorganisationen, Entlassungen und schlechten Beispielen von Selbstbedienung in Chefetagen bleiben sie auf der Strecke. Als Menschen interessieren sie nur am Rande, bzw. nur im Sinne ihres Leistungsbeitrages. Investitionen in Menschen haben keine Hochkonjunktur. Die Mitarbeiterorientierung rangiert weit hinter Finanzen, Strategien, Marketing oder Strukturfragen.

Obwohl in der Wirtschaftslehre das Wort „sozial" möglichst vermieden wird, mehren sich in Unternehmern die Zeichen einer Rückbesinnung auf zwischenmenschliche Werte. Der menschliche Faktor ist das zentrale treibende oder hemmende Element im Unternehmen. Eine gute Beziehungs- und Kommunikationskultur ist hochrelevant. Kooperation lohnt sich in längerfristigen Beziehungen immer.

Es sind nicht die Strategien, die erfolgreich sind, nicht die Strukturen, die die Zusammenarbeit erleichtern, nicht die Prozesse, die Effizienz erlauben, sondern in erster Linie die Menschen, die sie mittragen. Erst über die Mitarbeiterorientierung kommen Kunden-, Qualitäts- und andere Orientierungen zum Tragen. Eine Idee oder ein Vorhaben ist nur so gut wie die Menschen, die sie umsetzen.

Die wirklich knappe Ressource der Zukunft ist nicht das Kapital, sondern die Menschen. Gerade talentierte Mitarbeitende können mit der traditionellen Unternehmensphilosophie weder angezogen noch an das Unternehmen gebunden werden. Nach einer langen Ökonomisierungsphase werden die Mitarbeitenden wieder deutlicher als wichtige Ressource erkannt.

Je turbulenter die Zeit, desto wichtiger die Menschen. Größere Herausforderungen werden nur mit Mitarbeitenden zu bewältigen sein, die sich mit dem Unternehmen identifizieren und sich dafür engagieren. Veränderungen gelingen nur, wenn sie von den Mitarbeitenden mitgetragen werden. Die Bedeutung der Human Resources wird zwar immer wieder betont, aber praktisch nicht entsprechend berücksichtigt.

Attraktive Arbeitgeber belegen auch Spitzenplätze bei Wachstum, Profitabilität und Innovation. Wer die besten Mitarbeitenden hat, erzielt den größten Erfolg am Markt und kann damit wiederum die besten Mitarbeitenden anziehen, in sie investieren und dadurch den Erfolg steigern. Auch die Mitarbeitenden machen eine Return-on-Investment-Rechnung. Sie entscheiden selbst über ihren Verbleib und ihr Engagement im Unternehmen. Deshalb sind sie auch ein ganz spezieller Risikofaktor.

Ein sozial handelnder Arbeitgeber zu sein, wird von Unternehmen zunehmend erwartet. Bloße Erfüllung der ökonomischen und gesetzlichen Verpflichtungen genügt immer weniger. Bevölkerung und Mitarbeitende erwarten auch ein soziales Engagement. Gemeinnutzen hilft dem Image. Wenn der Arbeitsmarkt ausgetrocknet ist, wird das Arbeitgeberimage zum maßgebenden Faktor. Der Unterschied zur Konkurrenz stellen in Zukunft die Mitarbeitenden dar. Der eigentliche Wettbewerb wird immer mehr um die besten unter ihnen stattfinden. Qualifizierte Mitarbeitende sind demographisch gesehen der entscheidende Engpassfaktor der Zukunft. Sie bestimmen die Grenzen von Leistungsfähigkeit und

Wachstum. Die Wettbewerbsposition eines Unternehmens wird in steigendem Maße durch die Qualität seiner Mitarbeitenden bestimmt. Zwischen Mitarbeiter- und Kundenzufriedenheit besteht ein enger Zusammenhang. Wenn die Mitarbeitenden emotional frieren, spüren das auch die Kunden. Loyale Kunden gibt es nur mit loyalen Mitarbeitenden. Ob am Schalter, im Call-Center usw.: Immer haben die Mitarbeitenden den ersten Kontakt zum Kunden und sie sind es, die die Werte des Unternehmens nach außen tragen.

Investitionen in Mitarbeitende können Unternehmen größere Wettbewerbsvorteile verschaffen als Investitionen in Produkte oder Vertriebswege, die leichter imitiert werden können als Investitionen in Mitarbeitende.

Die auf Gewinnmaximierung beruhende Managementlehre sowie die Globalisierung haben zu einer Unternehmensphilosophie geführt, die sich auf Wachstum, Strategie, Strukturen und Systeme konzentriert. Sie hat in vielen Unternehmen die Risikobereitschaft und die Gier erhöht. Gesellschaftliche Werte sind schleichend ökonomischen gewichen. Kultur und soziale Sicherheit wurden dem Effizienzdenken geopfert. Eine entfesselte Gewinnmaximierung erschwert Kooperation und Bindung. Paradoxerweise bringt der Einsatz für die Mitarbeitenden und ihre Potenzialentfaltung auch dem Unternehmen Vorteile. Einzigartige, strategisch wichtige Ressourcen wie die Mitarbeitenden rücken als Quelle von Wettbewerbsvorteilen in den Vordergrund. Effizienzsteigerung ist in einer Wissensgesellschaft nur noch durch Menschen möglich, die produktiv arbeiten, weil sie sich wohl fühlen. Der Erfolg von Unternehmen wird immer mehr durch die Mitarbeitenden bestimmt.

Investitionen in die Mitarbeitenden bringen einen hohen Nutzen. Die Human Resources sind eine entscheidende Quelle von Wettbewerbsvorteilen. Ungenügende Investitionen in die Mitarbeitenden schaden nicht nur den Mitarbeitenden, sondern langfristig auch dem Unternehmen und den Aktionären. Investitionen in Humanvermögen lohnen sich, weil Commitment, Reputation, Fehlzeiten, Fluktuation sowie Unternehmenserfolg und volkswirtschaftliche Nebenkosten davon abhängig sind.

Die Mitarbeitenden sind das, was das Unternehmen vermag. Sie werden seit Urzeiten als Kostenfaktor behandelt, und Kosten versucht man zu senken. Wenn die Mitarbeitenden als wichtigstes Aktivum und als Investition in die Zukunft behandelt würden, könnte sich daraus eine andere Einstellung entwickeln. Die erfolgreichste Strategie dürfte darin bestehen, die Mitarbeiterorientierung nicht mehr primär als Kostenfaktor, sondern als zentralen Vermögenswert des Unternehmens und als strategische Erfolgsposition zu betrachten und darnach zu leben. Ob der Gewinn oder das Humanvermögen im Zentrum stehen, macht einen großen Unterschied. Interessanterweise erhöht sich der Gewinn ganz natürlich, wenn das Humankapital hoch gewichtet ist.

Die meisten operativen Risiken gehen auf Fehlverhalten von Mitarbeitenden zurück. Die Mitarbeitenden sind der entscheidende Erfolgs- und Differenzierungsfaktor im Wettbewerb (Kobi Risk 2012).

Die Mitarbeitenden sind Herz und Rückgrat des Unternehmens. Sie wollen als individuelle Persönlichkeiten und nicht nur als Arbeitskräfte respektiert werden. Menschen legen Wert darauf, zu etwas zu gehören, anstatt nur für etwas eingesetzt zu werden. Sie fordern Mitsprachemöglichkeiten in ihrem ureigensten Bereich und die Chance, einen persönlichen Beitrag zu leisten. Das Engagement der Mitarbeitenden hängt davon ab, ob sie spüren, dass das Unternehmen sich für sie einsetzt. Wenn die Balance zwischen Unternehmens- und Mitarbeiterbeiträgen aus dem Gleichgewicht gerät, leidet das Engagement der Mitarbeitenden.

In der Unternehmenspraxis kann immer wieder beobachtet werden, wie durch kurzfristiges Denken und Gewinnmaximierung Identifikation und soziale Bindung verloren gehen und das Engagement sinkt. Die Kosten von innerer Kündigung und Fluktuation werden massiv unterschätzt. Wenn ein Viertel der Mitarbeitenden innerlich gekündigt hat, liegen große stille Reserven brach.

Im Sinne eines ressourcenorientierten Ansatzes, der die bisherige Defizitorientierung ablöst, hängt der Erfolg davon ab, inwieweit Unternehmen über spezifische und einzigartige Ressourcen verfügen, die relevant, wertvoll und schwer imitierbar sind. Je spürbarer die demographischen Engpässe werden, desto wertvoller dürften qualifizierte Mitarbeitende werden. Die voraussehbaren Engpässe akzentuieren die Bedeutung der Mitarbeitenden. Mit der demographischen Verknappung der Fachkräfte und Talente wird das Arbeitgeberimage vermehrt zum Erfolgsfaktor.

Die Nähe der Unternehmensleitung zu den Mitarbeitenden und ihr Einbezug wirken sich auf das Engagement aus. Solchen Grundeinstellungen dürfte die schweizerische Volkswirtschaft die geringere Arbeitslosigkeit und weniger Streiks verdanken.

Eine starke Wertegemeinschaft ist immer auch eine starke Leistungsgemeinschaft. Menschen leisten in einem Unternehmen, das ihnen Sicherheit und Geborgenheit verspricht, mehr als in einem rein gewinnorientierten Unternehmen. Soziales Unternehmertum zahlt sich langfristig aus, weil Sicherheit und Verbundenheit die Grundlage für Leistung und Innovation darstellen.

3.6.3   Die ethische Sensibilisierung wächst

In einigen Unternehmen wurde der ethische Minimalkonsens zerstört. Das Vertrauen in die Wirtschaft ist bedenklich gesunken. Unternehmen müssen wieder das Wohl der Menschen in den Mittelpunkt stellen und Abschied nehmen von der einseitigen Fokussierung auf kurzfristige Gewinne.

Nach Ulrich (2002), der der Unternehmensethik ein Fundament gegeben hat, entscheidet der Markt, was wir können, das Gesetz legt fest, was wir dürfen, und Ethik rät, was wir sollen. Während die klassische Ökonomie Teil von Ethik und Moral war, haben sich jüngere Ökonomen davon abgekoppelt (Sedlacek 2012). Der oberste Leitwert muss wieder die Wahrung der Würde des Menschen im Arbeits- und Wirtschaftsprozess werden. Den Unternehmen ist zuzumuten, dass sie auf eine strikte Vorteils- oder Gewinnmaximierung und einseitige Wachstumsorientierung verzichten. Marktwirtschaft darf nicht Selbstzweck sein, sondern soll auch im Dienste der gesellschaftlichen Lebensqualität stehen.

Unternehmensethik ist nicht nur deshalb bedeutsam, weil sie zu einem besseren Image beiträgt. Auch Kunden und Mitarbeitende werden ethisch sensibler und anspruchsvoller. Ethisches Handeln gibt außerdem ein besseres Lebensgefühl. Große Fehler geschehen nicht auf sachlicher Ebene, sondern wegen fehlenden oder nicht gelebten Werten. Ohne ethischen Minimalkonsens zerbröckeln Unternehmen. Fehlen Vorgaben und Spielregeln, drohen die Marktkräfte gegenüber Gesichtspunkten wie Fairness, Umwelt- und Demokratieverträglichkeit die Oberhand zu gewinnen.

Ein Ethik-Kodex gibt den Mitarbeitenden eine Handlungsanleitung für den geschäftlichen Alltag. In Verbindung mit entsprechenden Trainings und ethisch konsistenten Führungssystemen, kann damit ein Beitrag zu ethischem Management geleistet werden.

Ethische Unternehmen sind erfahrungsgemäß am ehesten in mittelständischen Unternehmen zu finden, die längerfristig denken und sich auch für qualitatives Wachstum interessieren. Sie setzen eher auf Mitarbeiterorientierung, Fairness, offene Kommunikation und Wertschätzung. Weil sie eine langfristige Optik verfolgen und häufiger wertebezogen handeln, erweisen sie sich als erstaunlich stabil und krisenresistent.

3.6.4 Das Commitment ist hoch, wenn die limbischen Sicherheits- und Beziehungsbedürfnisse befriedigt werden

Die Motivation ist ein Zustand, Commitment ein Versprechen und Engagement das konkrete Verhalten. Commitment ist die innere emotionale Verbundenheit oder die positive psychologische Bindung zum Unternehmen. Zentrale Elemente des Commitments sind die Identifikation mit Zielen und Werten des Unternehmens, mit den eigenen Aufgaben sowie Engagement und Bindung. Commitment setzt Sicherheit und Verbundenheit voraus (Abb. 3.7).

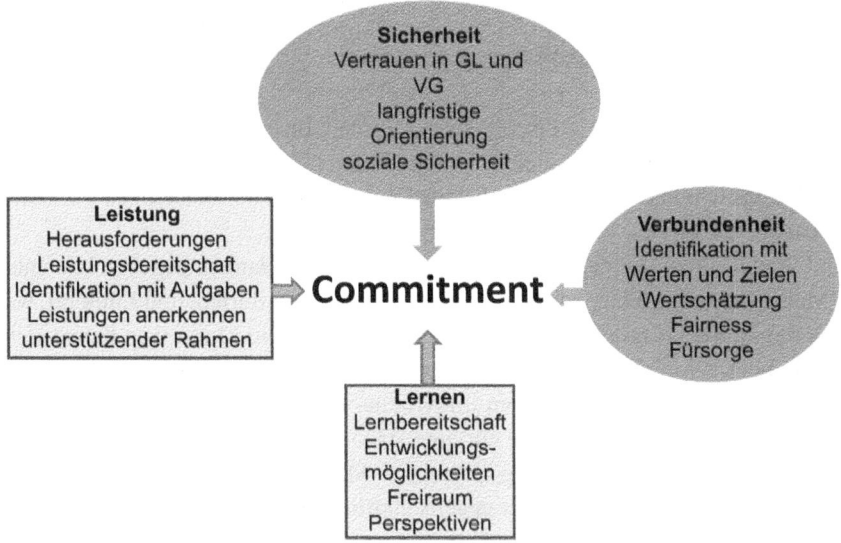

Abb. 3.7 Limbik und Commitment

Große Studien zeigten zehn zentrale menschliche Bedürfnisse auf, die für Commitment entscheidend sind: Klare Aufgaben, Perspektiven, angenehme und sichere Arbeitsbedingungen haben mit dem Sicherheitsaspekt zu tun. Persönlicher Einfluss, soziale Kontakte, Anerkennung und Wertschätzung, unterstützende Vorgesetzte und Fairness sind verbundenheitsbezogen. Den Leistungsaspekt betreffen einzig der Einsatz der eigenen Fähigkeiten, Anforderungen und Ziele sowie faire Entlöhnung.

Commitment ist das Ergebnis einer guten Arbeitgeber-Arbeitnehmer-Beziehung, die den Ansprüchen der Mitarbeitenden gerecht wird. Es zeigt, wie stark sich die Mitarbeitenden dem Arbeitgeber zugehörig und den Unternehmenszielen verbunden fühlen. Belegschaftsfreundliche Unternehmen haben aufgrund eigener Befragungsergebnisse ein höheres Commitment, sind ertragsstärker und überleben häufiger.

Das Commitment bestimmt stärker als die Arbeitszufriedenheit das relevante Verhalten der Mitarbeitenden. Im Unterschied zur Arbeitszufriedenheit ist es nicht vom Anspruchsniveau abhängig. Resignativ Zufriedene haben einfach ihr Anspruchsniveau gesenkt (Kobi Risk, S. 120). Das Commitment lässt deshalb eine validere Prognose zu als die Arbeitszufriedenheit. Wenn diese Aspekte in einer Mitarbeiterbefragung in den Vordergrund gerückt werden, kann auch besser abgeschätzt werden, wie weit Leistungs-, Lern- und Veränderungsbereitschaft gegeben sind. Hohe Werte beim Commitment sind ein Früherkennungsindikator für Eigeninitiative und Leistung. Tiefes Commitment ist ein Indikator für hohe Fluktuation und Absenzen. Commitment und Engagement müssen gemessen und ihre Korrelation mit Leistung und Produktivität aufgezeigt werden.

3.6.5 Das Humankapital ist für den Unternehmenserfolg bedeutsam – Aussagen aus Forschungsberichten

Unternehmen, die nicht nur von Profitorientierung getrieben werden und eine langfristige Perspektive verfolgen, sind ökonomisch erfolgreicher. Wie die folgenden Beispiele aus Studien zeigen, besteht ein direkter Zusammenhang zwischen den Human Resources und der langfristigen Unternehmensleistung, ebenso zwischen den Werten und dem Energieniveau von Menschen oder Organisationen.

Die Wissenschaft zeigt auf, dass sich Investitionen in die Mitarbeitenden und ihre Sicherheit und Verbundenheit bezahlt machen. Unternehmen mit größerem Fokus auf die Mitarbeitenden, die in die Leistungspotenziale der Mitarbeitenden investieren, sie Wertschätzung spüren lassen, ein professionelles HR-Management betreiben und nicht vorschnell entlassen, sind insgesamt erfolgreicher und überlebensfähiger, haben eine höhere Identifikation und ein ausgeprägteres Commitment der Mitarbeitenden, bessere Bewerber, zufriedenere Kunden, bessere Ergebnisse, ein stabileres Wachstum und einen höheren Börsenwert.

Es gibt zahlreiche weitere ökonomische Gründe für Unternehmen, ihre Verantwortung gegenüber den Mitarbeitenden wahrzunehmen, ohne dass altruistische oder humanistische Motive bemüht werden müssten.

- Gemäß amerikanischen Untersuchungen ist ein „pfleglicher" Umgang mit den Mitarbeitenden ein entscheidender nachhaltiger Erfolgsfaktor. Langzeitstudien zeigen, dass Unternehmen, die als „great place to work" taxiert werden, auch „great places to invest" sind.
- Unternehmen, die ihre Mitarbeitenden besser behandeln, machen höhere Gewinne, so der Tenor einer Untersuchung des US-Magazins Fortune. Demnach waren von 100 belegschaftsfreundlichen Unternehmen 61 um mehr als 50 % ertragsstärker als der Durchschnitt der Vergleichsunternehmen. Nachhaltig orientierte Unternehmen erzielten über mehrere Jahre eine bessere Börsenperformance und ein stabileres Kursverhalten. Die Intangible Assets werden für Investoren bedeutsam, weil sie als Frühindikatoren dienen können.
- Nach der Shell-Studie (2010) kennen nachhaltig erfolgreiche Unternehmen kein Primat der Gewinnmaximierung. Sie sind konservativ bezüglich Finanzen, sensitiv zu Mitarbeitenden und Umwelt, legen Wert auf ein hohes Commitment und die Identifikation der Mitarbeitenden mit den Unternehmenszielen und fördern Freiraum und ständiges Lernen.
- Die Ergebnisse der letzten Gallup-Umfrage (2013) zeigen, in welchem Ausmaß „stille Reserven" in den Mitarbeitenden stecken. Die Identifikation mit der eigenen Arbeit erscheint erschütternd gering. 17 % sind sogar „aktiv unengagiert", d. h. sie zeigen unerwünschtes Verhalten, das zu Lasten des Unternehmens geht.

Ähnlich wie für die Unternehmenskultur kann zusammenfassend festgestellt werden, dass eine effektive Bewirtschaftung des Humankapitals rund ein Drittel des Unternehmenserfolges ausmacht (Abb. 3.8).

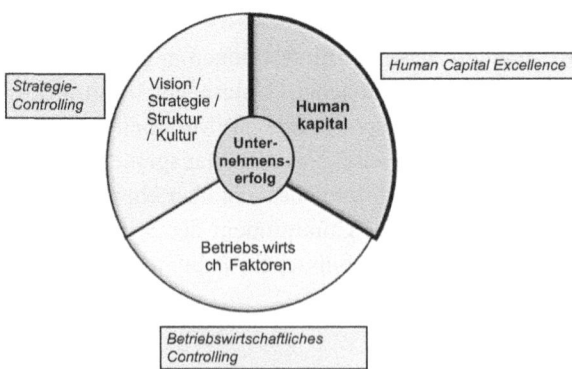

Abb. 3.8 Humankapital und Unternehmenserfolg

Weil breit belegt ist, dass Unternehmen, die nicht nur profitgetrieben sind, in der langfristigen Perspektive erfolgreicher sind, ist es für Unternehmen dringlich, zu Verantwortungsträgern nicht nur im wirtschaftlichen, sondern auch im menschlichen und gesellschaftlichen Sinn zu werden. Die erfolgreichsten Unternehmen sind diejenigen, die sowohl Voraussetzungen schaffen, damit die Mitarbeitenden leistungsbereit bleiben, aber sich auch im Unternehmen sicher und verbunden fühlen.

3.6.6 Das Humankapital aufwerten

Die „alten" Kapitalismusbefürworter dachten nicht nur an Gewinn und Wachstum, sondern orientierten sich an der langen Frist (D. Ricardo), befürworteten einen Arbeitnehmerschutz und die gerechte Verteilung der Früchte der Arbeit (J. Stuart Mill) sowie eine soziale Marktwirtschaft (A. Müller-Armack). Zivilkapitalismus ist die Vision einer Wirtschaft für die Mitarbeitenden (Lotter 2013).

Nach der äußeren Balance, der Versöhnung mit der Natur, ist nun auch eine innere Balance, die Übernahme sozialer Verantwortung angesagt. Damit Profitmotiv und soziale Verantwortung sich versöhnen, braucht es einen Bewusstseinswandel. Ob der Gewinn oder das Humanvermögen im Zentrum stehen, macht einen grossen Unterschied. Die Zeit ist reif, in nachhaltige Lebensqualität der Mitarbeitenden zu investieren und die Menschen bewusst in den Mittelpunkt zu stellen.

3.6.7 Das Humankapital messen – Was nicht gemessen wird, wird nicht gemacht

Wenn es stimmt, dass unternehmerischer Erfolg eng mit dem Humanvermögen zusammenhängt, muss dargetan werden können, dass der Zusammenhang besteht und die soziale Nachhaltigkeit auch gemessen werden. Solange es nicht gelingt, die Rentabilität von Investitionen in die Mitarbeitenden aufzuzeigen, wird der Wert dieses Aktivums immer angezweifelt werden. Weil es sich um weiche Faktoren handelt, ist es allerdings nicht ganz einfach, die soziale Nachhaltigkeit zu messen.

Da sich bisher keiner der zahlreichen wissenschaftlichen und Berateransätze durchsetzen konnte, habe ich zusammen mit der GFO Unternehmensberatung, Zürich, einen solchen Ansatz entwickelt. Er erfasst die Wertschöpfung durch eine Analyse der zentralen Hebel (Können/Kompetenzen, Wollen/Commitment und Dürfen/Enabler, denen je drei Risiken zugeordnet werden. Um ein ganzheitliches Bild des Humankapitals zeichnen zu können, werden Kennzahlen aus dem Personalcontrolling, Indikatoren aus einer wertebezogenen Befragung und Kenngrößen (Beurteilung des Erfüllungsgrades von Instrumenten und Systemen) miteinander verbunden (Näheres zu diesem Ansatz in Schibler et al. (2016).

3.7 Zum lernenden Unternehmen werden – Reflexion statt Wissensmanagement

Immer schnellerer und umfassenderer Wandel fordert die Lernbereitschaft und Flexibilität aller Mitarbeitenden. Es genügt allerdings nicht, dass der Einzelne lernt. Die Organisation muss lernen, die eigenen Werte und Lernmuster zu hinterfragen. Das lernende Unternehmen beinhaltet in diesem Sinne mehr als das Lernen einzelner Individuen. Unternehmen werden durch Handeln und Reflexion zu lernenden Unternehmen. Sie lernen im Grunde nach ähnlichen Mustern wie Einzelpersonen, nämlich indem sie experimentieren und dann reflektieren. Viele Unternehmen sind noch keine lernenden Unternehmen, weil ihnen eine reflektierende Unternehmenskultur fehlt.

Das lernende Unternehmen basiert auf Lernbereitschaft, Freiraum und Experimentierbereitschaft, Kommunikation und Zusammenarbeit sowie Feedback und Reflexion. Im lernenden Unternehmen wird dem Lernen ein hoher Stellenwert beigemessen. Es herrscht ein offenes Lernklima, ein Interesse an anderen Meinungen und neuen Ideen. Lernen wird aktiv gefördert und belohnt. Das lernende Unternehmen schafft günstige Voraussetzungen für den Lernprozess und eine Kultur, in der es mehr zählt, Neues zu wagen, selbst wenn man scheitert. Das lernende Unternehmen ermuntert dazu, zu experimentieren und dann zu reflektieren. Dezentrale Initiativen werden provoziert und im Erfolgsfall in unternehmensweite Programme übergeführt. Es ist gestattet, Fehler zu machen, solange man daraus lernt. Bei Fehlern werden nicht Schuldige gesucht, sondern es wird gefragt, was daraus gelernt werden kann. Ohne Fehlertoleranz darf auch keine Initiative erwartet werden.

Im deutschsprachigen Raum lässt die Kultur weniger Experimente zu, als im angelsächsischen. An Hochschulen und in der Führungsausbildung wird nur zurückhaltend zu Experimenten ermuntert (Wüthrich et al. 2009, S. 20). Was im Nachhinein als Weitblick und Planung verkauft wird, war oft das Ergebnis von Trial and error.

Unternehmen müssen lernen, die eigenen Werte und Lernmuster zu hinterfragen und zu reflektieren. Voraussetzungen einer lernenden Organisation sind Offenheit, Gesprächs- und Feedbackkultur. Es braucht auch das Vorbild im Sinne eines selbstreflektierenden Managements. Das heißt, dass Erfolge und Misserfolge offen ausgetauscht werden und Reflexion institutionalisiert gelebt wird.

Die Bausteine Experimentieren und Reflektieren können wie folgt näher umschrieben werden:

Experimentieren:

- Pilotprojekte initiieren; Pilotprojekte sind besonders geeignet, weil sie die Rückkehr zum alten Zustand offenlassen und damit die Sicherheit nicht beeinträchtigen.
- ein lernorientiertes Umfeld schaffen (z. B. innovationsfördernde Räumlichkeiten)
- heterogene Teamzusammensetzung
- Möglichkeit für Mitarbeitende, sich auf Projekte zu bewerben
- Dialogplattformen für den Ideenaustausch (Kaduk et al. 2013, S. 37), interne Netzwerke, z. B. Communities of Practice bei Siemens

- frei verfügbares Zeitbudget mit der Aufforderung, etwas daraus zu machen (Beispiel Google)
- Open Space, Großgruppenveranstaltungen
- eine Kultur entwickeln, in der Fehler und produktives Scheitern erlaubt sind

Reflektieren:

- Reviews an strategischen Meilensteinen (Was funktioniert im Unternehmen gut? Was macht unser Verhalten erfolgreich? Aus welchen Gründen hatten wir in diesem Projekt Erfolg?
- aus Projekterfahrungen bewusst lernen (Debriefing)
- Reflektionsteams
- Klausurtagungen der Geschäftsleitung, die dem gegenseitigen Feedback dienen
- Hofnarr, Advocatus Diaboli als Möglichkeiten der Reflexion
- internes Benchmarking
- Modelllernen; gute Beispiele erkennen und multiplizieren
- kontinuierliche Verbesserungen

Bei einer Reflexion nach Abschluss von Projekten können z. B. folgende Fragen gestellt werden:

- Wie zufrieden sind wir mit dem Ergebnis?
- Wie haben wir das Klima in der Projektgruppe empfunden? Wie haben wir uns gegenseitig erlebt?
- Wie sind wir miteinander umgegangen?
- Was haben wir gelernt?
- Was wollen wir das nächste Mal anders machen?

Die letzten 30 min jeder wichtigen Sitzung

- Was haben wir in der Sache erreicht?
- Wie haben wir uns gefühlt?
- Haben wir uns mit den strategisch wichtigen Themen beschäftigt?
- Wie würde ein Kunde die Sitzung beurteilen?
- Was würde ein Mitarbeiter zur Sitzung sagen?
- Was lernen wir daraus?

Unternehmen werden durch eine Reflexionskultur zu lernenden Unternehmen.

Das lernende Unternehmen ist nicht mit Wissensmanagement, das oft techniklastig ist, gleichzusetzen. Eine Reflexionskultur ist weit mächtiger als traditionelles Wissensmanagement.

Das Wichtigste in Kürze

- Die Unternehmenskultur beschränkt sich nicht auf das äußerlich Sichtbare. Sie gründet vielmehr in Werten und Grundannahmen, die ihrerseits von den limbischen Bedürfnissen Sicherheit und Verbundenheit geprägt sind und in Leitbildern prominent berücksichtigt werden.
- Nur wenn die unterschiedlichen Bedürfnisse von Unternehmen (Leistung und Innovation) und Mitarbeitenden (Sicherheit und Verbundenheit) ausbalanciert sind, werden psychologische Arbeitsverträge tragfähig.
- Die Bedeutung des Humankapitals wird massiv unterschätzt. Das Commitment der Mitarbeitenden hängt davon ab, ob die limbischen Sicherheits- und Beziehungsbedürfnisse befriedigt werden. Damit ihre Bedeutung klar wird, muss das Humankapital auch gemessen werden.
- Die Möglichkeiten der Reflexion könnten von Unternehmen viel stärker genutzt werden. Institutionalisierte Reflexion bringt mehr Nutzen als traditionelles Wissensmanagement.

Literatur

Anker, H. (2010). *Balanced Valuecard*. Bern: Haupt.

Böckmann, W. (1984). *Wer Leistung fordert, muss Sinn bieten*. Düsseldorf: Econ.

Campell, A., et al. (2009). Harvard Business Manager 5/2009.

Deep White. (2008). *Wertekultur und Unternehmenserfolg*. Studie.

Dunhigg, Ch. (2014). *Die Macht der Gewohnheit*. München: Piper Verlag.

Farson, R. (1996). *Management of the Absurd*. New York: Simon & Schuster.

Frankl, V. E. (1985). *Der Mensch vor der Frage nach dem Sinn*. München: Piper, 4. Aufl.

Gallup Umfrage. (2013).

Gleissner, W. (2004). *Future value*. Wiesbaden: Gabler.

Great Place to Work Deutschland. (2006). *Studie im Auftrag des Bundesamtes für Arbeit und Soziales*.

Greor, P. (2010). *Konfuzius, Konfuzianismus*. Darmstadt: Wissenschaftliche Buchgesellschaft.

Handy, Ch. (1998). *Die anständige Gesellschaft*. München: Bertelsmann-Verlag.

Heuser, U. J. (2008). *Humanomics, Die Entdeckung des Menschen in der Wirtschaft*. Frankfurt a. M.: Campus.

Hostede, G. (2001). *Culture's consequences*. California: Thousand Oakes.

Kaduk, S, Osmetz, D., Wüthrich, H. A., Hammer, D. (2013). *Musterbrecher, Die Kunst das Spiel zu drehen*. Murmann.

Kobi, J.-M. (2006). *Unternehmenskultur, HRM-Dossier*. Zürich: SPEKTRAmedia Nr. 27.

Kobi, J.-M. (2008). *Die Balance im Management*. Wiesbaden: Gabler. (Kobi Balance).

Kobi, J.-M. (2012). *Personalrisikomanagement* (3. Aufl.). Wiesbaden: Gabler. (Kobi Risk).

Lotter, W. (2013). *Zivilkapitalismus*. München: Pantheon.

Moss Kanter, R. (2012). *Anders wirtschaften*. Harvard Business Manager, 2/2012.

Nida-Rümelin, J. (2011). *Die Optimierungsfalle*. München: Irisiana Verlag.

Opaschowski, H. W. (2009). *Wohlstand neu denken, wie die nächste Generation leben wird.* Gütersloh: Gütersloher Verlagshaus.

Peters, T. S., & Watermann, R. H. (1984). *Auf der Suche nach Spitzenleistungen. Was man von den bestgeführten US-Unternehmen lernen kann.* Landsberg: mi-Verlag.

Pümpin, C., Kobi, J. M., & Wüthrich, H. A. (1985). *Unternehmenskultur – Basis strategischer Profilierung im Unternehmen.* In Die Orientierung Nr. 85/1985.

Rock, D. (2011). *Brain at work.* Frankfurt a.M.: Campus.

Roth, G. (2008). *Persönlichkeit, Entscheidung und Verhalten.* Stuttgart: Klett-Cotta.

Sackmann, S. (2004). *Erfolgsfaktor Unternehmenskultur.* Wiesbaden: Springer.

Schein, E. H. (1995). *Unternehmenskultur.* Frankfurt a. M.: Campus.

Schibler, M., Heer, T., & Kobi, J. M. (2016). *Human capital excellence.* Springer. (in Vorbereitung).

Scholz, Ch. (2003). *Spieler ohne Stammplatz: Darwiportunismus in der neuen Arbeitswelt.* Weinheim: Wiley.

Schönbrunn, G. (2014). *Unternehmenskultur als Erfolgsfaktor der Corporate Identity.* Springer.

Sedlacek, T. (2012). *Die Ökonomie von Gut und Böse.* München: Hanser.

Sedlacek, T., Orell, D. (2013). *Bescheidenheit – für eine neue Ökonomie.* München: Hanser.

Sennet, R. (1998). *Der flexible Mensch, die Kultur des neuen Kapitalismus.* Berlin: Berlin-Verlag.

Shell-Studie. (2010).

Ulrich, P. (2000). *Wirtschaften heißt Werte schaffen.* In Schweizer Personalvorsoge.

Ulrich, P. (2002). *Der entzauberte Markt.* Freiburg: Herder.

Vogelsang, G., & Burger, Ch. (2004). *Werte schaffen Wert.* München: Econ.

Wüthrich, H. A., Osmetz, D., & Kaduk, S. (2009). *Musterbrecher – Führung neu leben* (3. Aufl.). Wiesbaden: Gabler.

Das Mächtige in Veränderungsprozessen

4

Wandel in Unternehmen ist ein Dauerzustand. Wenn ständig alles im Wandel ist, werden die Mitarbeitenden des chronischen Wandels müde. Je mehr Wandel, desto stärker wird der Wunsch nach Bewahren. Die meisten Mitarbeitenden wandeln sich ungern. So notwendig unternehmerischer Wandel ist, so schwierig ist er.

Die Hauptrisiken im Wandel sind meist nicht technischer, sondern personeller und kultureller Art. Wenn Veränderungsprozesse scheitern, ist das nicht selten auf mangelnde Sensibilität für die Sicht der Mitarbeitenden oder ungenügende Kommunikation und Einbezug zurückzuführen. Oft sind Unternehmen schlecht auf den Wandel vorbereitet und in der Umsetzung überfordert.

Allgemeingültige Rezepte, wie Wandel anzugehen ist, gibt es nicht. Jeder Veränderungsprozess ist einzigartig. Art, Begründung und Tiefe des Wandels sowie die Veränderungsfähigkeit der Mitarbeitenden sind immer unterschiedlich. Deshalb gibt es auch keinen einzig richtigen Weg. Veränderungsprozesse sind nicht im üblichen Sinne beherrschbar und zu managen. Wandel ist oft eine Gratwanderung. Es gilt, die richtige Balance zwischen Verändern und Bewahren, Ordnung und Chaos, Einflussnahme und Geschehen lassen zu finden. Dabei ist zu akzeptieren, dass Wandel und Krisen zum Leben gehören und Ausgangspunkt von Fortschritt sein können. Neue Werte werden in Krisensituationen geschaffen.

Wandel kann aus zwei unterschiedlichen Perspektiven angegangen werden, entweder ökonomisch über die harten oder kulturell unter Berücksichtigung der weichen Faktoren. Im einen Fall stehen Strukturen, Systeme und Instrumente im Vordergrund, und Wandel wird als planbar erachtet. Demgegenüber begreift der kulturelle Ansatz Veränderungsprozesse nicht nur als Herausforderungen an den Verstand, sondern vor allem an die Gefühle. Werte und Mitarbeiterbedürfnisse werden für den Erfolg als entscheidend erachtet. Wenn die kulturellen Voraussetzungen nicht gegeben sind, hat Wandel wenig Aussicht auf Er-

© Springer Fachmedien Wiesbaden 2016
J.-M. Kobi, *Neue Prämissen in Führung und HR-Management*,
DOI 10.1007/978-3-658-12112-9_4

folg. Die Unternehmenskultur ist der Nährboden für erfolgreichen Wandel. Nur wenn sie für sie stimmt, geben sich die Mitarbeitenden voll ein.

4.1   Kein Wandel ohne Sicherheit

Der Hauptgrund, warum Veränderungen so schwierig sind, liegt im Sicherheitsbedürfnis. Ohne Grundsicherheit und Verbundenheit droht jedem Wandel Widerstand.

Die limbischen Bedürfnisse erweisen sich immer mehr als die eigentliche Grundlage von Veränderungen. Wandel hat wie die Unternehmenskultur seine Wurzeln in Werten und Grundüberzeugungen. Veränderungsprozesse setzen ein gemeinsames Verständnis über die Werte im Unternehmen voraus. Dabei darf der höchste Wert nicht nur Geld und Gewinn sein, sonst ist das Unternehmen lediglich eine Zweckgemeinschaft, die Egoismus fördert. Die Unternehmensbedürfnisse dürfen auch nicht einseitig im Vordergrund stehen. Wandel gelingt nur, wenn auch die Bedürfnisse der Mitarbeitenden nach Sicherheit und Verbundenheit einbezogen werden. Ohne Sicherheit und Verbundenheit fehlt der Nährboden für Veränderungen.

Die wichtigsten Stichworte zu Veränderungsprozessen sind in Anlehnung an die limbischen Felder in Abb. 4.1 formuliert:

Auch im Zusammenhang mit den Veränderungsprozessen werden die Sicherheit- und Verbundenheitsaspekte vertieft.

Der Hauptgrund, warum Veränderungen so schwierig sind, liegt in der Missachtung des Sicherheitsbedürfnisses. Wenn es zutrifft, dass Wandel einer Grundsicherheit bedarf, dann

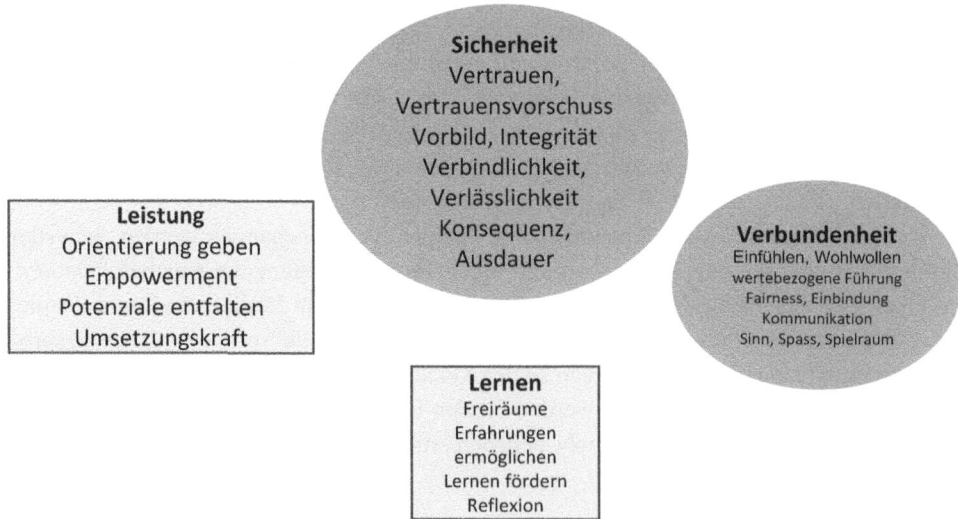

Abb. 4.1 Das Mächtige in Veränderungsprozessen

ist nur das zu ändern, was wirklich geändert werden muss; zudem ist die Notwendigkeit des Wandels zu beweisen.

Niemand ändert sich gern. Augustinus wird der Satz zugeschrieben: „Herr, lass mich keusch und rein werden, nur jetzt noch nicht". Er weist darauf hin, dass Veränderungen Schmerz in Form von physiologischer Anstrengung durch Umbildung von Netzwerken im Hirn bedeuten. Die Bereitschaft zum Wandel ist individuell unterschiedlich, aber immer begrenzt. Wie einzelne Individuen unterscheiden sich auch verschiedene Kulturen bezüglich Unsicherheitsvermeidung. Am größten ist sie in Japan und Frankreich, während angelsächsische Länder mehr Unsicherheit ertragen.

Veränderung wird subjektiv als Abwertung empfunden und beeinträchtigt das Selbstwertgefühl. Der Mensch fürchtet Verlust und Risiko. Veränderungen lösen Ängste aus, vor allem wenn zwischen der Einschätzung der eigenen Fähigkeiten und den neuen Anforderungen eine zu große Diskrepanz besteht. Verunsicherung und Abwehrreflexe sind die Folge. Wandel wird dadurch erschwert, dass Verluste viel stärker empfunden werden als Gewinne. Ohne Sicherheit und gegenseitiges Vertrauen kann Wandel nicht gelingen. Mitarbeitende benötigen eine Grundsicherheit, z. B. in Form von Sicherheit ihres Arbeitsplatzes und Konstanz der Unternehmensausrichtung. Sie müssen auf längere Frist wissen, wofür ihr Unternehmen steht. Es braucht den Pol der Tradition, um Wandel zu ermöglichen. Wandel braucht Stabilität, und auf Phasen des Wandels muss eine Konsolidierungsphase folgen, sonst entsteht Verunsicherung. Stabilität gibt Sicherheit. In dynamischen Zeiten sind dauerhafte Beziehungen besonders bedeutungsvoll.

Fundament jeden Wandels ist eine Vertrauenskultur. Vertrauen und Glaubwürdigkeit entscheiden darüber, ob Menschen bereit sind, sich auf einen unsicheren Weg zu begeben. Vertrauen erlaubt Handlungen auf Kredit, die sonst unterblieben wären. Mitarbeitende brauchen den Rückhalt des Vorgesetzten und Freiraum, damit sie es wagen, Neuland zu betreten.

Weil die Veränderungsbereitschaft begrenzt ist, sollte nur das verändert werden, was unbedingt verändert werden muss In Analogie zu Montesquieu heißt das: Wenn es nicht nötig ist, etwas zu verändern, ist es nötig, nichts zu ändern. Wie in der Chirurgie wird oft zu schnell operiert.

Veränderungen scheitern, wenn zu viele Dinge auf einmal geändert werden. Wie schnell Wandel anzugehen ist, hängt von der Veränderungsbereitschaft und der Art des Wandels ab. Die Zumutbarkeit für die Mitarbeitenden ist der begrenzende Faktor. Wenn die Geschwindigkeit des Wandels angemessen ist, wird er eher als Chance betrachtet. Es ist wichtig zu spüren, wann es Zeit ist zu handeln und wann besser zugewartet wird. Zu viel Wandel macht Angst und wirkt lähmend. Ausmaß und Geschwindigkeit des Wandels müssen von den Mitarbeitenden bewältigt werden können. Veränderungen sind bewusst auf das Machbare und Fassbare zu beschränken. Wer sich permanent verändert, erreicht nie die nötige Tiefe. Immer ist so viel Ruhe und Stabilität zu schaffen, dass die Organisation Veränderungen auch verkraften kann. Es braucht den Eckpfeiler der Stabilität, damit das System nicht kippt. Das kann heißen, Verschnaufpausen einzulegen (z. B. ein Jahr lang keine großen Projekte), ganz konkret zu fragen, welche Projekte gestrichen werden können oder sie mindestens zu priorisieren.

Umgekehrt macht zu wenig Wandel seine Bedeutung zu wenig bewusst. Wandel sollte sich also in einer gewissen Bandbreite bewegen und die Balance zwischen Verändern und Bewahren halten. Das Management muss ein Gefühl für das richtige Veränderungstempo entwickeln, bzw. dafür, wann Wandel und wann Konsolidierung angesagt ist. Dauerndes Verändern führt ebenso wenig zum Ziel wie starres Bewahren.

Je größer der Wandel, desto wichtiger ist es aufzuzeigen, was sich nicht ändert, aber auch, dass in der Vergangenheit nicht alles falsch war. Die bisherige Leistung der Mitarbeitenden darf nicht herabgewürdigt werden. Wird im Wandel nicht gefragt, was beim Alten bleibt, werden Ängste und Demütigungen geweckt. Der Gedanken von Ch. Oettinger (18. Jh.) kann auch heute noch als Motto dienen: „Herr, gibt mir die Kraft zu verändern, was ich verändern kann, und die Gelassenheit, geschehen zu lassen, was ich nicht verändern kann, und die Weisheit, das eine vom andern zu unterscheiden". Ähnlich äußerte sich der Ballonfahrer B. Piccard bezogen auf den Wind. „Man sollte das ändern, was man ändern kann, und das, was man nicht ändern kann, akzeptieren."

Die Notwendigkeit des Wandels muss bewiesen werden Immer ist zu fragen, was beibehalten werden kann und ob es genügend Argumente für den Wandel gibt. Wenn sich viel ändert, braucht es Dinge, die gleich bleiben, sonst gehen Berechenbarkeit und Vertrauen verloren. Der Wandel ist auf das Notwendige – das was wirklich aus dem Lot ist – zu beschränken.

Die meisten Mitarbeitenden lassen sich bewegen, wenn Notwendigkeit, Bedeutung und Sinn deutlich gemacht werden können und der Wandel für sie nicht zu bedrohlich wirkt. Sie sind bereit dazuzulernen, wenn ihnen gezeigt wird, was sie durch das Neue gewinnen und was für sie die Attraktivität, Vorteile und Chancen des Wandels sind. In Veränderungsprozessen ist zu fragen wer die Betroffenen des Veränderungsprojektes sind und was sie zu gewinnen bzw. zu verlieren haben. Wandel bewirken heißt, Menschen zu überzeugen, dass das Neue gegenüber dem Status quo notwendig und für sie vorteilhaft ist. Menschen brauchen Gründe, um sich zu ändern. Rein unternehmensbezogene Begründungen reichen für sie nicht aus. Die Beweislast liegt bei den Befürwortern der Veränderung.

Betroffenheit kann z. B. erzeugt werden, indem Fakten offen auf den Tisch gelegt werden, durch aufrüttelnde Befragungsergebnisse, Vergleiche mit den Besten und aufrüttelnde Zukunftsszenarien. Hilfreich kann es auch sein, den Mitarbeitenden immer wieder folgende Grundbotschaften zu vermitteln:

- Jeder Wandel beinhaltet Chancen.
- Wer sich engagiert, kann den Wandel mitgestalten. Wer sich nicht bewegt, bewegt nichts.
- Wer festhält, verliert.
- Je früher man daran herangeht, desto größer der Freiraum.
- Veränderungen sind Entwicklungsmöglichkeiten.
- Wandel ist machbar.

4.2 Beziehungsmanagement als Schlüssel zu Veränderungen

Alles, was die Beziehungsfähigkeit von Menschen verbessert oder wiederherstellt, ist aufgrund der Hirnforschung gut für das Gehirn. Verbundenheit können Management und Führungskräfte im Wandel zeigen, indem sie:

- Widerstände/Trauerprozesse wahrnehmen,
- die Mitarbeitenden einbeziehen,
- auf offene Kommunikation und Transparenz Wert legen sowie
- faire und sozialverträgliche Lösungen suchen.

Bereitschaft zum Wandel setzt Aufmerksamkeit und Zuwendung voraus. Nur wenn den Führungskräften die Bedürfnisse ihrer Mitarbeitenden wichtig sind und sie ihnen eine sichere Basis bieten, sind diese bereit, Wandel mitzutragen. Der Vorgesetzte hört das Wesentliche nur im direkten Kontakt mit den Mitarbeitenden und Kunden. Kommunizieren heißt in erster Linie zuhören und Sensibilität für den Empfänger zeigen. Oft sträuben sich die Mitarbeitenden nicht gegen den Wandel an sich, sondern gegen die Art und Weise, wie sie im Wandel behandelt werden: Sie fühlen sich nicht ernst genommen, übergangen und nicht bei ihren Bedürfnissen abgeholt. Deshalb stehen sie nicht hinter dem Wandel.

Wer die Betroffenen zu Beteiligten macht, gewinnt Identifikation und die Bereitschaft mitzuziehen. Den eigenen Ideen widersetzen sich die Mitarbeitenden viel weniger. Mitarbeitende, die sich einbringen können, engagieren sich. Nicht zu unterschätzen ist auch, dass die Mitarbeitenden die eigentlichen Experten sind. Wer sie nicht einbindet, verzichtet auf wichtige Informationen. Durch den Einbezug löst sich die Handbremse im Kopf, die erfolgreiche Veränderung blockiert. Wenn Führungskräfte ihren Mitarbeitenden die Möglichkeit zur Mitgestaltung geben, schaffen sie die Grundlage für neuronales Wachstum und damit für das Meistern neuer Herausforderungen (Hüther 2011). Großgruppenveranstaltungen und Transformationsmärkte oder Online-Foren sind Möglichkeiten eines breiten Einbezuges.

Erfolgskritisch ist es, die Menschen emotional zu erreichen. Erfolgreiche Veränderungsprozesse finden nur dort statt, wo starke Gefühle ausgelöst werden und der Wandel in konkrete, handhabbare Schritte übersetzt wird. In Veränderungsprozessen ist das Gefühl zentral, mit Fairness, Respekt und Würde behandelt zu werden. Wenn Veränderungen Ängste und Verunsicherung auslösen, sind Widerstand und Abwehrreflexe vorprogrammiert. Widerstände sind Signale und enthalten verschlüsselte Botschaften. Es lohnt sich, sie ernst zu nehmen und anzusprechen. Negative Gefühle können abgebaut werden, wenn man über sie spricht. Widerstand kann in der Person oder im Unternehmen, rational oder emotional begründet sein. Wenn die Ursachen des Widerstandes klar sind, werden auch Lösungswege sichtbar.

Veränderungsprozesse sind Trauerprozesse. Wandel beinhaltet immer ein Stück Trauerarbeit. Erst wer von der Vergangenheit Abschied genommen hat, wird frei für das Neue. Die Trauerarbeit verläuft in mehreren Phasen: vom Schock über Nicht- wahrhaben wollen, Flucht, Nicht-akzeptieren wollen und verhandeln bis zur bewussten Annahme. Dieser

Weg ist nicht geradlinig, sondern vielfach gewunden, d.h. man kann jederzeit in eine frühere Phase zurückfallen (Kübler-Ross 2001). Die Kenntnis dieser Prozesse kann mithelfen, Reaktionen der Mitarbeitenden zu verstehen.

Alles, was mühsam umzusetzen ist, braucht permanente Kommunikation und Feedback. Information, Kommunikation und Dialog zählen zu den größten Schwachstellen in Veränderungsprozessen. Eine offene und transparente Kommunikationskultur ist das Schmieröl des Wandels. Viele Vorgesetzte haben die Bedeutung von Kommunikation und informellen Netzwerken nur intellektuell begriffen, oder sie geben vor, ihnen fehle die Zeit dazu. Dabei übersehen sie, dass Information und Kommunikation entscheidende Voraussetzungen für Identifikation und Umsetzung sind. Sinnantworten können nur im Gespräch glaubwürdig vermittelt werden.

Im Wandel erfolgreiche Führungskräfte stellen einen offenen Zugang zu Informationen sicher, sprechen über ihre eigenen Gefühle und verschweigen auch Schwierigkeiten nicht. Untersuchungen zeigen, dass die Zufriedenheit der Mitarbeitenden in dem Maße steigt, in der sie das Bewusstsein haben, frei mit ihrem Vorgesetzten diskutieren zu können. Klare Botschaften, Nutzung der verschiedensten Plattformen und Kanäle, ständige Wiederholungen und interaktiver Dialog sind Kriterien einer wirksamen Kommunikation.

4.3 Wandel durch Experimente und Reflexion

Gerade im schnellen Wandel gibt es keine einfachen Antworten. Man muss sich hineinbegeben und aus Erfahrungen und durch Reflexion lernen. Größere Veränderungsprozesse in Unternehmen durchlaufen ähnliche Phasen wie individuelle Lernprozesse (Abb. 4.2). Veränderungsprozesse sind Lernprozesse.

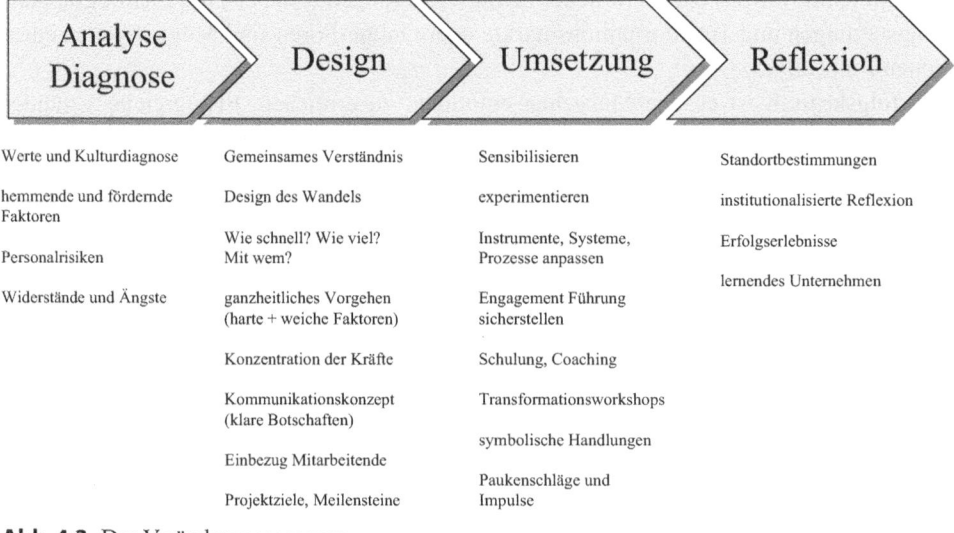

Abb. 4.2 Der Veränderungsprozess

Erfahrene Change-Manager verstehen es, die Voraussetzungen des Wandels im Unternehmen so zu analysieren, dass die Risiken abgeschätzt und eine Grundlage für das spezifische Design des Wandels gelegt werden kann. Erfolgsvoraussetzungen von Veränderungsprozessen ist die vertiefte Kenntnis von Unternehmenskultur und Werten sowie der Faktoren, die etwas auslösen können. außerdem ist Klarheit über die in Zukunft leitenden Werte und Projektziele zu gewinnen. Aufgrund einer vertieften Analyse und eines Verständnisses von Art und Voraussetzungen des Wandels, bzw. der hemmenden und fördernden Faktoren können die Risiken abgeschätzt und ein angepasster Vorgehensplan entworfen werden.

Das Design des Wandels beantwortet Grundsatzfragen (Wie viel Wandel? Wie schnell? Mit wem? Wo anfangen?) und setzt Projektziele und erste Meilensteine fest. Wenn genügend Zeit vorhanden ist, lohnt es sich, prozessorientiert und unter Einbezug möglichst vieler Mitarbeitender zu planen, damit dann in der Implementierungsphase schnell und konzentriert gehandelt werden kann. In turbulenten Zeiten kann es aber notwendig sein, die Planungsphase kurz zu halten, rasch zu handeln und die Kräfte zu konzentrieren. Dann ist es oft wirksamer, aus der Box der Gewohnheiten herauszuspringen, loszufahren, sich Neuem auszusetzen, rasch aus Fehlern zu lernen und das, was sich bewährt, zu multiplizieren. Analog zum Radfahren gilt: Im Stand kann man schlecht lenken. Wenn man losfährt, wird das Lenken einfacher. In turbulenten Zeiten gewinnt das bewusste Betreten von Neuland als Lernfeld an Bedeutung. Turnaround-Management heißt, als Führungskraft selber überholte Muster durchbrechen sowie die Mitarbeitenden bewegen, vertraute Arbeitsweisen aufzugeben, sich mit Neuem anzufreunden und die Chancen in der Veränderung zu entdecken. Querdenken, Hofnarren, Advocatus Diaboli oder „Spinnerclubs" können Anstöße geben.

Experimente bringen in Situationen des Wandels meist mehr als durchgeplante Projekte. Entwicklung geschieht in der direkten Auseinandersetzung mit konkreten Problemen. „Don't plan it, do it." Handeln führt häufiger zu einer Bewusstseinsänderung als umgekehrt. Man muss Mitarbeitende veranlassen, Neues auszuprobieren, damit sie aufgrund neuer Erfahrungen bereit sind, ihre Haltung zu ändern. Grundannahmen und Werte werden über individuelle Erfahrungen beeinflusst. Die Rahmenbedingungen sind so zu gestalten, dass die Mitarbeitenden die richtigen Erfahrungen machen können. Sie sollen Herausforderungen erleben, die sie bewältigen können, und Anerkennung für die Bereitschaft zu experimentieren erhalten.

Veränderungsprozesse bedürfen der ständigen Beobachtung und institutionalisierter Standortbestimmungen, wie z. B. Erfolgsmessung an jedem Meilenstein. Nur wenn die Veränderungsprojekte und -prozesse systematisch reflektiert werden und das Lernen selbst genau beobachtet wird, lernt das Unternehmen. Veränderungsprozesse laufen zu Unrecht häufig unreflektiert ab. Feedback (Anerkennung, sachliche Kritik) unterstützt und fördert positives Verhalten, klärt Beziehungen und korrigiert Verhaltensweisen. Besonders intensiv wird aufgrund eigener Erfolge gelernt. Auch aus Fehlern kann man lernen. Das Negative kann in diesem Sinne positiv sein.

Wandel muss dauernd beobachtet und reflektiert werden. Schnelle kleine Erfolge (Quick Wins) und erfolgreiche Beispiele sind die besten Motivatoren. Im Prozess der Veränderung spielen Erfolgserlebnisse und das Feiern von Erfolgen eine wichtige Rolle. Nichts wirkt so stimulierend wie unmittelbare Erfolge und Fortschritte. Gemeinsames Erleben erfolgreichen Wandels ermutigt, in den Bemühungen fortzufahren. Erfolg beschleunigt die Lernspirale, gibt Selbstvertrauen und Kraft.

Nach Abschluss von Projekten wird beispielsweise bei Microsoft ein sogenanntes „Post Mortem" verfasst, in dem im Hinblick auf zukünftige Vorhaben alle positiven und negativen Erfahrungen zusammengefasst werden. Es braucht Gefäße für den Austausch und die regelmäßige Reflexion. Dabei muss zwischen der Zielerreichung und den dahinterliegenden Werten und Denkmustern unterschieden werden. Entscheidend ist, die Muster des Wandels zu erkennen und daraus zu lernen. Das Lernen selbst muss beobachtet werden. Zu fragen ist:

- Warum hatten wir in diesem Fall Erfolg?
- Was waren die fördernden und hemmenden Faktoren?
- Was hat sich bewährt? Was hat sich negativ ausgewirkt?
- Was lässt sich aus dem bisherigen Prozess lernen?

Erst die Reflexion macht das Unternehmen zum lernenden Unternehmen.

4.4   Ein unternehmensspezifisches Design des Wandels

Jeder Veränderungsprozess ist einzigartig und Wandel ist nicht in jeder Beziehung planbar.

Veränderungen beginnen im Kopf. Die Einstellung macht einen wichtigen Teil des Erfolges aus. Entscheidend ist, ob der Wandel als Bedrohung oder als Chance wahrgenommen wird. Wenn es gelingt, ihn als Chance begreifbar zu machen, ist der entscheidende Schritt getan. Dann haben auch die Resultate eine positive Tendenz. „Change" und „Chance" unterscheidet nur ein einziger Buchstabe – ein scheinbar kleiner, in der Praxis aber entscheidender Unterschied. Eine Krisensituation kann relativ rasch zu einer Chance gemacht werden, wenn es gelingt den Mitarbeitenden zu einer neuen Sichtweise zu verhelfen. Oft genügt es, etwas in einen neuen Rahmen zu stellen (Reframing) oder zu fragen, welche Wünsche bestehen oder wie es wäre, wenn das Ziel schon erreicht wäre.

Vorab sind ein paar Grundfragen, die sich in jedem Wandel stellen, zu klären und Antworten zu geben, wo der Fokus in den folgenden Spannungsfeldern liegt:

- verändern – bewahren
- evolutionär – revolutionär
- harte Faktoren – weiche Faktoren
- langsam – schnell
- isolierte – ganzheitliche Maßnahmen
- Konzepte – Umsetzung

Evolutionär – revolutionär Es gibt zwei große Change-Theorien: Im Krisenmodus sind harte Maßnahmen und klare Vorgaben notwendig. Im normalen Wandel ist das Bild des Gärtners, der evolutionär seine Kulturen pflegt und dabei die Mitarbeitenden einbezieht, näherliegend. Schon das Wort Kultur weist auf das lateinische colere hin, das bebauen, hegen und pflegen bedeutet. Kulturentwicklung hat in diesem Sinne langfristigen Charakter. Unternehmenskulturen werden geduldig und hartnäckig entwickelt. Unternehmen, die permanent unter Zeitdruck stehen, sind kaum in der Lage, an ihrer Unternehmenskultur zu arbeiten. Aufgrund ihrer Entstehung und Komplexität sind Kulturen träge Erscheinungen. Die Entwicklung der Unternehmenskultur ist ein besonders anspruchsvoller langfristiger Prozess, der Sicherheiten aufbrechen und damit Turbulenzen auslösen kann. In einem Kulturentwicklungsprozess ist nicht alles plan- und machbar. Obwohl viele Gestaltungsansätze Machbarkeit suggerieren, funktionieren Unternehmen nicht so rational wie gewünscht. Es können nur Voraussetzungen für ein gutes Gedeihen geschaffen werden. Wandel lässt sich nicht im üblichen Sinn managen.

Harte und weiche Faktoren Das harte, rationale Modell ist nicht falsch, es reicht nur nicht aus. Rationales Denken ist schematisch und wenig auf zwischenmenschliche Beziehungen ausgerichtet. Wandel bedarf einer parallelen Bearbeitung der Sach- und der kulturellen Ebene. Harte und weiche Faktoren sind gleichgewichtig anzugehen.

Erfolgreicher Wandel kann nicht nur auf den physischen Wandel fokussieren. Er muss den geistigen Wandel, die Denkweisen und Werte einbeziehen. Wie in der Informatik, wo sich der Schwerpunkt von der Hardware zur Software verlagert, werden die weichen Faktoren im Wandel immer entscheidender. Häufig ist der mentale Wandel schwieriger als der physische, z. B. der Wandel von einem technischen zu einem kundenorientierten Denken oder von Kontrolle zu Vertrauen.

In turbulenten und instabilen Zeiten helfen harte Managementregeln wenig. Viel mehr muss über Werte geführt werden. Die mechanistische Denkweise, die auf Vernunft gründet, bedarf der Ergänzung. Neben dem Kopf müssen Herzen angesprochen und Gefühle einbezogen werden. Im Wandel ist nicht alles logisch begründbar und nachvollziehbar. Emotionen und Gefühle sind ebenso mit zu berücksichtigen.

Der Wandel muss auf der „weichen" und „harten" Ebene gleichzeitig angegangen werden. Die „weichen" Bausteine haben Einstellungen, Werte und die emotionale Seite zum Gegenstand, während sich die „harte" Ebene eher auf das Umfeld, den Rahmen und die Spielregeln bezieht. Beide Ebenen beeinflussen einander gegenseitig und führen nur zusammen zum Erfolg (Abb. 4.3).

Jedes Unternehmen besteht zu höchstens einem Drittel aus harten Fakten, logischen wie formalen Strukturen und Abläufen, aber zu zwei Drittel aus „Soft Facts", also Wünschen, Erwartungen, zwischenmenschlichen Beziehungen und Konflikten. Sensible Manager spüren immer deutlicher, dass im Dreieck von Strategie Struktur und Kultur die kulturellen Faktoren entscheidend sind.

Veränderungsprojekte scheitern meist nicht an den Konzepten, sondern an der Umsetzung. Es zählt nicht das, was man beginnt, sondern nur das, was man zu Ende führt. Oft

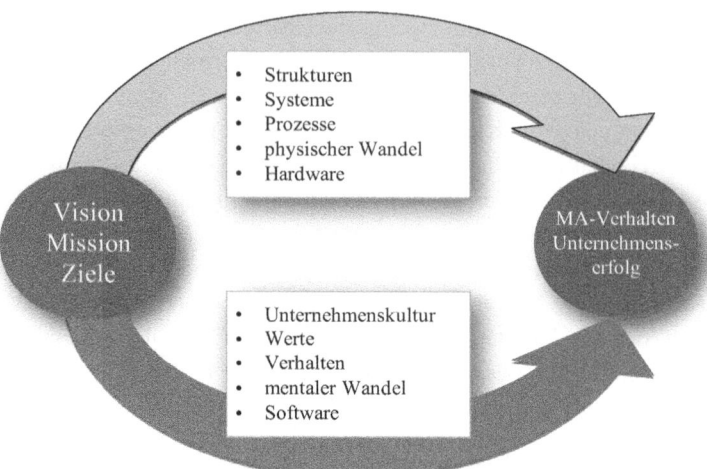

Abb. 4.3 Zusammenspiel von harten und weichen Faktoren

fehlt die Konsequenz in der Umsetzung. Erfolgreicher Wandel beruht auf authentischen Managementprinzipien, die kontinuierlich angewendet werden und darauf, dass Reden und Handeln übereinstimmen.

Resilienz oder psychische Widerstandskraft lässt Menschen Misserfolge und Krisen als Chance begreifen. Sie ist geprägt von einer positiven Lebenseinstellung, die auf Krisen gelassen und selbstsicher reagiert. Es ist zu akzeptieren, dass Krisen und Wandel zum Leben gehören und dass sie Ausgangspunkt des Fortschrittes sein können. In Krisensituationen werden neue Normen und Werte geschaffen.

Die folgenden allgemeinen Regeln beanspruchen für die meisten Veränderungsprozesse Geltung:

- Um Verzettelung zu vermeiden, sollten die vorhandenen Mittel und Kräfte in der Umsetzung fokussiert werden. Die größte Wirkung wird erzielt, wenn die Kräfte auf die Druckpunkte gelegt werden, von denen aus sich große Wirkungen auslösen lassen. Soziale Systeme verfügen nur über wenige solche Akupressurpunkte. Man sollte da ansetzen, wo eine Dynamik genutzt werden kann. Bereiche mit geringerem Widerstand sind in diesem Sinne zuerst anzugehen, bzw. für Pilotprojekte zu nutzen. Es ist bei den fördernden Faktoren des Wandels anzusetzen.
- Ziel muss es sein, rasch eine kritische Masse für den Wandel zu gewinnen. Die kritische Masse ist erreicht, wenn die Zahl der „Überzeugten" so groß geworden ist, dass der Prozess irreversibel wird. Das kann schon bei einer prozentual relativ geringen Zahl von Mitarbeitenden der Fall sein. Wenn die kritische Masse erreicht ist, wird ein Schneeballeffekt ausgelöst.
- Häufig wird Wandel an einem „allein selig machenden", einzelnen Faktor festgemacht. Es genügt jedoch selten, nur einen einzelnen Aspekt aufzugreifen. Isolierte Maßnah-

men bringen wenig, weil alles vernetzt und komplex ist. Es braucht ganzheitliche und nicht nur punktuelle Lösungen. So genügt es beispielsweise nicht, nur die Struktur zu verändern. Ganzheitliches Vorgehen heißt, die ganze Palette möglicher Impulse einzusetzen. Unternehmenskultur, Prozesse und individuellen Verhaltensweisen hängen eng zusammen. Die Unternehmenskultur kann nicht verändert werden, ohne dass auch die Kernprozesse optimiert und Anpassungen im Verhalten der Mitarbeitenden angestoßen werden. Jede nachhaltige Veränderung beginnt mit einer Transformation der Haltungen der Beteiligten. Individuelle Verhaltensänderungen tragen ihrerseits nur dann Früchte, wenn sie zur Unternehmenskultur passen und durch Prozesse begleitet und unterstützt werden.

- Wandel muss sich in einer bestimmten Bandbreite bewegen, sonst wird die Bedeutung nicht klar bzw. er macht zu viel Angst. Es braucht also nicht zu viel, aber auch nicht zu wenig Wandel.
- Meist sind zu Beginn kleine Schritte sinnvoll. Entscheidend ist der Eröffnungszug. Auch der längste Weg beginnt mit einem ersten Schritt, mit dem Vertrauen gewonnen werden kann. Schrittweises Vorgehen auf überschaubare Ziele hin ist erfolgversprechender als überzogene Ziele, die kaum je erreicht werden. Große Projekte sind in Teilprojekte aufzuteilen, die innerhalb von Monaten und nicht Jahren zum Erfolg geführt werden können. Wandel macht eine Organisation labil. Konflikte werden sichtbar. Während solcher „Rüttelstrecken" können Stimmung/Klima und Engagement weit auseinander driften. Diese Verunsicherungsphasen gilt es möglichst kurz zu halten.
- Ein bewährtes Vorgehen ist es, mit einem Management-Workshop zu beginnen, dessen Ziel es ist, eine gemeinsame Überzeugung über Notwendigkeit und Ziele des Wandels zu gewinnen und die Leitplanken für den Wandel gemeinsam festzulegen. anschließend sollte jedes Team den eigenen Beitrag zu den gesteckten Zielen definieren. Zur Sensibilisierung ist eine möglichst breite Palette von Maßnahmen zur Gewinnung der Mitarbeitenden („das ganze Klavier") zu nutzen, von einer offenen Kommunikation, klaren Botschaften, Attraktivitätspunkten bis hin zu gezielten Inputs und Anreizen.
- Wandel wird durch Paukenschlägen (Beispiel: größere Anlässe, die der Sensibilisierung dienen, Kick off-Veranstaltungen, Kommunikationsmärkte, Events) thematisiert. Durch einen breiten Einbezug der Mitarbeitenden wird die Identifikation gestärkt. Mindestens an den Anfang und den Schluss gehört ein unerwarteter Höhepunkt. Kleinere Impulse halten den Veränderungsprozess wach und sorgen für die Dauerpräsenz des Themas im Alltag (z. B. Agenda Setting, Frühstücksgespräche mit der Geschäftsleitung). Durch zielgerichtete kleine Stupser (sogenannte Nudges) können Menschen sanft in die gewünschte Richtung gelenkt werden (Beispiel: Alle sind Organspender, sofern sie das nicht ausdrücklich ausgeschlossen haben), wobei ein manipulativer Beigeschmack mitschwingt. Immerhin lassen Stupser dem Individuum Entscheidungsfreiheit.

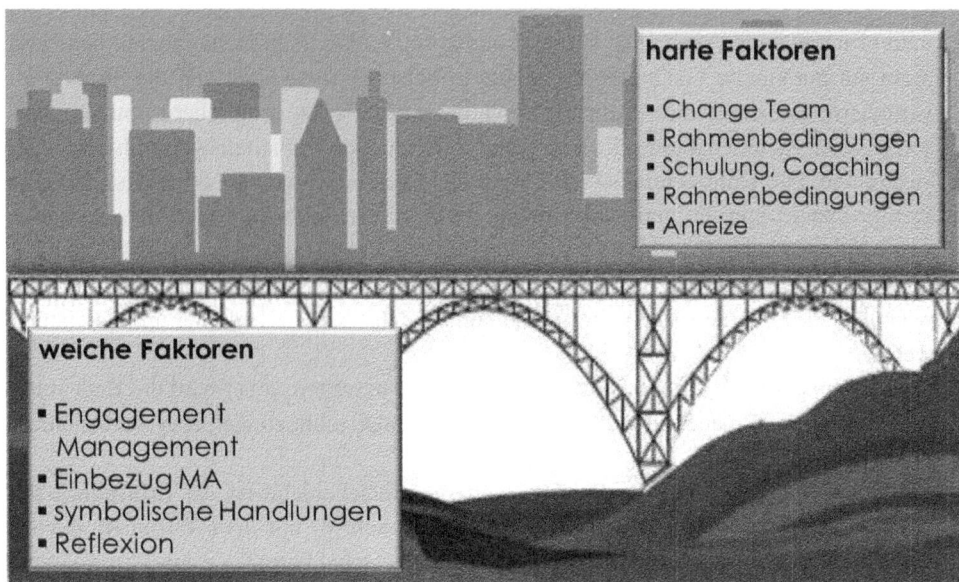

harte Faktoren

- Change Team
- Rahmenbedingungen
- Schulung, Coaching
- Rahmenbedingungen
- Anreize

weiche Faktoren

- Engagement
  Management
- Einbezug MA
- symbolische Handlungen
- Reflexion

Abb. 4.4 Die Brücke des Wandels

Die Brücke des Wandels

Ein paar Erfahrungen aus Projekten werden im Sinne einer Brücke des Wandels, die sich sowohl auf weiche wie auf harte Faktoren bezieht, nochmals zusammengefasst (Abb. 4.4):

Vision und Strategie geben Orientierung. Angelpunkt jeder Veränderung ist eine Vision oder mindestens eine klare Vorstellung der Marschrichtung, die die Energien kanalisiert. Wandel braucht Ziele und Erwartungen, die helfen, auf Kurs zu bleiben, Halt und Sicherheit geben und als Maßstab der Erfolgsmessung dienen.

Weiche Faktoren

Im Wandel sind vor allem *Management und Führungskräfte* als Vorbilder gefordert. Sie sind die Impulsgeber und Regisseure der Umsetzung. Wandel braucht ein Managementteam, das den Wandel will und vorlebt. Ohne das Engagement des Managements geschieht nichts Entscheidendes. Erfolgreicher Wandel geht von einer kleinen Gruppe von Menschen aus, die sich verstehen und zwischen denen es eine Übereinstimmung, einen Konsens zu den grundlegenden Werten gibt und die sich den Luxus leistet, den Wandel aus einer übergeordneten Sicht zu hinterfragen. Solange im Management kein gemeinsames Verständnis über die Notwendigkeit des Wandels besteht, lohnt es sich in der Regel nicht, tiefgreifenden Wandel anzugehen. Der Veränderungswille von oben muss für alle spürbar sein. Wandel ist kein anonymer Prozess. Er wird von Menschen, die sich als Träger der Veränderung exponieren, getragen. Jedes größere Projekt des Wandels sollte Sponsoren im Top Management haben.

Taten reden lauter als Worte. Wahr ist nicht, was gesagt, sondern was getan wird. Wichtig ist nicht, was im Leitbild steht, sondern wie sich das Management im Alltag verhält.

Alles Geschriebene ist von untergeordneter Bedeutung verglichen mit dem, was durch Verhalten zum Ausdruck gebracht wird. Wichtiger als das Papier oder die schöne Rede sind die Signale, die das Management durch sein Verhalten aussendet. So werden selbst Wortwahl, Tonfall oder Argumentationsweisen von den Mitarbeitenden sensibel wahrgenommen. Was beachtet, betont und kontrolliert wird, hat den Charakter von Botschaften und zeigt den Mitarbeitenden die dahinterliegenden Werte auf. Emotionale Reaktionen oder Verhalten in Krisensituationen vermitteln das Führungsverständnis des Managements besonders nachhaltig. In Krisen erwarten die Mitarbeitenden Orientierung. Die Führungskräfte werden zu Projektionsflächen für Ängste und Wünsche ihrer Mitarbeitenden. Im Wandel ist eine werteorientierte Führung gefordert, die auf einen Wandel des Bewusstseins hinarbeitet.

Führungskräfte müssen sich fragen:

- Bin ich selber bereit zu lernen?
- Wie viel Engagement/Energie verwende ich auf die Veränderungen?
- Was betone, beachte, kontrolliere ich?
- Gebe ich genügend Unterstützung?
- Setze ich konsequent um?

Es brauchen nicht alle zuzustimmen, aber es müssen alle gehört werden.

Symbolische Handlungen, Geschichten, Anekdoten, Rituale, Zeremonien haben oft außergewöhnliche Signalwirkung. Sie vermitteln Sicherheit und Verbundenheit und zeigen den Mitarbeitenden, was wichtig ist. Symbolisieren heißt, Bedeutung verleihen. In Zeiten des Wandels prägen sich symbolische Handlungen besonders gut ein. Formen und Möglichkeiten symbolischer Handlungen sind vielfältig und keinesfalls auf große Zeremonien und Rituale beschränkt. Beispiele symbolischer Maßnahmen sind:

- alle unterschreiben Charta des Wandels
- jeder erhält eine neue Brille
- aufrüttelnde 5-Minuten-Rede
- „heilige Kühe", die für alle sichtbar geschlachtet werden

Die meisten Führungskräfte sind sich der symbolischen Wirkung ihrer Führung zu wenig bewusst. Bestimmte Dinge systematisch zu beachten, ist beispielsweise eine sehr wirksame Möglichkeit, eine Botschaft zu vermitteln. Symbolbewusste Führungskräfte sind jederzeit sichtbar und hörbar. Sie verstärken und schwächen ab. Sie statuieren Exempel, loben und tadeln. Sie vermitteln Erfolgserlebnisse und haben den Mut besondere Leistungen herauszustellen. Sie sind gute Geschichtenerzähler.

Harte Faktoren

Wandel braucht Köpfe. Deshalb sind Auswahl, Einsatz und Unterstützung der Fahnenträger entscheidend. Erfolgreiche Unternehmen haben *Exponenten des Wandels*, die es verstehen, sich und andere für den Wandel zu begeistern. Sie werden sorgfältig ausgewählt. Mit einer Personenanalyse sind Verbündete, Change Agents, Promotoren sowie die Negativen und Kritischen auszumachen. Die Kenntnis der Veränderungsbereitschaft und des Potenzials hilft Veränderungsteams richtig zusammenzusetzen. Es ist wichtiger, diejenigen die wollen, zu unterstützen, als diejenigen, die ablehnend sind, mit großem Aufwand bekehren zu wollen. Weil die technischen und kulturgestaltenden Fähigkeiten selten in einer Person vereinigt sind, kann es sinnvoll sein, die beiden Change-Aspekte verschiedenen Personen zu übertragen. Nicht vergessen werden sollten die informellen Führer. Wenn sie nicht gewonnen werden können, erweist sich Wandel meist als schwierig. Wandel bewältigen heißt, die richtigen Leute zusammenbringen und sie coachen.

Wandel kann durch entsprechende *Rahmenbedingungen* wie Strukturen und Prozesse und ein sorgfältiges Projektmanagement gefördert und unterstützt werden. Die allgemeinen Regeln des Projektmanagements gelten auch für Projekte des Wandels. Auch sie brauchen klare Ziele, Teilziele, Meilensteine und Vereinbarung von Aufgaben und Verantwortlichkeiten. Substantieller Wandel verlangt vielfach auch eine Neuverteilung der Ressourcen und Arbeitsmittel und ruft nach weniger starren, einengenden Pflichtenheften und Vorschriften sowie angepassten Anreizsystemen. Quantitative und qualitative Standards und Spielregeln machen den Fortschritt messbar.

Ein weiterer Beitrag können *Qualifizierungsmaßnahmen* sein. Die Metaskills (Reflexion, Wertebewusstsein, Prozess- und Projektmanagement) sollten gezielt unterstützt werden. Änderungen von lange bestehenden Verhaltensmustern brauchen Zeit, Geduld und regelmäßiges Training. Gelernt wird vor allem in Projekten und durch neue Aufgaben, die in Zeiten des Wandels besonders häufig vorhanden sind.

Das Wichtigste in Kürze

Wandel gelingt nur, wenn auch die Bedürfnisse der Mitarbeitenden nach Sicherheit und Verbundenheit einbezogen werden. Durch sichere Arbeitsplätze und den Verzicht auf nicht unbedingt notwendige Veränderungen, wird dem Sicherheitsbedürfnis Rechnung getragen.

Ein weiterer Schlüssel gelingender Veränderungen sind wertschätzende Beziehungen, die die Mitarbeitenden emotional einbeziehen und sie bei ihren Ängsten abholen.

Werden Veränderungsprojekte und – prozesse systematisch reflektiert, werden Unternehmen zu lernenden Unternehmen. Wandel verlangt den Mut, sich hineinzubegeben und aus Erfahrungen und durch Reflexion zu lernen.

Wandel braucht ein unternehmensspezifisches Design, das auch die weichen Elemente berücksichtigt (Engagement des Managements, Einbezug der Mitarbeitenden, symbolische Handlungen). Weich schlägt hart.

Literatur

Doppler, K., & Lauterburg, Ch. (2008). *Change Management: den Unternehmenswandel gestalten* (12. Aufl.). Frankfurt a.M.: Campus.

Hüther, G. (2011). *Was wir sind und was wir sein könnten – ein neurobiologischer Mutmacher.* Frankfurt a.M.: Fischer.

Kübler-Ross, E. (2001). *Interviews mit Sterbenden.* München: Droemer Knaur.

Purps, S. (9/2012). Die Handbremse im Kopf der Mitarbeiter lösen. *HR-Today.*

Das Mächtige in der Mitarbeiterführung

5

5.1 Die Führungskräfte prägen, und das Mächtige prägt die Führung

Die Forschung hat Führung als wichtigsten langfristigen Erfolgsfaktor identifiziert. Fehlendes Engagement von Mitarbeitenden haben in der Regel schlechte Führungskräfte zu verantworten (Gallup-Umfrage 2014). Die Unternehmenskultur wird vor allem vom Management und den Führungskräften geprägt. Jedes Unternehmen ist auf Führungskräfte angewiesen, die die Werte und die Kultur des Unternehmens mittragen und vorleben. Sie sind die Kulturminister und Rollenmodelle. Unternehmenskulturgestaltung beginnt beim Chef. Sie ist nicht delegierbar. Das Commitment der Vorgesetzten ist entscheidend. Die Führungskräfte sind Multiplikatoren im Wertesystem und Impulsgeber im Wandel. Sie sind die eigentlichen Regisseure der Umsetzung, weil sie am nächsten bei den Mitarbeitenden sind. Nur sie können eine persönliche Beziehung aufbauen. Studien belegen, dass Führung die Arbeitszufriedenheit, das Engagement der Mitarbeitenden und die Umsetzung von Strategien und Systemen bestimmt. Es besteht ein enger Zusammenhang zwischen der Führungsqualität und dem finanzwirtschaftlichen Geschäftsergebnis. Markterfolge sind Führungserfolge. Führen wird immer mehr zum entscheidenden Erfolgsfaktor.

An die Führung werden deutlich höhere Qualitätsansprüche gestellt. Einerseits wollen die Mitarbeitenden individueller behandelt und auch emotional angesprochen werden. Vernetzte Strukturen stellen zusätzliche Ansprüche. Andererseits wird die für die Führung zur Verfügung stehende Zeit immer knapper. Druck, Stress und Isolierung der Führungskräften nimmt zu. Damit öffnet sich eine verhängnisvolle Schere. Die Führungskräfte brauchen mehr Zeit für die Führungsaufgabe und sind selber auf Unterstützung angewiesen.

Den hohen Anforderungen steht eine ernüchternde Realität gegenüber. Nur ein Drittel der Mitarbeitenden sind zufrieden mit ihren Vorgesetzten. Zwei Drittel der Austritte

© Springer Fachmedien Wiesbaden 2016
J.-M. Kobi, *Neue Prämissen in Führung und HR-Management*,
DOI 10.1007/978-3-658-12112-9_5

erfolgen primär aufgrund menschlicher Schwierigkeiten und Mängeln in der Führung. Zwischen Selbst- und Fremdbild der Führungskräfte klafft eine große Lücke. Während nur wenige Führungskräfte glauben, schon einmal Ursache einer Kündigung gewesen zu sein, sehen das die Mitarbeitenden ganz anders (Information Factory 2014). Die Diskrepanz zwischen propagiertem und gelebtem Führungsstil ist groß. Viele Leitbildaussagen und Führungsgrundsätze bleiben Lippenbekenntnisse. Über Führungsmängel wird großzügig hinweggesehen, obwohl sie für die Mitarbeitenden der häufigste Demotivationsfaktor sind. Führung hat einen geringen Stellenwert. Sie erfordert mehr Engagement, Professionalität und Zeit. Das ruft nach einem Quantensprung in der Führungsqualität, die in Zukunft gemessen und belohnt werden sollte. An die Auswahl und Entwicklung von Führungskräften sind hohe Anforderungen zu stellen. Einstellungen und Beförderungen von Führungskräften sind darauf hin zu beurteilen, ob sie die Unternehmenswerte zu stützen vermögen und eine mitarbeiterorientierte Grundhaltung besitzen.

Führungskräfte sehen sich verschiedenen Spannungsfeldern ausgesetzt. Sie müssen eine sinnvolle Balance finden zwischen:

- Führungstechnik und Führungskultur
- Aufgabenorientierung und Mitarbeiterorientierung
- Kontrolle und Vertrauen
- Laisser-faire und Orientierung geben
- fordern und fördern

5.2 Führung ist eine Frage der Haltung

Führung ist eine Frage von Grundhaltungen, die den Menschen ins Zentrum stellen:

- Man muss führen wollen. Das ist gerade bei guten Fachkräften, die zu Führungskräften gemacht wurden, nicht selbstverständlich.
- Man muss Menschen mögen und die Mitarbeitenden auch in schwierigen Zeiten als wertvollste Ressource betrachten. Menschenführung setzt echtes Interesse an den Mitarbeitenden und eine fürsorgerische Grundhaltung voraus.
- Es lohnt sich, die Mitarbeitenden als entwicklungsfähig, leistungsbereit und engagiert zu betrachten: „Wenn wir die Menschen sehen, wie sie sind, machen wir sie schlechter, wenn wir sie behandeln, als wären sie, was sie sein sollten, bringen wir sie dahin, wohin sie zu bringen sind" (nach Goethe). Statt von Schwächen ist von Stärken und Potenzialen auszugehen.
- Je höher die Erwartungen des Chefs, desto mehr leisten die Mitarbeitenden. Sie wünschen und erwarten, dass ihre Führungskräfte die Richtung vorgeben, möchten gleichzeitig aber auch genügend Spielraum, um die gesteckten Ziele selbständig zu erreichen.

5.2.1 Führungskultur statt Führungstechnik

Rein fachliche Führung und gute Führungsinstrumente genügen immer weniger. Führungstechnik ohne Führungskultur bleibt ebenso Stückwerk wie Führungskultur, die sich nicht auf eine solide Führungstechnik stützen kann. Weder Führungskräfte ohne Mitarbeiterorientierung noch mitarbeiterorientierte Führungskräfte ohne Erfolgsorientierung sind auf Dauer erfolgreich. Auch in der Führung geht es nicht um einseitige Orientierung, sonder darum, die richtige Balance zu finden.

Welcher Führungsstil effektiv ist, hängt von Personen, Aufgaben und Umfeld ab. Für unterschiedliche Situationen und Kontexte können unterschiedliche Führungsstile angemessen sein. Die besten Führungskräfte sind imstande, situationsbezogen mehrere Führungsstile einzusetzen. Welcher auch immer gepflegt wird, entscheidend ist, dass er zur Person passt. Erfolgreiche Führung beruht auf authentischen Managementprinzipien, die kontinuierlich angewendet werden. Die Mitarbeitenden werden zu besonderen Leistungen motiviert, indem ihnen die Führungskräfte eine Vision aufzeigen, als Vorbilder wirken und sich für die Mitarbeitenden interessieren.

5.2.2 Führungskultur hat ihre Wurzeln in Grundannahmen und Werten

Die limbischen Bedürfnisse und die Werte sind auch Grundlage der Führung. Wenn den Mitarbeitenden Sicherheit und persönliche Beziehung am wichtigsten sind, muss Führung eine Wertegemeinschaft herstellen und pflegen, die den Mitarbeitenden ein Gefühl von Heimat und Sicherheit vermittelt. Ganzheitliche Führung umfasst alle vier limbischen Felder, betont aber Sicherheit und Verbundenheit speziell, weil sie Grundlage von Leistung und Motivation sind und bisher wenig Aufmerksamkeit genossen.

Führungsbezogene Stichworte zu den wichtigsten limbischen Bedürfnissen sind aus Abb. 5.1 ersichtlich.

5.2.3 Führung ist nur beschränkt lernbar – Die Richtigen auswählen und ihnen Erfahrungen ermöglichen

In der Forschung ist umstritten, ob und inwieweit Führung lernbar ist. Sicher gibt es geborene Führungspersonen und eben auch andere. Nicht alle Aspekte erfolgreicher Führung können ohne entsprechende Begabung entwickelt und trainiert werden. Ohne mitarbeiterbezogene Gene ist Führungsqualität schwer zu erreichen. Zudem müssen Führungskräfte in die Unternehmenskultur passen und sie mittragen. Deshalb ist schon bei der Auswahl und Entwicklung von Führungskräften großer Wert auf die entsprechenden Eigenschaften zu legen. Die Richtigen auswählen kommt vor Führungskräfteentwicklung.

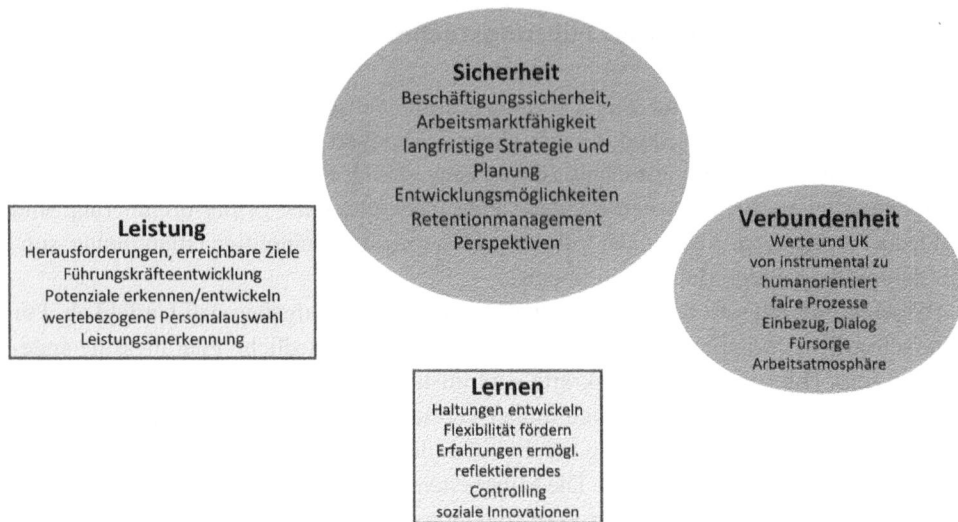

Abb. 5.1 Das Mächtige in der Mitarbeiterführung

Wenn es auch schwierig ist soziale Kompetenz zu lernen, kann mindestens versucht werden, Führungskräften neue Erfahrungen zu ermöglichen (s. Kap. 6.9.3). Außerdem können sie darin unterstützt werden, das Wertesystem für ihre Führungsarbeit zu nutzen.

5.3 Erfolgreiche Führung unterstreicht das Sicherheitsbedürfnis

Die meisten Mitarbeitenden suchen nicht unbeschränkte Flexibilität und Mobilität, sondern verlässliche, berechenbare Beziehungen, Stabilität und Kontinuität. Grundsicherheit ist die unverzichtbare Voraussetzung, damit Mitarbeitende bereit sind, sich unternehmerisch und innovativ einzubringen. Die allgemeine Verunsicherung durch schnelle Veränderungen erzeugt eine Sehnsucht nach Orientierung und Führung. Paradoxerweise fühlen sich Mitarbeitende sicherer, wenn die Vorgesetzten klar artikulieren, was sie von ihnen erwarten und selber Sicherheit ausstrahlen. Führungskräfte haben für Stabilität zu sorgen und Orientierung zu vermitteln. Dazu gehören Vertrauen, Konsequenz und Ausdauer sowie Verbindlichkeit und Vorbild.

Vertrauen gibt Sicherheit und stellt Bindung her. Vertrauen entscheidet darüber, ob Mitarbeitende bereit sind, sich auf unbekanntes Gelände zu begeben und besondere Leistungen zu erbringen (Sprenger 2004).

Das Vertrauen in den eigenen Arzt beeinflusst den Genesungsprozess. Ganz ähnlich bestimmt das Vertrauen in die Führungskräfte und das Management Identifikation, Motivation und Commitment der Mitarbeitenden. Es wirkt sich auch auf Leistung und Innovation aus. Nur wenn Menschen einander vertrauen, arbeiten sie schnell und effizient zusammen. Vertrauen bringt das Zusammenarbeitspotenzial zum Tragen. Es erlaubt Handlungen auf

Kredit, die sonst unterblieben wären. Ohne gegenseitiges Vertrauen gibt es kein funktionierendes Miteinander. Jede Führungskraft muss sich fragen: Wem vertraue ich? Wer vertraut mir?

Die ökonomische Bedeutung von Vertrauen kann kaum überschätzt werden. Wenn Dinge mit den bekannten Warum-Fragen hinterfragt werden, bleibt als letzter Grund meist das Vertrauen. Vertrauen wird langsam vermehrt, aber schnell zerstört. Ein einziger Vertrauensbruch kann Vertrauen in Misstrauen kippen lassen. Vertrauen wie Misstrauen sind ansteckend. Der Wert des Vertrauens lässt sich erst ermessen, wenn es verloren gegangen ist. Wer sich die Misstrauenskosten vergegenwärtigt, nimmt Verlust an Vertrauenskapital sensibler wahr und sucht Vertrauen entschlossener zu erhalten. In vielen Unternehmen sind Entwicklungen blockiert, weil das Grundvertrauen zwischen Management und Mitarbeitenden, Unternehmensleitung und Arbeitnehmervertretungen, zentralen und dezentralen Einheiten usw. dauerhaft beeinträchtigt ist.

Dauernder Wandel, Unternehmensskandale, Beispiele von Gier in Managementetagen, Entlassungen und die mit der Globalisierung verbundenen Ohnmachtsgefühle haben das Vertrauen in Unternehmen untergraben. Die Wirtschaftsexponenten leiden heute unter Verlust an Glaubwürdigkeit und Vertrauen. Enttäuschung, ja Misstrauen ist ihnen gegenüber weit verbreitet. Es ist eine zentrale Führungsaufgabe, Vertrauen neu zu etablieren.

Weil die Vorgesetzten gegenüber den Mitarbeitenden in der stärkeren Position sind, haben sie ihnen gegenüber auch eine besondere Verpflichtung. Die Vorleistung des Vorgesetzten besteht darin, den Mitarbeitenden einen Vertrauensvorschuss zu gewähren, hemmende Rahmenbedingungen abzubauen, Sicherheit zu vermitteln und sie nötigenfalls abzuschirmen. Die Mitarbeitenden brauchen die Erlaubnis des Vorgesetzten, damit sie es wagen, Neuland zu betreten und zu lernen. Leistung setzt Können (Potenzial), Wollen (Motivation) und Dürfen (Erlaubnis) voraus. Können und Wollen kommen erst durch das Dürfen zum Tragen. Der Beitrag des Vorgesetzten liegt primär im Zulassen und im Gewähren einer hohen Autonomie als Voraussetzung des Wollens. Führen heißt, Spielraum geben und hemmende Rahmenbedingungen abbauen.

Die Mitarbeitenden vertrauen dem Management und ihren Vorgesetzten nur, wenn sie sich respektiert und fair behandelt fühlen. Psychologische und soziologische Studien zeigen, dass der Mensch unter Vertrauensbedingungen aufblüht. Zu spüren, dass der Vorgesetzte an einen glaubt („Ich glaube, sie schaffen es"), ist der grösste Vertrauensbeweis. Ein positives Menschenbild ist oft eine sich selbst erfüllende Prophezeiung. Vertrauen zu schenken ist eine Entscheidung und eine innere Einstellung.

Vertrauen wird in der Regel mit Vertrauen belohnt. Je mehr Vertrauen gegeben wird, desto mehr fühlt sich der Empfänger verpflichtet, ihm gerecht zu werden. Vertrauen entsteht durch die Erfahrung von verlässlichem Geben und Nehmen. Vertrauen zu Vorgesetzten oder zu Unternehmen gründet in konkreten vertrauenfördernden Handlungen und in gemeinsam gelebten Werten. Während die traditionelle ökonomische Theorie vom Kontrollansatz ausgeht, ist für die verhaltenswissenschaftliche Managementlehre der Vertrauensansatz wegweisend. Kontrolle im Übermaß schadet dem Vertrauen und wird als Misstrauen ausgelegt. Kontrollsysteme sind wesentlich aufwändiger als Vertrauen. Die

Misstrauenskosten dürften sogar höher sein, als wenn im Einzelfall Vertrauen nicht honoriert wird (Wüthrich et al. 2009, S. 63 ff.). Misstrauen macht nämlich Mitarbeitende listig. Misstrauen zieht Misstrauen an und enthält damit ein großes Risikopotenzial. Mitarbeitende, die übermäßig kontrolliert werden, legen das als Ausdruck von Misstrauen aus, schränken ihren Einsatz ein und beginnen im schlimmsten Fall sogar, sich zu rächen, indem sie ihren Arbeitgeber schädigen (Dienst nach Vorschrift, kleine Diebstähle usw.). Im Zweifel lohnt es sich also, zu vertrauen.

Vertrauen lebt von Verlässlichkeit, Verbindlichkeit, Ehrlichkeit, Fairness, Integrität und Konstanz. Vertrauen entsteht, wenn die Führungskräfte verlässlich und vorhersehbar handeln und wenn für alle im Unternehmen die gleichen Regeln gelten. Klare Rahmenbedingungen schaffen Sicherheit.

Gebrochenes Vertrauen zerstört die Grundkraft der Gemeinschaft: die Bindung. In einer Situation von Misstrauen kann Vertrauen nur in einem Prozess wieder hergestellt werden, in dem bisherige Vertrauensbrüche thematisiert und neue Interventionen vertrauenswürdig gestaltet werden.

Wer sich auf die langfristigen Ziele konzentriert und seinen Mitarbeitenden immer vermitteln kann, wohin die Reise geht, kann sie besser mitreissen. **Verbindlichkeit und Verlässlichkeit** heißt: klare Aufträge erteilen und Standards setzen, schnelle erste Schritte einleiten, Disziplin in der Umsetzung sowie Messung des Erfolges. Konsequenz und Ausdauer sind entscheidend.

Mitarbeitende wollen es mit authentischen Vorgesetzten, nicht mit abgehobenen Managern zu tun haben. Persönliches Commitment und Engagement erzeugt Energien. Die Mitarbeitenden spüren sehr wohl, ob ihre Vorgesetzten authentisch, integer, verlässlich, geradlinig, ehrlich, respektvoll und engagiert sind. Die ideale Führungskraft gleicht dem „konfuzianischen Edlen", der versucht, fair und menschlich zu führen, die Extreme meidet und als Vorbild wirkt. Nur wer bewegt ist, kann andere bewegen. Begeisterungsfähigkeit und Engagement sind das Geheimnis erfolgreicher Musiker, Pädagogen, aber auch Unternehmer und Führungskräfte.

5.4 Führung gestaltet Beziehungen

Eine wichtige Botschaft der Neurologie für die Führungskräfte ist, dass eine gute Beziehungs- und Kommunikationskultur keine Folklore darstellt, sondern ein hochrelevanter Faktor, der das Engagement und die Performance der Mitarbeitenden entscheidend beeinflusst. Zur Sachebene muss die Beziehungsebene kommen. So wie das Kind Geborgenheit, Lebensmut und soziale Kontakte braucht, sind auch die Mitarbeitenden darauf angewiesen, um zu wachsen. Die Beziehungswerte werden immer mehr zum Nadelöhr guter Führung. Sowohl Führungskräfte als auch Mitarbeitende halten denn auch einen Paradigmenwechsel in der Art der Zusammenarbeit für dringend erforderlich.

Beziehungsorientierte Führung zeigt sich in:

- Einfühlungsvermögen, Aufmerksamkeit, individualisierter Führung
- Wertschätzung, Respekt, Anerkennung, Wohlwollen, menschlichen Beziehungen
- Fairness, Gleichbehandlung
- Einbezug der Mitarbeitenden
- persönlichem Gespräch sowie
- Unterstützung und Anerkennung

5.4.1 Einfühlungsvermögen, Aufmerksamkeit und individualisierte Führung

Der Hawthorne-Effekt, entdeckt bei Experimenten in den Hawthorne-Werken (Illinois, USA), besagt, dass fast jede Art von Aufmerksamkeit, die den Mitarbeitern gewidmet wird, deren Produktivität stimuliert. Das Markenzeichen charismatischer Führungskräfte ist die Fähigkeit zu kurzer, aber ungeteilter Aufmerksamkeit und menschlicher Verbundenheit. Die Kenntnis der Mitarbeitenden und Einfühlungsvermögen „öffnen" die Mitarbeitenden. Es geht darum, dass die Führungskräfte sich in die Schuhe der Mitarbeitenden stellen. Die Mitarbeitenden wollen sich be- und geachtet fühlen. Gute Führungskräfte sind gute Beobachter, spüren die Bedürfnisse der Mitarbeitenden und gehen darauf ein. Es ist unsinnig, alle über einen Leisten schlagen zu wollen. Die Mitarbeitenden sind so unterschiedlich zu behandeln, wie sie eben unterschiedlich sind. Gefordert ist eine individualisierte Führung.

Wer sensibel gegen sich selbst ist und die eigene Achtsamkeit und Aufmerksamkeit steigert, hat bessere Voraussetzungen, auch sensibel gegenüber andern zu sein. Die Mitarbeitenden müssen spüren, dass der Vorgesetzte an ihrer Arbeit Anteil nimmt. Diese Aufgabe erfüllte früher der Patron, wenn er täglich durch die Werkhallen ging und dabei nah an den Mitarbeitenden vieles mitbekam.

5.4.2 Wertschöpfung beginnt mit Wertschätzung

Leistungsbereit sind Menschen auf Dauer nur, wenn sie als selbständige Individuen geschätzt werden und sich in einem Team wohl fühlen. Menschenführung setzt eine Grundhaltung von Respekt und Wertschätzung voraus. Gemäß Hüther (2011) entsteht Motivation nur, wenn Menschen das Gefühl haben, ihr Potenzial in die Arbeit einbringen zu können und dabei Wertschätzung und Verbundenheit zu erfahren. Menschlicher Kontakt ist das A und O jeder Führung.

Wertschätzung heißt, gesehen zu werden. Die Mitarbeitenden wünschen sich Vorgesetzte, die wissen, was an der Basis geschieht, und die ihnen etwas zutrauen (Kaduk et al.

2013, S. 77). Die meisten Mitarbeitenden legen wert darauf, in ihrem Arbeitsumfeld akzeptiert und anerkannt zu sein. Ein Klima der Wertschätzung wirkt sich positiv auf ihre Motivation, das Arbeitsklima, aber auch auf die Kreativität und die Gesundheit der Mitarbeitenden aus.

5.4.3 Mitarbeitende fair behandeln und sie einbeziehen

Im Sinne der goldenen Regel gilt, dass fair ist, wer sich gegenüber jeder Person so verhält, wie er selbst behandelt werden möchte. Viele Mitarbeitende fühlen sich nicht wahrgenommen und haben Mühe, den Sinn ihrer Arbeit zu sehen. Sie haben nicht das Gefühl, ihre Inputs seien erwünscht.

Es braucht eine Führungshaltung, die von mündigen Mitarbeitenden ausgeht und nicht annimmt, sie seien opportunistisch und maximierten nur ihren Vorteil. Wenn den Mitarbeitenden ermöglicht wird, selbstbestimmt zu arbeiten, steigen für sie Wert und Bedeutung der Arbeit. Nach Hüther (2011) „beginnen dabei die Hirnregionen, in denen unbeachtete Potenziale verborgen sind, besonders aktiv zu werden". Wenn Führungskräfte ihren Mitarbeitenden die Möglichkeit zur Mitgestaltung geben, erleichtern sie die Potenzialentfaltung, schaffen die Grundlage für neuronales Wachstum und damit für das Meistern neuer Herausforderungen. Menschen, die sich am Arbeitsplatz einbringen können, sind zufriedener mit sich und ihrer Umwelt als andere.

Wahl- und Entscheidungsmöglichkeiten sind in verschiedenen Bereichen möglich (Wahl von Pensionskassenleistungen, Fringe Benefits usw.). Es geht darum, einen Rahmen zu schaffen, der eine partizipative und eigenverantwortliche Arbeit erlaubt. Das eher schwach ausgeprägte Hierarchiedenken in der Schweiz vermag möglicherweise die vergleichsweise hohe Arbeitszufriedenheit teilweise zu erklären.

In allen Mitarbeitenden steckt weit mehr, als sie zeigen. Mit entsprechendem Führungsverhalten können „stille" Potenziale geweckt werden. Eine der wichtigsten Aufgaben der Führungskräfte ist es, die Talente ihrer Mitarbeitenden zu erkennen und ihnen Aufgaben zu geben, für die sie sich leidenschaftlich einzusetzen bereit sind. Manchmal muss man die Mitarbeitenden überschätzen und ihnen mehr zutrauen. Menschen bringen ihre Talente ein, wenn sie sich mit dem, was sie tun, wirklich identifizieren. Werden sie entmündigt, machen sie Dienst nach Vorschrift. Übertragen von zu viel Verantwortung kann allerdings Mitarbeitende auch überfordern. Heute scheint die Gefahr „auszubrennen" besonders groß.

5.4.4 Das persönliche Gespräch ist durch nichts zu ersetzen

Untersuchungen zeigen, dass die Zufriedenheit der Mitarbeitenden in dem Maße steigt, in dem sie das Bewusstsein haben, frei mit ihren Vorgesetzten diskutieren zu können.

Erfolgreiche Führung lebt von Kommunikation und Dialog. Sinnantworten können wahrscheinlich nur im Gespräch glaubwürdig vermittelt werden. Ohne Kommunikation kann keine Vertrauensbeziehung aufgebaut werden. Führung scheitert, wenn Führungskräfte nicht offen und ehrlich mit ihren Mitarbeitenden kommunizieren.

Kommunikative Führungskräfte füllen ihre Rolle weit besser aus als Formalisten. Wenn Führungskräfte die Mitarbeitenden persönlich ansprechen, auf Augenhöhe mit ihnen diskutieren, mehr mündlich als schriftlich kommunizieren, springt der Funke leichter über als in unpersönlicher elektronischer Form. Heute braucht es vielleicht weniger Mails und Social Media, aber mehr direkte Gespräche. Der CEO einer Bank erklärte: „Nach eingehender Prüfung moderner Kommunikationsmittel sind wir auf eine Technik gekommen, die in ihrer Effizienz unerreicht ist, das persönliche Gespräch." Das Gespräch ist das Herzblut einer guten Kommunikation. Einseitige Delegation an das Internet verdrängt die Verbundenheit und Verbindlichkeit. Möglicherweise haben sich auch Video-Konferenzen deshalb nicht breit durchgesetzt, weil die Mitarbeitenden den direkten persönlichen Kontakt vermissen.

Limbisch kommunizieren, heißt:

- persönliche Beziehungen pflegen, nicht nur digital
- weniger schriftlich, mehr mündlich (Face-to-face-Kommunikation)
- Informationen in beide Richtungen fließen lassen
- Bilder verwenden
- Rituale pflegen

Ein engagiertes Gespräch mit den Mitarbeitenden und konstruktives Feedback kosten zwar Zeit und Engagement, bringt aber hohen Nutzen.

5.4.5 Unterstützung, Anerkennung

Die Führungskräfte werden immer mehr zu Coaches, die ihren Mitarbeitenden helfen, ihre Ziele besser zu erreichen, indem sie Prozesse initiieren, Feedback geben und unterstützen. Jeder Vorgesetzte entscheidet im Grunde selber, wie viel er aus seinen Mitarbeitenden herausholt.

Anerkennung von Leistung ist deutlich seltener als Leistungsforderung. Gemäß Gallup-Umfrage (2014) erhalten nur 19 % der Mitarbeitenden Lob und Anerkennung. Auch auf eine Rückenstärkung in schwierigen Situationen warten sie oft vergeblich. Obwohl die Bedeutung von Anerkennung und positiven Botschaften anerkannt ist, tun sich viele Führungskräfte schwer damit. Zu oft wird nach der Devise gehandelt: „Wenn ich nichts sage ist es schon recht", statt die Mitarbeitenden bei einer guten Tat zu „ertappen". Ehrlich gemeinte Anerkennung festigt Verhaltensweisen. Sie ist umso wirkungsvoller, je spontaner sie erfolgt. Mitarbeitende sind deutlich besser, wenn man ihnen ein Gefühl der Anerkennung vermitteln kann.

5.4.6   Die Meisterstufe – Sinn, Spaß, Spielraum

Auf einen einfachen Nenner gebracht, muss Arbeit sinnvoll sein, Spaß machen und Spielraum beinhalten.

Der Sinn menschlicher Leistung muss für die Mitarbeitenden erkennbar sein. Das bedeutet für die Führungskräfte, Entscheidungen zu begründen und vor einen Hintergrund zu stellen, Zusammenhänge aufzuzeigen und die Ergebnisse zu reflektieren. Das Image des Unternehmens oder die „gute Sache", für die das Unternehmen steht, können Sinn vermitteln. Wer einbezogen wird, Einfluss nehmen und sich persönlich entwickeln kann, sieht den Sinn seiner Arbeit eher. Ganzheitliche Aufgaben vermitteln Sinn und konstruktives Feedback und Anerkennung machen ihn zusätzlich deutlich.

Eine Hauptaufgabe der Führung ist, Sinn und Bedeutung der Arbeit erkennbar zu machen. Als Sinnstifter kommen in Frage:

- Bezug der Arbeit zum Gesamtergebnis aufzeigen und die Aufgaben möglichst ganzheitlich gestalten
- wertschätzende Kultur
- Freiräume für eigenverantwortliches Handeln
- Möglichkeiten, sich einzubringen
- offene Information
- die Mitarbeitende am Erfolg teilhaben lassen
- sozialer Zusammenhalt
- Entwicklungsmöglichkeiten

Bei Goretex gilt der Leitspruch „To make money and to have fun". Im Zeitalter der Erlebniswelten will der Mitarbeitende auch am Arbeitsplatz Spaß haben. Dazu können eine unkomplizierte, persönliche Atmosphäre (Teamgeist, Humor, Plauschveranstaltungen usw.), ein lockerer Führungsstil, persönliche Zuwendung, Dialog, Partnerschaft, abwechslungsreiche, herausfordernde Aufgaben, Erfolge, die auch gefeiert werden, spontane Anerkennung und Möglichkeiten, Neues zu erproben, beitragen. Besonders häufig ist ein solcher Stil mit täglichen High lights in jungen IT-Firmen anzutreffen.

Voraussetzung für Spielraum sind Vertrauen, offene Strukturen/Systeme und Rahmenbedingungen (wenig Hierarchie, Weisungen, Reglemente, keine einengenden Pflichtenhefte). Spielraum geben bedeutet, Aufgaben und Entscheidungen auf die tiefstmögliche Ebene zu delegieren, auf ein breites Aufgabenspektrum hinzuwirken (wenig Spezialisierung, Job Enrichement, Job Enlargement) und Wahlmöglichkeiten (Arbeitszeit-Souveränität, Cafeteria-Systeme) anzubieten. Abhängig von ihrer individuellen Situation und ihrer Reife brauchen die Mitarbeitenden mehr oder weniger Spielraum. Für alle sollten aber Rahmenbedingungen gelten, die es ihnen erlauben, neue und emotional bedeutsame Erfahrungen zu machen.

5.5   Experimentieren und Reflektieren in der Führung

Lernen durch Handeln setzt voraus, dass man handeln darf. Die Mitarbeitenden brauchen die Erlaubnis des Vorgesetzten. Freiräume sind die Voraussetzung, damit sie es wagen, Neuland zu betreten.

Führen heißt nicht steuern, sondern Impulse geben und reflektieren. Es sind Rahmenbedingungen zu schaffen, die bei den Mitarbeitenden die Bereitschaft wecken, vertraute Arbeitsweisen aufzugeben und sich mit Neuem anzufreunden. Zu oft werden Nachwuchsleuten die Flügel gestutzt, und später ist man erstaunt, dass sie nicht mehr fliegen können.

Jeder echte Dialog beinhaltet Reflexionsmöglichkeiten. Reflexion muss auch nicht aufwändig sein. Ein „Weiter so" oder „gute Idee" kann genügen. Auch die bestehenden Führungsinstrumente enthalten vielfältige Feedbackmöglichkeiten. Reflexionsfähigkeit ist eine Schlüsselkompetenz, um erfolgreich zu führen. Bei den Mitarbeitenden kann durch gezielte Denkanstöße und kritische Fragen Selbstreflexion ausgelöst werden. Fragen führen zu einer Auseinandersetzung mit Erfahrungen, Werten, Motiven und zeigen neue Handlungsmöglichkeiten auf.

Eine herausragende Reflexionsmöglichkeit ist das Mitarbeitergespräch. Zwar wird es oft als Last empfunden. In der Hälfte der Fälle löst das Gespräch wenig aus oder es ist sogar demotivierend. Wenn aber beim Jahresgespräch vor allem Werte, die Art der Zusammenarbeit und die gegenseitigen Erwartungen thematisiert werden, kann es positive Impulse geben.

5.6   Mächtige Führungsgrundsätze

Einen allgemeingültigen Führungsstil gibt es nicht. Unternehmen sollten aber aufzeigen, welche Werte im ganzen Unternehmen gelten und von allen erwartet werden. Gestützt auf die limbischen Bedürfnisse können die folgenden Stichworte formuliert werden (Abb. 5.2).

Die Führungsgrundsätze eines Versicherungsunternehmens nehmen die limbischen Bedürfnisse wie folgt auf (Abb. 5.3):

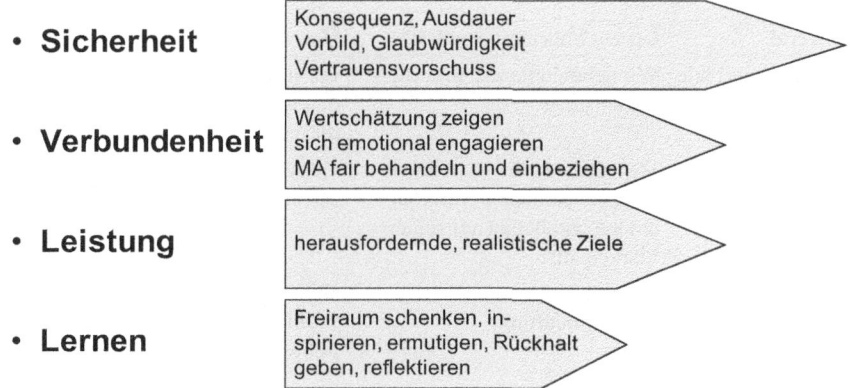

Abb. 5.2 Beispiel limbischer Führungsgrundsätze

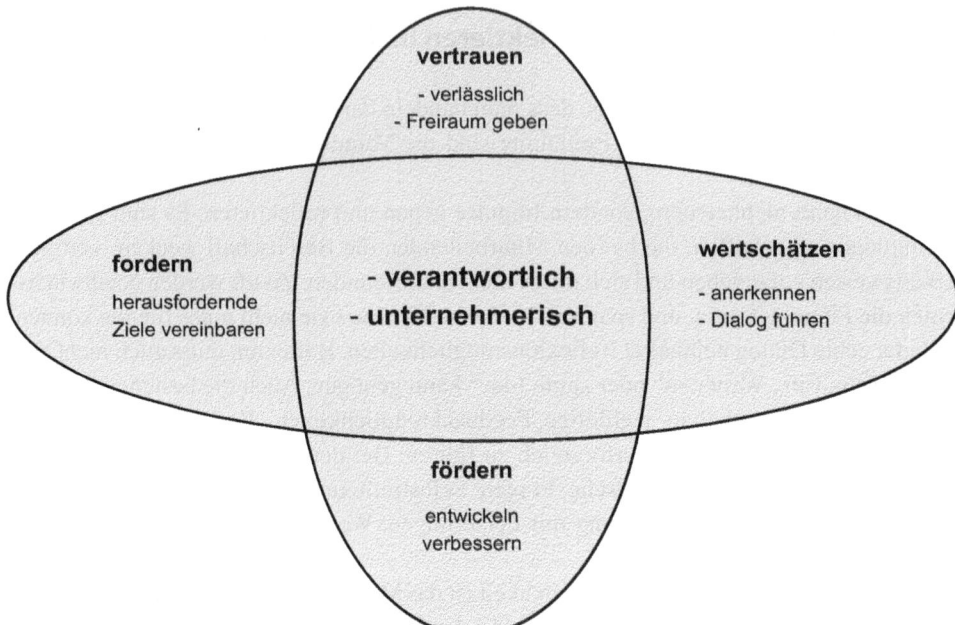

Abb. 5.3 Führungsaspekte eines Versicherungsunternehmens

Viele Unternehmen haben Führungsgrundsätze formuliert. Als Ergebnis einer intensiven Auseinandersetzung auf breiter Basis sind sie wertvoll. Der Nutzen liegt im Prozess selbst. Führungsgrundsätze können auch eine gute Grundlage für die Führungsentwicklung darstellen. Häufig bleiben aber die schönen Grundsätze Papier. Sie werden möglicherweise professionell getextet und als Kartenset oder Tisch-Reminder abgegeben, bleiben aber ohne Leben. Nur wenn die Führungsgrundsätze durch klare Standards ergänzt werden, wird die notwendige Verbindlichkeit erreicht und eine Basis für die Messung der Führungsqualität gelegt.

Ein Dienstleistungsunternehmen legt den Fokus auf folgende Beziehungswerte:

Unsere Werte	Unsere Führungsgrundsätze	Unsere Standards
Wertschätzend und fair	Wir nehmen unsere Mitarbeitenden ernst	Für jeden Mitarbeitenden suchen wir den wichtigsten demotivierenden Faktor und setzen dazu Massnahmen um.
	Wir schätzen die Individualität jedes einzelnen Mitarbeitenden und bauen auf seinen Stärken auf	Wir widmen der Führung jedes Jahr 10 % mehr Zeit.
	Wir dulden keine Diskriminierung	Wir fragen nach Stärken und gelösten Problemen, statt nach Schwächen und Schwierigkeiten.

Unsere Werte	Unsere Führungsgrundsätze	Unsere Standards
Dialogisch	Wir beschränken uns nicht auf Information und Kommunikation, sondern suchen einen offenen Dialog	Wir informieren rasch, auch über Hintergründe und Zusammenhänge.
		Die Weitergabe wichtiger Informationen und Entscheidungen erfolgt innerhalb von zwei Tagen.
Anerkennend	Wir anerkennen gute Leistungen materiell und immateriell	Für besondere Mitarbeiterleistungen sind spontane Anerkennungen vorgesehen.
	Wir beteiligen unsere Mitarbeitenden am wirtschaftlichen Erfolg des Unternehmens	

5.7 Führungsqualität messen und belohnen

Viele Führungskräfte fühlen sich nicht wirklich für ihre Mitarbeitenden verantwortlich. Ihre Führungsqualität lässt zu wünschen übrig. Es fehlt ihnen das Interesse an der Führungsaufgabe und eine fürsorgliche Grundhaltung. Führungsqualität muss einen höheren Stellenwert und die notwendige Zeit erhalten. Führungsqualität beginnt bei der sorgfältigen Auswahl der Führungskräfte, bei der Arbeit an Werten und Haltungen und der Entwicklung ihres Menschenbildes.

Führung braucht Reflexion. Führungskräfte wissen oft nicht, wie ihr Verhalten auf andere wirkt. Führungsqualität muss gemessen werden, denn nur was gemessen wird, wird gemacht. Messen der Führungsqualität bildet die Grundlage für einen kontinuierlichen und zielgerichteten Verbesserungsprozess, aber auch für die Belohnung des Führungserfolges. In der Praxis gibt es eine breite Palette von Ansätzen, um Führungsqualität zu messen (Führungsbarometer, Führungsindex aufgrund Mitarbeiterbefragung, Vorgesetztenfeedback, 360-Grad-Beurteilung, Management Audit usw.). Periodizität, Form (mündlich oder schriftlich), der Umgang mit den Ergebnissen (Teamgespräch, Maßnahmen, Moderation) und die Verbindlichkeit des Prozesses (obligatorisch oder freiwillig) sind in der Praxis sehr unterschiedlich umschrieben.

Vorab sollte kritisch abgeschätzt werden, ob die kulturellen und führungsmäßigen Voraussetzungen (Kommunikations- und Feedbackkultur, Vertrauen) für eine Führungsbeurteilung gegeben sind. Messung der Führungsqualität greift nur, wo die Führungsqualität als echtes Anliegen des Managements für alle verbindlich eingeführt und mit Standards unterlegt wird.

Ein integriertes Modell basiert auf verschiedenen Elementen, die zu einem Gesamtbild zusammengefasst werden. Harte Führungskennzahlen aus dem Personalcontrolling werden mit einer qualitativen Beurteilung aus einer Mitarbeiterbefragung und der Selbstbeurteilung von Standards verbunden. Die einzelnen Elemente werden gewichtet und zu einem Gesamtindex der Führungsqualität zusammengefasst (s. Beispiel Abb. 5.4).

Kennzahlen:	Krankheitsquote	6	
	Fluktuationsrate	6	
	Personalentwicklungstage pro MA	6	
	Anteil interne Besetzungen	6	**24**
Befragung:	Index Führungsqualität	14	
	Commitment-Index	14	**28**
Ziele:			**24**
Standards:	Umsetzungsmassnahmen Mitarbeiterbefragung	8	
	100%ige Durchführung Zielvereinbarungen +		
	Mitarbeitergespräche	8	
	3 Tage für Entwicklung Führungskompetenz	8	**24**

Abb. 5.4 Führungsqualität messen (Beispiel)

Führungsqualität muss belohnt werden, wenn sie ernst gemeint ist. Für eine Lohnwirksamkeit spricht, dass die Führungsthematik ernster genommen wird, wenn die Ergebnisse Konsequenzen haben. Die Belohnung muss nicht unbedingt in Geld, sie kann auch in Aufstiegschancen oder neuen Aufgaben und Projekten bestehen.

Entwicklung der Führungskräfte bedeutet auch, ungenügende Führung zu thematisieren und nicht einfach hinzunehmen. Auf ungenügende Führungsleistung ist rasch und konsequent zu reagieren. Wo einzelne Führungskräfte mit ihren Personalaufgaben überfordert sind, darf dies im Interesse der Mitarbeitenden, des Unternehmens und der Betroffenen selbst nicht hingenommen werden.

Das Wichtigste in Kürze

Die Führungskräfte prägen und das Mächtige prägt die Führung. Weil Führung nur beschränkt lernbar ist, gilt es vor allem die Richtigen auszuwählen und ihren Erfahrungen zu ermöglichen. Auswahl kommt vor Entwicklung.

Es braucht sowohl Führungstechnik wie Führungskultur, die ihre Wurzeln in Haltungen und Werten hat. Führungskräfte müssen führen wollen, Menschen mögen und ihre Mitarbeitenden als entwicklungsfähig und leistungsbereit betrachten.

Erfolgreiche Führung vermittelt Sicherheit, indem sie Vertrauen, Verbindlichkeit und Verlässlichkeit vorlebt. Sie gestaltet Beziehungen und vermittelt Wertschätzung. Das persönliches Gespräch ist durch nichts zu ersetzen. Arbeit muss sinnvoll sein, Spaß machen und Spielraum beinhalten. Freiraum ist die Voraussetzung, damit die Mitarbeitenden es wagen, Neuland zu betreten.

Führungsqualität muss gemessen und belohnt werden. Nur was gemessen wird, wird gemacht.

Literatur

Böckmann, W. (1984). *Wer Leistung fordert, muss Sinn bieten.* Berlin: Econ.

Gallup-Umfrage. (2014).

Hüther, G. (2011). *Was wir sind und was wir sein könnten – ein neurobiologischer Mutmacher.* Frankfurt a.M.: Fischer.

Information Factory. (2014). Umfrage 2014.

Kaduk, S., Osmetz, D., Wüthrich, H. A., & Hammer, D. (2013). *Musterbrecher, Die Kunst das Spiel zu drehen.* Murmann.

Sprenger, R. K. (2004). *Mythos motivation.* Frankfurt a.M.: Campus.

Wüthrich, H. A., Osmetz, D., & Kaduk, S. (2009). *Musterbrecher – Führung neu leben* (3. Aufl.). Wiesbaden: Gabler.

Das Mächtige im HR-Management

6

Human Resources sind die von einem Unternehmen beschäftigten Menschen mit ihrem Wissen, Können und Wollen, mit ihren Erfahrungen und Erwartungen. Sie sind im Sinne der französischen Sprache die Quelle (source) der Unternehmensleistung. HR-Management umfasst nicht nur das, was die Personalabteilung als Fachabteilung tut. Führungskräfte und Personalabteilung tragen eine gemeinsame Verantwortung für die Mitarbeitenden. Weil die Rolle der Führungskräfte bereits diskutiert wurde, beziehen sich die folgenden Ausführungen primär auf die Personalabteilung.

Unternehmen, die relevante Personalthemen gekonnt handhaben, sind wirtschaftlich erfolgreicher als Unternehmen mit geringen Kompetenzen im HR-Bereich. Leistungsfähige Rekrutierung, Bindung der Mitarbeitenden, Talentmanagement und eine als gerecht empfundene Entlöhnung wirken sich auf den Unternehmenserfolg aus. Eine Metaanalyse ermittelte einen Beitrag von einem Drittel zum Unternehmenserfolg. Amerikanische Ökonomen haben sogar einen statistisch signifikanten Zusammenhang zwischen den HR-Praktiken und der Überlebenswahrscheinlichkeit von Patienten in Krankenhäusern festgestellt.

Besseres HR-Management ist ein Schlüssel, um sich von andern Unternehmen abzuheben. Die Betriebswirtschaftslehre ist sich einig, dass ein bewusst gestaltetes HR-Management und hoch entwickelte Tools in diesem Bereich sich produktivitätssteigernd auswirken. Gemäß dem Benchmarking von EP Saratoga haben Unternehmen mit einer größeren Investitionsquote im HR-Management mehr und bessere Bewerber und eine geringere Kündigungsquote.

Selbstbild und Fremdbild stimmen nicht überein
Anspruch und Wirklichkeit klaffen im HR-Management weit auseinander. Kritisch wird teilweise von Verwaltern, geringer Strategie- und Lösungsorientierung, mangelnder Nähe zum Geschäft und sinkender Glaubwürdigkeit gesprochen. Nach einer neueren

© Springer Fachmedien Wiesbaden 2016
J.-M. Kobi, *Neue Prämissen in Führung und HR-Management,*
DOI 10.1007/978-3-658-12112-9_6

IBM-Studie schreiben zwei Drittel der CEO's dem HR-Management eine untergeordnete Rolle zu und sehen in ihm keinen strategischen Partner. Das kann dann in der Aussage gipfeln, die Human Resources seinen zu wichtig, um sie dem heutigen HR-Management zu überlassen.

Das HR-Management durchlebt eine Phase der Stagnation und ist aus vielfältigen Gründen vielerorts tendenziell zurückgestuft worden:

- Das HR-Management steckt noch tief in der operationellen Phase. In den Augen der internen Kunden nimmt es primär die Rolle des administrativen Experten und der internen Feuerwehr wahr. Es wird zu viel reagiert und verwaltet.
- Der strategische Impact ist gering. Es gibt keinen wirklich gleichberechtigten Dialog auf Geschäftsleitungsebene. Das HR-Management redet nicht auf Augenhöhe mit. Häufig wird es zu spät oder gar nicht eingebunden. Es vermochte sich in strategischen Fragen in den wenigsten Unternehmen als echter Partner zu etablieren. Der Einfluss auf die Steuerung des Unternehmens ist deshalb schwach.
- 40 % der Unternehmen erwähnen in ihren Geschäftsberichten die Human Resources nicht oder nur am Rande.
- Das HR-Management ist mehr auf Probleme als auf Lösungen fokussiert.
- Teilweise mangelt es an Frontnähe und an Verständnis für das zukünftige Geschäft.
- Es ist viel Harmoniestreben und wenig kritische Sicht zu spüren.
- Das HR-Management war nicht imstande, Lohnexzesse zu stoppen oder die Mitarbeiterinteressen in schwierigen Situationen wirksam einzubringen. Die forcierte Kostenorientierung hat viel Glaubwürdigkeit und Vertrauen gekostet.
- Im HR-Management sind die Erfolgsfaktoren schwer messbar oder das HR-Management sträubt sich dagegen, dass gemessen wird. Damit bleibt unklar, welche Leistungen für wen und zu welchem Preis erbracht werden und welcher Nutzen damit generiert wird.
- Den Systemen und Instrumenten mangelt es oft an Einfachheit.
- Viele HR-Abteilungen sind nicht auf der Höhe der Digitalisierung.
- Mangels Inputs (beispielsweise von Seiten der Wissenschaft) kommt die Professionalisierung des HR-Managements kaum voran.
- Beim HR-Management ist wenig inneres Feuer und Innovationsgeist zu spüren. Veränderungsnotwendigkeiten werden nicht früh genug erkannt.

Das Management ist an der Situation nicht ganz unschuldig, wird doch das HR-Management bei wichtigen Entscheiden häufig zu spät eingebunden, vergessen oder in seinen Zuständigkeiten und Kompetenzen beschnitten.

Rollen und Aufgaben überdenken
Die Personalabteilung hat sich vom betrieblichen Sozialwesen, über das Lohnbüro zu einer spezialisierten Funktion entwickelt, der teilweise auch strategische und kulturelle

Aufgaben übertragen wurden. Das Rollenbild hat damit nicht an Klarheit gewonnen und sollte überdacht werden.

Ursprünglich zählten die Personalaufgaben zu den Kernaufgaben der Führungskräfte. Heute nehmen ihnen das HR-Management und externe Dienstleister viele dieser Aufgaben ab. Eine Standortbestimmung drängt sich auf. Statt die Aufgabenzuordnung punktuell anzupassen, sollte grundsätzlicher gefragt werden, ob nicht eine partielle Rückdelegation an die Linie, sozusagen ein Backsourcing, sinnvoll sein könnte. Dafür sprechen verschiedene Gründe:

Die Treiber für Motivation und Unternehmensklima sind die Führungskräfte und nicht das HR-Management. Sinn, Spaß und Spielraum kann nur in der täglichen Führungsarbeit vermittelt werden. Führung und Entwicklung der Leistungsträger, Talente und Mitarbeitenden sowie die konsequente Handhabung der Personalsysteme liegen primär in der Hand der Führungskräfte. Vertrauen ist an den direkten Vorgesetzten gebunden. Die Mitarbeitenden bleiben oder gehen wegen ihren Führungskräften. Führung bewirkt oder verhindert Leistung und Qualität. Auch die meisten Personalrisiken werden entscheidend von den Führungskräften beeinflusst. Den Mitarbeitenden wäre mit einer professionelleren Personalführung durch die Führungskräfte weit besser gedient als mit einer „Reparaturstelle" HR-Management.

Wenn immer mehr Rekrutierungs- und Entwicklungsaufgaben nicht mehr von den Führungskräften wahrgenommen werden und in der Rekrutierung zentrale Fachabteilungen und Assessment-Centers ein immer größeres Gewicht erhalten, fühlen sich die Führungskräfte nicht mehr für Personalentscheide verantwortlich. Irgendwann trauen sie sich kein eigenständiges Urteil mehr zu. Um die Eigenverantwortung der Führungskräfte wieder zu stärken, hat der Nestlé-Konzern die bisher hoch gehaltene Assessment-Kultur aufgegeben. Gleichzeitig hält er die Führungskräfte an, sich mehr Zeit für Mitarbeiterselektion und Mitarbeitergespräche zu nehmen, statt Experten, Beratern und Hilfsmitteln blind zu vertrauen.

Sicher darf nicht übersehen werden, dass viele Führungskräfte problematische Träger der Personalarbeit sind, denen es zuweilen an der erforderlichen Motivation und Qualifikation sowie an Zeit für ihre HR-Aufgaben mangelt. Deshalb sollte aber nicht darauf verzichtet werden, langfristig durch eine entsprechende Auswahl und Entwicklung von Führungskräften die Voraussetzungen für ein Backsourcing zu schaffen. Die vornehmste Aufgabe des HR-Managements würde dann darin bestehen, die Führungskräfte zu befähigen, ihre Personalaufgaben professionell wahrzunehmen, d. h. sie für eine hochstehende Personalarbeit zu gewinnen und sie dann tatkräftig darin zu unterstützen, ihre Rolle effektiv wahrzunehmen.

Rollenbild und Aufgabenteilung zwischen dem HR-Management und der Linie können nur unternehmensspezifisch festgelegt werden. Es ist eine neue Balance notwendig, die die Möglichkeit einer Rückdelegation einbezieht. So visionär ein Backsourcing auf den ersten Blick erscheinen mag, den Mitarbeitenden wäre wahrscheinlich damit am besten gedient.

Das HR-Management als Balancefunktion

Das HR-Management ist vielfältigen Spannungsfeldern ausgesetzt. Es hat sowohl einen wesentlichen Beitrag zur Unternehmensperformance und Strategieumsetzung zu leisten als auch ein glaubhafter Anwalt der Mitarbeitenden zu sein. Einerseits ist das HR-Management dem Unternehmenserfolg verpflichtet und andererseits muss es die menschlichen Aspekte und das Bedürfnis der Mitarbeitenden nach Heimat und klaren Werten glaubhaft vertreten. „Ohne Wirtschaftlichkeit überleben wir es nicht, und ohne Menschlichkeit ertragen wir es nicht." Zwischen Sinn/Menschlichkeit und Leistungsorientierung/ Effizienz gilt es, ein Gleichgewicht zu finden *(Kobi Balance, S. 11)*. Das HR-Management muss sowohl die Sicht des Unternehmens wie der Mitarbeitenden verstehen und mit einer langfristigen Sicht ausbalancieren. In diesem Sinne ist das HR-Management eine echte Balancefunktion, die zwischen Businessorientierung und Beschäftigungssicherheit, flexibler Belegschaft und Kernbelegschaft, einkaufen oder entwickeln von Mitarbeitenden, Gleichbehandlung und Individualisierung sowie Ressourcennutzung und Potenzialentfaltung einen unternehmensspezifischen Weg zu finden hat.

Haltungen statt Instrumente

Es braucht einen Paradigmenwechsel von einem instrumentalistischen Ressourceneinsatz zu einem humanorientierten Beziehungsansatz. Die Instrumente dürfen weniger perfekt sein, sie sollten aber konsequenter und teilweise auch mit anderer Haltung angewendet werden.

Vor allem schwache Führung ruft immer wieder nach Instrumenten und Systemen. Instrumente sind Prothesen für schwache Führungskräfte. Instrumentalisierung zeigt im Grunde einen Mangel an Vertrauen und kostet wertvolle Zeit. Einengende Instrumente und Systeme sowie detaillierte technisierte Prozesse sind wenig zukunftsträchtig.

Viele Instrumente könnten vereinfacht und verschlankt werden, statt sie immer weiter zu perfektionieren. Weniger ist mehr. So kann beispielsweise das Management by Objectives entrümpelt werden. Mechanisches Herunterbrechen von Zielen ist überholt. Erwartet wird schnelles, persönliches Feedback, anstelle eines Mitarbeitergesprächs am Ende des Jahres. Es geht nicht primär darum, die Instrumente zu verbessern, sondern an den Denkhaltungen zu arbeiten. Entscheidend ist, dass die Instrumente mit bestimmten Haltungen und konsequent angewendet werden.

Management und Führungsfragen dürfen nicht nur von den Instrumenten her gedacht werden. Jedes System ist nur so gut, wie der Geist, mit dem Instrumente und Systeme gehandhabt werden. Die meisten Personalabteilungen sollten sich in den kommenden Jahren für eine konsequente Umsetzung bereits bekannter Konzepte stark machen, statt immer wieder neuen Moden nachzujagen.

6.1 Klare Schwerpunkte – Werteorientierung, Sicherheit, Verbundenheit und Reflexion

Ziel des HR-Managements muss sein, einen Rahmen zu schaffen, der es ermöglicht, auf die Bedürfnisse der Mitarbeitenden nach Sicherheit und Verbundenheit einzugehen, und die Mitarbeitenden das auch erleben und fühlen zu lassen (Abb. 6.1).

Mit entsprechenden Rahmenbedingungen kann auf die Grundbedürfnisse der Mitarbeitenden eingegangen werden. Die Grundthemen des HR-Managements (Rekrutierung, Entlöhnung und Personalentwicklung) sind auf die Schwerpunkte Sicherheit und Verbundenheit auszurichten. Das HR-Management ist konsequent aus Sicht der Mitarbeitenden neu zu denken (siehe Kap. 6.6).

Das HR-Management hat in Zukunft die Verbindung zur Unternehmensstrategie sicherzustellen und ist für das Design in Personalfragen zuständig. Das Operative sollte weiter in den Hintergrund treten, was möglicherweise durch eine Abspaltung der Services deutlich gemacht werden könnte.

Das HR-Management hat die ethischen Werte im Unternehmen hoch zu halten und immer wieder erlebbar zu machen. Ein Wertekanon ist von unten nach oben und von oben nach unten herauszuarbeiten, zu verabschieden, zu kommunizieren und das Handeln der Menschen im Unternehmen an diesen Werten zu messen. Kulturbezogenes HR-Management setzt ein vertieftes Verständnis der Kultur voraus. Die Unternehmenskultur prägt, fördert und begrenzt zuweilen auch die HR-Arbeit. Die Werte sind konsistent in die Inst-

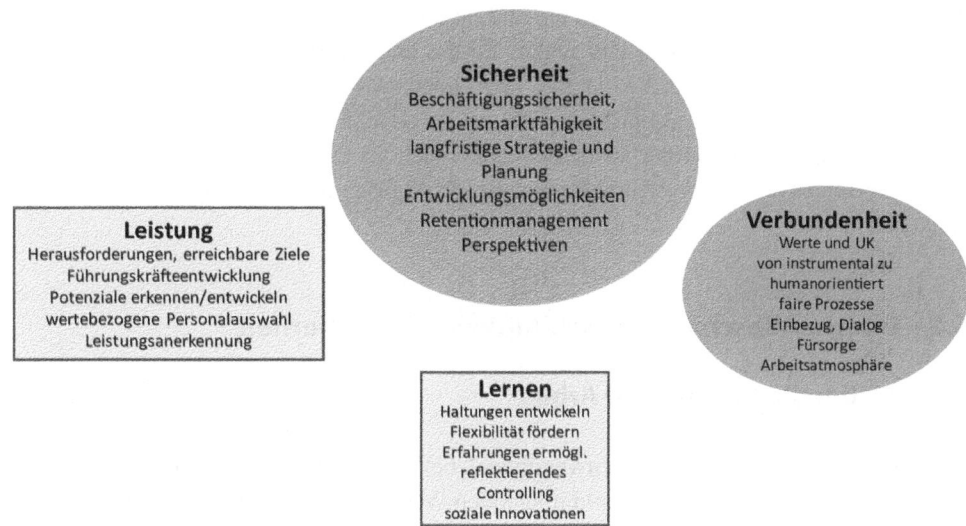

Abb. 6.1 Das Mächtige im HR-Management

rumente und HR-Prozesse einzubeziehen. Zukunftsorientiertes HR-Management versteht sich als Kulturvermittlerin und fördert die Unternehmenswerte. Zukünftige Schwerpunkte sind neben Sicherheit und Verbundenheit Kultur, Unterstützung der Führungskräfte sowie Digitalisierung.

Da Investitionen in das Humanvermögen naturgemäss längerfristig angelegt sind, drohen sie unter die Räder zu geraten. Der kurzfristige finanzielle und der langfristige personelle Entwicklungsrhythmus behindern sich immer häufiger. Gerade die Entwicklung der Human Resources wäre aber auf einen langen Atem angewiesen. Menschliche Beziehungen, der Aufbau kultureller Werte oder die Entwicklung von Potenzialen brauchen Zeit. Kurzfristige Feuerwehrübungen schaden mehr, als dass sie nützen und verunsichern die Mitarbeitenden.

Innovation wird in Zukunft nicht nur Produkte und Dienstleistungen, sondern vor allem auch soziale Innovationen betreffen. Sie beinhalten sowohl innovatives HR-Management als auch die Förderung der Innovationsfähigkeit in der ganzen Organisation. Viele HR-Innovationen sind derzeit von der Internet-Technologie getrieben (Social und Mobile Recruiting, Employer-Branding usw.). In der Vorbereitung zukünftiger Arbeitswelten warten vielfältige Aufgaben (Integration der älteren Mitarbeitenden, Digitalisierung, zielgruppenorientierte Anstellungsbedingungen usw.). Beispiele sind Unternehmen, die ihre Projekte intern ausschreiben oder in ihren Anstellungsbedingungen durch das Besondere auffallen (z. B. Jokertage). Eine wirksame Innovation könnte es auch sein, einzelne Führungsinstrumente ganz einfach abzuschaffen.

Es braucht die Bereitschaft des HR-Managements, sich für seine Themen zu engagieren, eckig und kantig zu sein und hie und da die Hofnarrenrolle zu übernehmen. Ziel muss es sein, das Management viel stärker für die Personalfragen zu sensibilisieren und zu gewinnen (Kobi Balance, S. 121 ff.). Dazu muss Das HR-Management den Puls der Mitarbeitenden spüren, die Mitarbeitersicht in der Geschäftsleitung wirksam einbringen und dafür kämpfen. Das HR-Management sollte sich als Diener des langfristigen Unternehmenserfolges und der Werte, nicht einseitig des Managements oder der Mitarbeitenden verstehen.

6.2   Interner Beschäftigungsfähigkeit gibt Sicherheit

6.2.1   Über die Zukunft der Arbeit

Geschichtlich wurde Arbeit vom notwendigen Übel zur Pflicht (Christentum) und schließlich zum höchsten und das Selbstbild prägenden Wert. Heute identifizieren sich die Menschen weitgehend über ihre Arbeit. Arbeit hat für den einzelnen Arbeitnehmer einen zentralen Stellenwert. Allein schon aufgrund der im Unternehmen verbrachten Zeit leiten viele Individuen ihr Lebens- und Gesellschaftsbewusstsein in hohem Maße daraus ab. Erwerbstätig zu sein, ist in unserer Kultur Grundlage von Akzeptanz und Wertschätzung. Dementsprechend sind die Erwartungen und Ansprüche an die Arbeit hoch. Die Mitarbeitenden erwarten nicht nur materielle Sicherheit, sondern auch innere Befriedigung und soziale Kontakte. Interessanterweise würden zwei Drittel weiterarbeiten, auch wenn sie einen großen Lottogewinn erzielt hätten, allerdings unter veränderten Bedingungen (Zeitautonomie, Mitgestaltungsmöglichkeiten).

Während die Industriegesellschaft zu einer Trennung von Arbeit und Freizeit führte, werden heute die Grenzen zwischen Arbeit und Freizeit wieder durchgängiger.

In Unternehmen entsteht zunehmend eine Zweiklassengesellschaft. Um eine stabile Kernbelegschaft herum bildet sich eine größer werdende flexible Belegschaft, das heißt zu den Leistungs-, Know-how- und Kulturträgern kommen eine zunehmende Zahl unterschiedlich qualifizierter Mitarbeitender (freie Unternehmer, „Taglöhner", Temporäre aller Art), die nicht langfristig fest angestellt sind. Die Kernbelegschaft wird voraussichtlich weiter schrumpfen, während die flexible Gesellschaft sich ausbreitet. Aus Sicht der Unternehmen resultiert daraus mehr Flexibilität. Auf Arbeitnehmerseite ist die Bilanz zwiespältiger. Hoch Qualifizierten, die eine große Selbständigkeit und Freiheit schätzen, kommt die Entwicklung entgegen. Weniger Qualifizierte, die auf geregelte Arbeit und festes Einkommen angewiesen sind, dürften verunsichert werden. Es gibt Gewinner und Verlierer. Von den Vorteilen der neuen Wirtschaft profitieren vor allem die Leistungseliten und die gut Qualifizierten.

Es ist eine personalpolitische Frage, ob und in welchem Umfang ein Unternehmen die Zweiklassengesellschaft fördern will. Die Bedeutung einer kulturtragenden Kernbelegschaft sollte aber nicht unterschätzt werden. Zwischen Kernbelegschaft und flexibler Belegschaft braucht es eine Balance, die unternehmensspezifisch zu definieren ist. Langfristig kommt es entscheidend auf die Kernbelegschaft an, das heißt die loyalen Mitarbeitenden, die sich mit dem Unternehmen identifizieren und ihm Stabilität verleihen. Sie stellen das Gedächtnis des Unternehmens dar und prägen die Unternehmenskultur. Auch sie wollen beachtet werden. Ein starkes Kollektiv und eine tragfähige Mittelschicht bringen das Unternehmen weiter (Kobi Risk, S. 48). Ihr muss eine minimale Beschäftigungssicherheit geboten werden.

Ein großer Teil der Wertschöpfung wird immer noch durch repetitive Tätigkeiten erwirtschaftet. Unternehmen sind also auf Mitarbeitende angewiesen, die sich als Leistungserbringer verstehen und bereit sind, ihren Job Tag für Tag zuverlässig auszufüllen, präzise, pünktlich und mit großer Erfahrung. Sie beanspruchen nicht, Unternehmer zu sein, als

High-Performer zu gelten oder Teil von hochinnovativen Projekten zu sein. Das Ziel, alle Mitarbeitenden zu Mitunternehmern zu entwickeln, ist wahrscheinlich zu hoch gegriffen. Unternehmen brauchen nur eine Minderheit von Mitarbeitenden, die sich unternehmerisch, innovativ und superflexibel einbringen.

Der größte Teil der arbeitenden Bevölkerung wünscht sich nicht unbeschränkte Flexibilität und Mobilität, sondern Sicherheit und Verbindlichkeit. Der Mensch ist weder dafür geschaffen, sich ständig neuen Strukturen und Prozessen anzupassen, noch ein Nomadenleben zu führen. Schulpflichtige Kinder, die Arbeitsstelle des Ehepartners, Immobilienbesitz usw. schränken die Mobilität schnell einmal ein. Die meisten wünschen sich eine feste Anstellung mit geregeltem Feierabend und ohne viele Ortswechsel. Für die weniger Privilegierten bedeutet die flexible Arbeitswelt Unsicherheit.

Jobnomaden geht es um Herausforderungen und deren Verwertbarkeit auf dem Arbeitsmarkt. Attraktive Projekte ziehen sie an und sie springen mit deren Beendigung zum nächsten Projekt weiter. Für sie sind hohe Arbeitszeitflexibilität und breite Mitgestaltungsmöglichkeiten selbstverständlich. Verglichen mit Langzeitangestellten sind sie zwar möglicherweise kompetenter (Dortmund 2010), sie sind aber oft nicht in die Kultur integriert und sprengen das Entlöhnungssystem. Zudem ist es auch nicht einfach, ihr Wissen im Unternehmen zu halten, nachdem sie weitergezogen sind. Jobnomaden sind eine kleine Minderheit und werden es voraussichtlich auch bleiben.

Globalisierung, Ökonomisierung (Gewinnorientierung, Rationalisierung, Kurzfristorientierung), Demografie (weniger, aber qualifiziertere Arbeitskräfte), Technologisierung (Automatisierung, Informatisierung, Digitalisierung) und Beschleunigung führen zu mehr Druck, der Forderung nach qualifizierten und flexiblen Mitarbeitenden sowie zu einem Verfall der Normalarbeitsverhältnisse. Für viele wird Arbeit auch in Zukunft wenig Sinn stiften, weil sie zu wenig herausfordernd oder sinnlos erscheint. Die Arbeitswelt macht es den Unterprivilegierten immer schwerer, sich mit ihrer Arbeit zu identifizieren.

Nach Beck (1986) ist die Zukunft eine Gesellschaft der pluralen Tätigkeiten. Dahrendorf sieht eine Kombination von normalen und prekären Arbeitsverhältnissen, von bezahlter und freiwilliger Arbeit für den Allgemeinnutzen. Ohne die Freiwilligen könnten Krankenhäuser, Heime und Kultur schon heute nicht überleben. Neuere Ansätze unterscheiden reguläre Teilzeitarbeit zur Basisversorgung, Arbeit als Berufung sowie Selbstversorgung auf hohem technischem Niveau. Sie meinen, wenn die Grundannahme einer Vollbeschäftigung nicht mehr haltbar sei, müssten die unsichtbaren, aber gesellschaftlich nützlichen Tätigkeiten aufgewertet werden (z. B. Freiwilligenarbeit). Es braucht eine Erweiterung anerkannter Arbeitsformen. Schöpferische sowie unbezahlte soziale Tätigkeiten und Eigenproduktion treten neben die Erwerbsarbeit.

Ob die Entwicklung in diese Richtung geht, hängt auch davon ab, ob die voraussehbare demografische Lücke an qualifizierten Arbeitskräften durch Computerisierung, Roboterisierung, höhere Produktivität, eine Erhöhung der Frauenerwerbsquote oder längeren Arbeitszeiten geschlossen werden kann.

Sicherheit und Verbundenheit sowie Sinn in der Arbeit dürften für die Mitarbeitenden auch in Zukunft zentral sein. Gerade Leistungsträger wollen sich mit ihrem Unternehmen identifizieren. Sie wollen mit einer langfristigen Perspektive und ohne Angst um soziale Sicherheit etwas Wichtiges und Wertvolles tun und einbezogen werden.

6.2.2 Von Arbeitsplatzsicherheit über Arbeitsmarktfähigkeit zu interner Beschäftigungsfähigkeit

Arbeitsplatzsicherheit bedeutet, dass der konkrete Arbeitsplatz garantiert wird. Interne Beschäftigungssicherheit heißt, dass eine Beschäftigung im Unternehmen zugesichert wird, die aber auch neue Aufgaben beinhalten kann und unter Arbeitsmarktfähigkeit wird ein Bündel von Kompetenzen verstanden, die es den Mitarbeitenden erlauben, nicht nur ihre gegenwärtige Funktion optimal auszuüben, sondern auch neue Aufgaben in oder außerhalb des Unternehmens zu übernehmen.

Die Mitarbeitenden verstehen sehr wohl, dass ihnen heute keine absolute Arbeitsplatzsicherheit mehr zugesichert werden kann. Beschäftigungssicherheit ist ihnen aber weiterhin wichtig, selbst wenn sie über Kompetenzen verfügen, die auf dem Arbeitsmarkt gefragt sind. Entgegen den Erwartungen vieler Trendforscher zeigen die Ergebnisse des HR-Barometers (2012), dass mehr als die Hälfte der Befragten eine traditionelle Laufbahn bevorzugen. Eigenverantwortliche Entwicklung ist gar nicht so begehrt, wie häufig angenommen wird.

Erhöhte interne Arbeitsmarktfähigkeit macht die Mitarbeitenden vielseitiger einsetzbar. Unternehmen haben ein Interesse daran, ihre Mitarbeitenden im Unternehmen zu halten, statt einem Hire and Fire zu frönen.

6.2.3 Entlassungen kosten Vertrauen, Motivation und Identifikation

Wenig ist für das Selbstwertgefühl heutiger Menschen so wichtig wie der Platz, den sie im Arbeitsleben einnehmen. Arbeit ist eine Quelle der Anerkennung. Wer die Anstellung verliert, verliert oft auch einen Teil seiner Würde. Ein unsicherer Arbeitsplatz wird als Bedrohung empfunden. Wer sich um seine Stelle sorgen muss, erbringt kein volles Engagement. Entsprechend bedeutsam ist es, den Mitarbeitenden ein Sicherheitsgefühl vermitteln zu können, indem die interne Beschäftigungssicherheit gefördert und Entlassungen vermieden werden.

Seit Jahren wird gemäß dem jährlich erscheinenden CS-Sorgenbarometer (2014) in der Schweiz die Arbeitslosigkeit als Hauptproblem wahrgenommen. Personalfreisetzungen wirken sich für die betroffenen Mitarbeitenden, aber auch für Unternehmen negativ aus. Bei den Mitarbeitenden bedeutet Arbeitslosigkeit Enteignung von Fähigkeiten und Eigenschaften, Beeinträchtigung der Selbstachtung sowie Verunsicherung. Arbeitslosen fehlt nicht nur eine befriedigende Tätigkeit, sie vermissen auch die sozialen Kontakte. Oft treten gesundheitliche Probleme auf und die Lebenserwartung sinkt. Daraus einen rigideren Kündigungsschutz abzuleiten, kann allerdings zu einer zurückhaltenden Einstellpraxis führen und sich kontraproduktiv auswirken. Internationale Untersuchungen zeigen, dass es junge Frauen, Behinderte und ältere Arbeitnehmer – also diejenigen Gruppen, die man schützen will – auf regulierten Arbeitsmärkten besonders schwer haben.

Auf Unternehmensseite zeigt sich gemäß einer Studie der American Management Association, dass wiederholte Entlassungswellen zu niedrigerem Gewinn und sinkender Produktivität führen. Nicht einmal jedem zweiten Unternehmen gelingt es, nach einem Personalabbau seine Produktivität zu erhöhen. Mit dem Austritt von Erfahrungsträgern geht Know-how verloren, was die organisatorischen Prozesse störanfällig macht. Unternehmen beginnen an „Corporate Alzheimer" zu leiden. Entlassungen und ständige Reorganisationen vernichten Vertrauenspotenzial. Wichtige Leistungsträger, die für sich Alternativen sehen, verlassen das Unternehmen. Auch die Überlebenden sind betroffen. Sie beschäftigen sich primär mit sich selbst. Personalabbau führt bei den „verbliebenen" Mitarbeitenden zu sinkender Arbeitszufriedenheit und Motivation sowie innerer Kündigung. Sie reagieren umso negativer, je ungerechter sie den Personalabbau empfinden. Oft kommt eine negative Spirale in Gang. Wenn aufgrund kurzfristigen Denkens bei den Mitarbeitenden gespart wird, registrieren diese ihren sinkenden Stellenwert und reagieren mit Verunsicherung, Absicherungstendenzen und Besitzstandsdenken. Entlassungen kosten zu viel Vertrauen, Motivation und Identifikation. Die längerfristigen Risiken eines Stellenabbaus überwiegen oft den kurzfristigen Nutzen.

Mit einer vorausschauenden Personalpolitik sollten Personalfreistellungen weitgehend vermieden werden können. Sie sind nur zu rechtfertigen, wenn sie längerfristig irreversibel sind oder wenn es um das Überleben des Unternehmens geht. Handelt das Unternehmen nicht aus einer Notlage heraus, sondern nur, um den Gewinn zu maximieren, mag sich das positiv auf den Börsenkurs auswirken, aber die Allgemeinheit straft solches Handeln zunehmend ab. Wenn Erfolgsmeldungen und Entlassungen zeitlich aufeinanderprallen, verstört das nicht nur die Betroffenen. Sind Entlassungen tatsächlich unvermeidlich, muss mindestens die prozedurale Gerechtigkeit beachtet werden. Personalfreisetzungen sind imageschädigend. Die Reputation ist schneller zerstört als aufgebaut. Die Folgen sind einschneidend und wirken im Unternehmen lange nach. Das Bild, das sich Menschen am Arbeitsmarkt über das Unternehmen machen, bestimmt stark, wie gut es gelingt, qualifizierte Mitarbeitende anzuziehen. Diese Imagekomponente wird unterschätzt.

Jede Trennung ist sehr persönlich und darf nur mit Anstand und Respekt ausgesprochen werden. Wenn sich ein Arbeitgeber im Vorfeld ernsthaft und glaubwürdig um Fairness und um Vermeidung unnötiger Härten bemüht, werden auch einschneidenden Maßnahmen eher akzeptiert. Glaubwürdig ist nur ein Management, das auch in schwierigen Zeiten die Mitarbeitenden als wertvollste Ressource behandelt und sich selbst nicht von Kürzungsmaßnahmen ausnimmt. Unfair und unprofessionell durchgeführte Entlassungen bewirken ein Klima der Angst und Unsicherheit. Vor allem gegenüber älteren Mitarbeitenden haben Unternehmen eine erhöhte Fürsorgepflicht, wie kürzlich auch des Schweizerische Bundesgericht feststellte.

6.2.4 Interne Beschäftigungsfähigkeit hat ein Mitarbeitenden- und ein Unternehmensgesicht

Die Fähigkeit, auf individueller und unternehmerischer Ebene schnell zu lernen und flexibel zu bleiben, wird für Unternehmen wie auch die Mitarbeitenden je länger je mehr zu einer Kernfähigkeit. Unternehmen sind an einer flexiblen Grundeinstellung ihrer Mitarbeitenden, die sich ständig weiterqualifizieren, interessiert, während die Mitarbeitenden ihrerseits Sicherheit suchen.

Aus Sicht der Arbeitgeber führen Ökonomisierung, Globalisierung, verstärkter Wettbewerb und rasche Veränderungen zu höherem Leistungsdruck sowie der Notwendigkeit von Flexibilität. Am Übergang von der Industrie zur Dienstleistungsgesellschaft braucht es weniger, aber qualifiziertere Mitarbeitende. Automatisierung und Informatisierung werden weitere Qualifizierungsschübe auslösen. Die Fähigkeit, flexibel zu reagieren hilft, im schnellen Wandel zu bestehen. Sie kann aber von den Mitarbeitenden nur erwartet werden, wenn sie Sicherheit und Vertrauen spüren. Die Balance zwischen Sicherheit und Flexibilität muss stimmen.

Eine Ausrichtung der Personalpolitik auf die interne Beschäftigungsfähigkeit verpflichtet sowohl Arbeitgeber wie Arbeitnehmer. Auch die Mitarbeitenden sind gefordert. Die interne Beschäftigungsfähigkeit kann von Unternehmen auf vielfältige Art unterstützt werden: Die regelmäßige Auseinandersetzung mit den eigenen Kompetenzen und deren kontinuierlicher Ausbau stellen einen ersten Schritt dar. Stärken entwickeln ist erst dann möglich, wenn man sie kennt. Den Mitarbeitenden sind deshalb Selbstbeurteilungsinstrumente in die Hand zu geben, die es ihnen erlauben, ihre persönliche Kompetenz zukunftsbezogen zu reflektieren und ihre berufliche Entwicklung eigenverantwortlich an die Hand zu nehmen. Ein solches Instrument sollte Fragen zur eigenen Arbeitsmarktfitness und zum Entwicklungsbedarf beantworten und möglichst ganzheitlich und aussagekräftig, aber

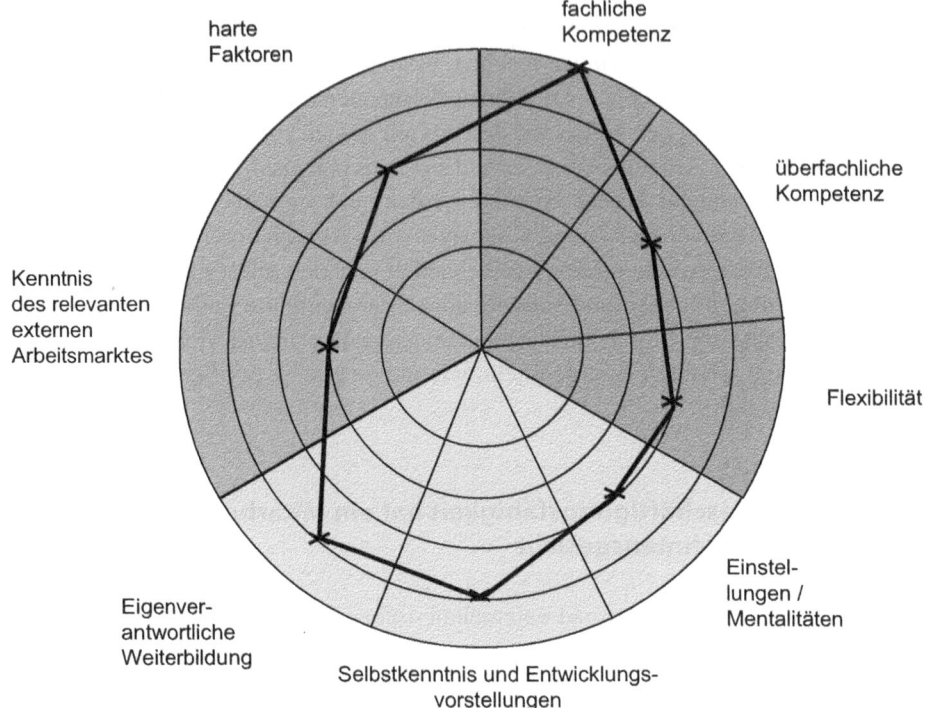

Abb. 6.2 Beschäftigungsfähigkeits-Check (Beispiel)

auch einfach sein. In einem Beschäftigungsfähigkeits-Check (Abb. 6.2 zeigt ein Beispiel),
kann eine Selbstbeurteilung vorgenommen werden. Die Ergebnisse können grafisch dar-
gestellt werden. Es bleibt jedem Mitarbeitenden überlassen, was er damit macht. Eine Stu-
fe verbindlicher wird es, wenn die Selbstbeurteilung im Gespräch mit dem Vorgesetzten
oder dem HR-Management überprüft wird.

Weitere Möglichkeiten sind:

- spezifische Seminarangebote zur Standortbestimmung zwischen 45 und 55, die neue
  Perspektiven aufzeigen (Beispiel „Kompass-Training von Siemens: 360°-Feedback zur
  Vorbereitung, Workshop, individuelles Entwicklungsgespräch, vereinbarte Qualifizie-
  rungs- und Veränderungsmaßnahmen)
- Laufbahnberatungs-/gestaltungsangebote
- periodische Gespräche über die längerfristige berufliche Entwicklung, z. B. Integration
  des Themas Beschäftigungsfähigkeit in jedes Mitarbeitergespräch oder ein Kommuni-
  kationsmarkt über Mittag mit Präsentation von Themen rund um die Beschäftigungsfähigkeit an verschiedenen Ständen.

Auch die Mitarbeitenden haben ihren Beitrag zur Erhaltung der Beschäftigungsfähigkeit zu leisten. An sie richten sich folgende Grundbotschaften: In Zukunft gibt es keine lebenslange Anstellung in der gleichen Funktion mehr. Alle werden im Laufe ihres Arbeitslebens verschiedene Berufe ausüben. Besitzstandsdenken (z. B. beim Lohn, frühzeitigen Pensionierungen) ist überholt. Stehen bleiben ist für alle Mitarbeitenden das größte Risiko. Wer sich hingegen weiterbildet und flexibel bleibt, hat größere Chancen und erhöht seine Wettbewerbsfähigkeit.

6.2.5   Flexibilisierungsansätze zur Erhöhung der Beschäftigungsfähigkeit

Ein wichtiger Beitrag des Unternehmens stellt die Flexibilisierung der Mitarbeitenden dar. Wie weit sie gelingt, hängt von den Fähigkeiten und der Flexibilisierungsbereitschaft der Mitarbeitenden ab. Sie müssen aber auch Sicherheit und Vertrauen spüren.

Die Palette der allgemeinen Flexibilisierungsansätze ist breit und die Flexibilisierungsforderungen dürfen sich nicht nur an die Mitarbeitenden richten. Es braucht auch vielfältige Initiativen des Unternehmens, die darauf abzielen, sie in allen Phasen des Berufslebens flexibel zu halten (Abb. 6.3).

- Weniger als die Hälfte aller Unternehmen hat eine systematische vorausschauende Personalplanung. Wenn sie nur partiell, rein quantitativ und mit kurzfristiger Optik erfolgt, können Engpässe und Qualifizierungsbedürfnisse nicht früher erkannt und proaktiv abgefedert werden.
- Das regelmässige Gespräch und Standortbestimmungsmöglichkeiten können helfen, „Entwicklungsverhinderte" frühzeitig zu erkennen.
- Kontinuierliche Qualifizierung, Anpassungsfortbildungen und Umschulungen rechnen sich langfristig. Je besser ausgebildet die Mitarbeitenden sind, desto eher sind sie fähig, sich auf wechselnde Anforderungen einzustellen und neue Aufgaben zu übernehmen.

Abb. 6.3 Flexibilisierungsansätze

Entscheidend sind nicht einzelne Qualifikationen, sondern die sogenannten Metaqualifikationen wie Lern- und Kommunikationsfähigkeit.

- Der vielleicht wichtigste Ansatz besteht darin, den Mitarbeitenden herausfordernde Aufgaben zu übertragen. Erreicht werden kann dies beispielsweise dadurch, dass die Mitarbeitenden in allen beruflichen Lebensphasen mit neuen Aufgaben und Herausforderungen betraut werden, die ihnen neue Erfahrungen ermöglichen. Aufgabenfelder können verbreitet und Job rotations intensiviert werden. Über Job rotations wird viel gesprochen, in der Praxis sind sie aber selten. Einzelne Unternehmen haben eine Beschränkung der Verweildauer in der Funktion eingeführt. Andere sehen Einsätze in Tochter- oder Partnerunternehmen, einen Sozialeinsatz in der Mitte des Arbeitslebens oder einen periodischen Sesseltausch vor (Beispiel: Sesseltausch zwischen dem Chefredaktor einer großen Tageszeitung und einer Universitätsprofessorin, die beide als Horizonterweiterung und spannende Grenzsituation erlebten.). Die Eidgenössische Zollverwaltung hat ihrerseits als Baustein der Führungsentwicklung einen mehrwöchigen Jobtausch für Führungskräfte eingerichtet.
- Um selbständig agieren zu können, brauchen die Mitarbeitenden flexible Rahmenbedingungen, also Freiräume und offene Strukturen (überschaubare, flexible Einheiten, flache Hierarchien, Cafeteria-Systeme, Teilzeitarbeit, Home office, selbstorganisierte Arbeit).

Dass Flexibilität schell an Grenzen stößt, hat Sennet (1998) in „Der flexible Mensch" thematisiert. Er befürchtet, durch die Flexibilisierung der Arbeitswelt verlören Wertvorstellungen und Tugenden an Bedeutung; Verunsicherung lasse eine Ellbogengesellschaft entstehen.

Interessant ist das dänische Flexurity-Konzept, das hohe Flexibilität auf dem Arbeitsmarkt mit einer aktiven Arbeitsmarktpolitik und sozialer Absicherung kombiniert. So können die Mitarbeitenden ohne Angst um soziale Sicherheit flexibel sein.

6.2.6 Entwicklung und Erhaltung der Leistungsfähigkeit der 50 Plus als Beispiel

In engem Zusammenhang mit der Flexibilisierung steht die Frage, wie erreicht werden kann, dass Mitarbeitende bis zum ordentlichen Pensionsalter leistungsfähig und engagiert weiter zu arbeiten gewillt sind.

Die gesellschaftlichen Werte sind nach wie vor auf die Jungen ausgerichtet. Es ist eine Zeiterscheinung, dass rüstige, noch nicht 60-Jährige in den Vorruhestand geschickt werden. Was das menschlich für viele Betroffene bedeutet und welches schwer ersetzbare Erfahrungswissen dadurch verloren geht, bleibt unbeachtet. Außerdem erweisen sich solche Lösungen zunehmend als zu teuer. Langfristig muss der Akzent auf präventiven Lösungen liegen, die auf die Entwicklung, Erhaltung und Motivation der Mitarbeitenden bis zum ordentlichen Pensionierungsalter ausgerichtet sind.

Aufgrund der demografischen Entwicklung steigt der Anteil der älteren Mitarbeiten-den massiv, und die Unternehmen werden auf sie angewiesen sein. In den nächsten fünf-zehn Jahren werden doppelt so viele ältere Mitarbeitende den Arbeitsmarkt verlassen, wie Junge in den Arbeitsmarkt eintreten. Einer wachsenden Zahl von 50 Plus steht eine dünn besetzte Nachwuchsgeneration gegenüber. Die Unternehmen haben deshalb ein Interesse daran, die Lebensarbeitszeit nicht weiter zu verkürzen und die älteren Mitarbeitenden ver-mehrt bis zum normalen Rentenalter oder sogar darüber hinaus leistungsfähig zu erhalten. Die demographische Herausforderung wird unterschätzt. Sie ist eine Zeitbombe, die alle europäischen Länder betrifft. Von den drei Ansätzen Erhöhung der Frauenerwerbsquote, Ausnützen der Migration und Erhaltung der 50 Plus im Unternehmen, hat wahrscheinlich der Letzte am meisten Potenzial. Aufgrund von Umfragen setzen aber erst wenig Unter-nehmen auf diese Option.

Die Altersforschung stellt gegenüber den älteren Mitarbeitenden vielfältige Vorurteile fest (Defizittheorie). So ist es falsch, dass die Leistungsfähigkeit mit dem Alter abnimmt. Ältere Mitarbeitende haben nicht weniger, sondern andere Fähigkeiten als jüngere. Wäh-rend Flexibilität, Risiko- und Weiterbildungsbereitschaft abnehmen, wachsen Erfahrung, Zuverlässigkeit und Ausgeglichenheit mit dem Alter. Zur Betreuung der wachsenden Kun-dengruppe der Senioren sind ältere Mitarbeitende besonders geeignet. Die 50 Plus kennen die betrieblichen Abläufe und haben keine Kündigungsabsichten. Verschiedene Studien (Held et al. 2015) belegen, dass zwischen Alter und Leistung kein negativer Zusammen-hang besteht. Die Internet-Plattformen Journal 21 und Infosperber sind Beispiele für das Potenzial älterer Mitarbeitender. Ältere Journalisten und Redaktoren betreiben in diesen Foren einen qualitativ hochstehenden unabhängigen Journalismus. Auch bezogen auf die Krankheitsabsenzen ist die Bilanz ausgeglichen. Junge fehlen öfters, aber kürzer, ältere fehlen seltener, aber länger. Die Defizittheorie wirkt sich als sich selbst erfüllende Pro-phezeiung aus. Altersdiskriminierung ist weit verbreitet, in der Schweiz sogar in Stellen-inseraten. Die älteren Mitarbeitenden werden unterschätzt und irgendwann unterschätzen sie sich selber. Arbeitgeber halten die älteren Mitarbeitenden oft für zu teuer, sehen aber in ihrem Lohnsystem einen altersbedingten Lohnanstieg vor. Die Vorurteile stimmen auch insofern nicht, als die Hirnforschung bestätigt, dass auch Ältere lebenslang lern- und ent-wicklungsfähig bleiben (Hüther 2011). Weniger das Alter ist ein problematischer Faktor als ein langer Verbleib in der gleichen Funktion.

Die voraussehbare Verschiebungen in der Alterspyramide und die Verknappung quali-fizierter Mitarbeitender sind den Führungskräften bewusst zu machen. Außerdem ist eine Unternehmenskultur aufzubauen, die älteren Mitarbeitenden Perspektiven und Anreize bietet. Für sie sind nicht allein materielle Vergütungsaspekte entscheidend, um länger im Unternehmen zu bleiben. Sie wollen sich vor allem geschätzt fühlen und Anerkennung er-fahren. Die Arbeit soll auch nach 50 Herausforderungen beinhalten. Mitarbeitende wollen stolz sein auf das was sie tun und auf ihr Unternehmen. Sie bleiben wegen der interes-santen Arbeit, einem ansprechenden Arbeitsumfeld und guter Zusammenarbeit mit dem Vorgesetzten länger. Sicherheit und Verbundenheit sind für sie entscheidend. Wichtiger als harte Maßnahmen ist eine wertschätzende Kultur. Die heutige Arbeitswelt bietet immer weniger das, was älteren Mitarbeitenden wichtig ist: sinnvolle Arbeit, respektvoller Umgang und Berechenbarkeit.

Das Argument, die älteren verdrängten die jüngeren Mitarbeitenden, findet keine Bestätigung – im Gegenteil. In OECD-Ländern mit einem hohen Beschäftigungsgrad der älteren Mitarbeitenden ist auch die Beschäftigungsquote der Jungen überdurchschnittlich. Wer die Jungen ins Erwerbsleben bringen will, indem er die Arbeit „teilt" und die Älteren in Pension schickt, schadet allen Arbeitswilligen.

Das Zwischenfazit: Die älteren Mitarbeitenden werden unterschätzt und Unternehmen werden aufgrund der demografischen Entwicklung auf sie angewiesen sein.

Im Folgenden geht es primär um die unternehmensbezogenen Maßnahmen, im Bewusstsein, dass sie Hand in Hand mit staatlichen Maßnahmen (Finanzierungslücke Sozialwerke) und einer entsprechenden Einstellung der Mitarbeitenden zu sehen sind.

Eine Strategie 50 Plus muss aufzeigen, wie Führungskräfte und Mitarbeitende sensibilisiert werden können. Sie muss wirksame Maßnahmen zur Flexibilisierung des Pensionsalters sowie zur langfristigen Erhaltung der Leistungsfähigkeit der Mitarbeitenden formulieren. Unternehmen können es sich immer weniger erlauben, qualifizierte Fachkräfte frühzeitig und oft gegen ihren Wunsch in Rente zu schicken.

Inhalt einer Strategie 50 Plus sind Analyse, Sensibilisierung und konkrete Maßnahmen. Ausgangspunkt ist eine Altersstrukturanalyse mit Entwicklungsszenarien. Dabei können Angaben über die Entwicklung der Erwerbsquote, Veränderungen der Qualifikationen und des unternehmensrelevanten Arbeitsmarktes herangezogen werden. Aus einer solchen Analyse werden die Risiken ersichtlich. In aller Regel vermögen fundierte Grundlagen dem Management „die Augen zu öffnen" und sie für die Thematik zu sensibilisieren. Dazu kann auch eine langfristige Personalplanung beitragen.

Obwohl sich Entwicklung und Motivation älterer Mitarbeitender aufdrängen, sind praktische Lösungsansätze wenig verbreitet. Viele Unternehmen sind schlecht darauf vorbereitet, Mitarbeitende bis zur ordentlichen Pensionierung flexibel und leistungsfähig zu erhalten.

Führungskräfte und Mitarbeitende sind mit der Defizittheorie zu konfrontieren, und Vorurteile sind zu bekämpfen. Zur Sensibilisierung können auch Standortbestimmungsmöglichkeiten oder ein Sabbatical als Orientierungsmöglichkeit in der Mitte des Arbeitslebens beitragen. In einem Gespräch der HR-Leitung am 50. Geburtstag jedes Mitarbeitenden können die weiteren Berufsjahre und die Zukunftspläne des Mitarbeitenden thematisiert werden.

Um die Leistungsfähigkeit langfristig zu erhalten, sind vor allem präventive Maßnahmen angezeigt, die meist mit langfristigem und altersspezifischem Mitarbeitereinsatz und der Personalentwicklung zu tun haben. Wie im Kapitel zur Flexibilisierung ausgeführt wurde (s. Kap. 6.2.5), sind den Mitarbeitenden während des ganzen Berufslebens durch Herausforderungen neue Erfahrungen zu ermöglichen. „Entwicklungsverhinderte" sind möglichst frühzeitig zu erkennen und herauszufordern. Das ist erfahrungsgemäß auch die beste Personalentwicklung. Wenn die Mitarbeitenden von früh an flexibel gehalten werden, werden wahrscheinlich auch weniger frühzeitige Pensionierungen und Umschulungen nötig.

Im Zusammenhang mit dem Personaleinsatz sind auch altersgerechte Aufgaben, Lernplattformen, innerbetriebliche Positionswechsel, horizontale Karrieren, Job rotations unabhängig vom Alter und Durchlässigkeit zwischen Führungs- und Fachlaufbahn in Betracht zu ziehen, alles Themen, die nach wie vor ausgeblendet werden.

Kontinuierliche Weiterbildung ohne Altersgrenze stellt einen weiteren Baustein dar. Ältere sind nicht generell lernunwillig. Sie brauchen aber angepasste Lernmethoden, um auf dem Stand des Wissens zu bleiben. Statt loyale und leistungsbereite Mitarbeitende zu entlassen, weil sie neuen Anforderungsprofilen nicht mehr ideal entsprechen, können Umschulungen fehlende Kompetenzen vermitteln. In einer Bank beraten ältere Mitarbeitende die jüngeren in bestimmten Fragen und die jüngeren die älteren in andern. Altersgemischte Teams sind vor allem bei Themen mit komplexen Anforderungen und mäßigem Zeitdruck angezeigt.

Eine Verbesserung der gesundheitlichen Voraussetzungen durch Check-ups und Trainingsmöglichkeiten kann ebenfalls einen Beitrag zur Arbeitsfähigkeit darstellen. Die Anstellungsbedingungen können flexibilisiert werden (z. B. flexible Arbeitszeiten).

Frühzeitige Pensionierungen sind zwar in den letzten Jahren zurückgegangen. Sie sollten aber noch konsequenter vermieden werden. Auf Anreize für einen frühzeitigen Rückzug aus dem Erwerbsleben ist ganz zu verzichten. Mit Ausnahme von Berufen, die mit hoher Beanspruchung verbunden sind, sind frühzeitige Pensionierungen heute keine Notwendigkeit mehr. Die Erkenntnis, dass Frühpensionierungen in jeder Beziehung zu viel kosten, setzt sich trotzdem nur langsam durch. Dass mindestens im OECD-Raum noch viel Potenzial besteht, zeigt die Tatsache, dass die Erwerbsquote im Altersssegment 55–64 fast 20 % tiefer liegt als beispielsweise in der Schweiz.

Der Übergang in den Ruhestand ist fließender geworden. In Zukunft wird er noch häufiger gestuft stattfinden. Die Möglichkeiten, das Pensum vor dem ordentlichen Rentenalter zu reduzieren und im Gegenzug darüber hinaus zu arbeiten sind weiter auszubauen. Durch eine gleitende Pensionierung und einen schrittweisen Ausstieg aus dem Erwerbsleben über eine längere Periode (z. B. in mehreren Schritten) können individuelle Bedürfnisse berücksichtigt und ein Kündigungsschock vermieden werden. Außerdem sollte es möglich sein, eine Führungsfunktion frühzeitig abzugeben.

Bei Novartis können sich ehemalige Manager und Spezialisten registrieren lassen, wenn sie nach der Pensionierung weiter für das Unternehmen tätig sein möchten. Die Schweizerischen Bundesbahnen haben eine ganze Reihe von Arbeits- und Pensionierungsmodellen erarbeitet, die auf möglichst große Flexibilität und Rücksichtnahme auf individuelle Besonderheiten abzielen. Es gibt keine Altersguillotine mehr. Reduktion ab 60 oder auch arbeiten über 65 hinaus sind auf freiwilliger Basis möglich. Die ABB gründete vor 20 Jahren die interne Beratungsfirma Consenec, in der Führungskräfte ab dem 60. Altersjahr als Senior Experten arbeiten können. Damit konnte das Management verjüngt und Know-how im Unternehmen gehalten werden.

Sogar die Bereitschaft, in einem bestimmten Umfang über das normale Pensionierungsalter hinaus weiterzuarbeiten, ist durchaus vorhanden. Eine Studie des Bundesamtes für Sozialversicherungen spricht von 20 %, der Think-Thank Avenir Suisse sogar von
optimistischen 60 % der Mitarbeitenden, immer vorausgesetzt die Bedingungen stimmen.

6.3   Den Mitarbeitenden ein Sicherheitsgefühl vermitteln

Das HR-Management kann den Mitarbeitenden auf vielfältige Weise Sicherheit vermitteln, z. B. durch:

- vorausschauende Personalplanung und vorbeugende Maßnahmen
- eine klare, zukunftsbezogene Strategie
- Perspektiven und Entwicklungsmöglichkeiten
- offene Kommunikation
- Retentionmanagement (Mitarbeiterbindung) und
- soziale Sicherheitssysteme.

Eine vorausschauende Personalplanung zeigt quantitative und qualitative Stärken und
Schwächen der Mitarbeiterstruktur auf und gibt wichtige Hinweise zu zentralen Fragen:

- Welche Mitarbeitenden stellen den Unternehmenserfolg sicher? Über welche Kompe-
  tenzen verfügen sie?
- Wie verändern sich quantitativer sowie qualitativer Bedarf und qualitative Anforderun-
  gen?
- Ist die Weiterentwicklung des Unternehmens personell gesichert? Sind für strategische
  Projekte genügend qualifizierte Mitarbeitende vorhanden?
- Welche Fähigkeiten und Qualifikationen sind aufgrund der zentralen strategischen He-
  rausforderungen in Zukunft wichtig?
- Welche Art Führung passt zum Unternehmen? Welche Anforderungen an die Führungs-
  kräfte sind daraus abzuleiten?
- Welches sind die zukünftigen Schlüsselfunktionen und -personen?

Die *Personalplanung* ist die Grundlage für Überprüfung, Entwicklung und Anpassung der
Mitarbeiterstruktur an zukünftige Anforderungen, aber auch für Rekrutierung, Personalentwicklung, Management Development, Personaleinsatz- und Personalkostenplanung.
Eine vorausschauende quantitative und qualitative Personalplanung erlaubt es, die Engpässe und Qualifizierungsbedürfnisse frühzeitig zu erkennen und proaktiv abzufedern.
Klarheit über Zielgruppen, Engpässe sowie demografische Entwicklungen gibt eine längerfristige Sicht und damit Sicherheit.

Weniger als die Hälfte aller Unternehmen kennen eine systematische Personalplanung.
Oft erfolgt sie nur partiell, rein quantitativ und mit kurzfristiger Optik oder sie ist wenig

in die übergeordnete Unternehmensplanung integriert. Deshalb werden Engpässe oft zu spät erkannt. Nur wenn auch die qualitativen Aspekte einbezogen werden, besteht eine fundierte Grundlage.

Zur Planungssicherheit gehört auch ein *HR-Research*, das Umfeld und Arbeitsmarktentwicklung (extern) wie auch die (internen) mitarbeiterbezogenen Herausforderungen aufzeigt. Einen Beitrag zur Früherkennung kann ausserdem eine periodische Analyse der Personalrisiken im Unternehmen leisten (siehe Kobi Risk, S. 20). Langfristige Personalplanung verschafft einen zeitlichen Vorsprung, der es erlaubt, sozialverträgliche Lösungen zu finden.

Ein hilfreiches Instrument sind *Management Reviews* d. h. ein jährliches Gespräch des HR-Managements mit den Bereichsleitern zum Abgleich der personellen Anforderungen aus der jeweiligen Geschäftsstrategie mit der konkreten Personalsituation, insbesondere im Hinblick auf Nachfolgeplanung, Potenzialeinschätzung und Rekrutierung neuer Mitarbeitender. Grundlage bildet ein HR-Portfolio, das für strategisch wichtige Berufsbilder die zukünftige Veränderung der Qualifikationen und des Bedarfs sichtbar macht.

Eine zukunftsbezogene *HR-Strategie* legt die verbindlichen, übergeordneten und langfristigen Eck- und Schwerpunkte der Personalarbeit fest. Sie trägt zu einer Übereinstimmenden Haltung in den zentralen HR-Fragen bei, steigert die Verbindlichkeit und gibt den Führungskräften und Mitarbeitenden Orientierung. Eine moderne HR-Strategie ist unternehmensspezifisch, integriert (Instrumente und Massnahmen aus einem Guss), eigenständig (hebt sich von andern ab) und operationalisiert (klare Standards, Priorisierung von Maßnahmen). Bis heute hat nur jedes zweite größere Unternehmen eine niedergeschriebene HR-Strategie oder sie ist nicht einem weiteren Kreis bekannt. Gemäß einer neueren globalen Studie von PricewaterhouseCoopers erzielen diese Unternehmen um 35 % höhere Erträge pro Mitarbeiter als Unternehmen ohne explizite HR-Strategie.

Die mitarbeiterbezogenen Aspekte sind stärker in die Diskussion der Unternehmensstrategie einzubeziehen. Rein businessorientierte Unternehmensstrategien ohne Berücksichtigung der mitarbeiterbezogenen Aspekte gehen an der Realität vorbei. Die strategische Differenzierung erfolgt immer mehr über die weichen Faktoren.

Offene *Kommunikation* gibt Sicherheit. Das elementare Bedürfnis des Menschen nach Sicherheit wird maßgeblich durch eine gute Kommunikation zufriedengestellt. Sie vermittelt den Mitarbeitenden die Gewissheit, ernst genommen zu werden. Führungskräfte müssen wieder lernen, ebenso gut mit Menschen zu kommunizieren wie mit Maschinen und Computern umzugehen. Das verlangt vorerst einmal die Fähigkeit zuzuhören und die Meinung Anderer ernst zu nehmen. Der Chef, der in seinem Büro sitzt und sich Zahlen vorlegen lässt, reagiert immer zu spät. Entscheidendes hört er nur im direkten Gespräch mit den Mitarbeitenden.

Rententionmanagement ist internes Personalmarketing. Ein systematisches Retentionmanagement umfasst alle Aktivitäten und Maßnahmen, die darauf abzielen, strategisch wichtige Mitarbeitende an das Unternehmen zu binden und ihr Commitment zu erhalten. Damit nicht unentbehrliches Wissen verloren geht, ist das Unternehmen daran interessiert, die Mitarbeitenden im Unternehmen zu halten. Nur schon die Kosten, welche durch

Fluktuation und Know-how-Verlust entstehen, rechtfertigen es, dass Unternehmen alle Anstrengungen unternehmen, um Schlüsselpersonen und Leistungsträger zu halten. Retentionmanagement kommt vor Mitarbeitereinstellungen.

Erfahrungsgemäß sind möglichst individualisierte und präventive Steuerungsmaßnahmen am wirksamsten. Die Kunst besteht darin, wahrzunehmen, was gefährdeten Schlüsselpersonen besonders viel bedeutet und herauszufinden, wie den einzelnen Mitarbeitenden ihre Bedeutung für das Unternehmen gezeigt werden kann. Der Schlüssel dazu sind regelmäßige Gespräche. Der Vorgesetzte muss sich für die Mitarbeitenden interessieren und spüren, was ihnen wichtig ist. Er muss, ihre individuellen Bedürfnisse kennen und die Retentionmassnahmen darauf abstimmen. Wenn Austrittsgefährdete und Entwicklungsverhinderte frühzeitig erkannt werden, können adäquate Maßnahmen ergriffen werden. Meist zeigt eine nähere Analyse der individuellen Bedürfnisse, dass verschiedene Zielgruppen unterschieden werden können, die auch im Retentionmanagement unterschiedlich anzusprechen sind.

Im Retentionmanagement gibt es keine einfachen Rezepte. Es genügt meist auch nicht, nur die Rahmenbedingungen zu gestalten. Ein wirksames Anreizmanagement muss das ganze Spektrum der materiellen und immateriellen Anreize einbeziehen. Über Geld allein kann in der Regel keine Bindung und Loyalität erzielt werden. Wenn die Führungsqualität nicht stimmt oder immer wieder Externe in Schlüsselfunktionen geholt werden, schwinden Entwicklungsperspektiven und Arbeitsfreude der Internen.

Retentionmanagement steht in engem Zusammenhang mit Unternehmenskultur und Werten. Das Unternehmen muss Klarheit darüber schaffen, welche Werte im Unternehmen wichtig sind und es muss diese Werte leben. Im besten Fall stimmen sie mit dem individuellen Wertekanon überein. Grundlage ist immer ein Klima von Vertrauen und Sicherheit in Verbindung mit einem positiven Unternehmensumfeld. Langfristig dürfte die Arbeit an sich und ihre konsequente Ausrichtung auf die individuellen Bedürfnisse des Mitarbeitenden ein wichtiges Motiv sein, im Unternehmen zu bleiben. Eine wirksame Maßnahme ist, dass jede Führungskraft ihre Schlüsselpersonen bezeichnet und für sie Retentionmaßnahmen erarbeitet.

Unter sozialen Sicherheitssystemen werden vornehmlich staatliche Massnahmen wie Sozialversicherungen und Sozialhilfe verstanden, die eine einheitliche Grundsicherung für die wichtigsten sozialen und wirtschaftlichen Risiken gewährleisten. Darunter fallen auch aktive Arbeitsmarktpolitik, öffentliches Bildungswesen und ausgleichende Steuerpolitik. Mit unternehmensspezifischen sozialen Sicherheitsmaßnahmen kann das HR-Management einen zusätzlichen Beitrag leisten.

6.4 Beziehungen gestalten – Beiträge des HR-Managements zur Verbundenheit

Das HR-Management kann einen wesentlichen Beitrag zur Gestaltung der Beziehungen im Unternehmen leisten. Einführung neuer Formen der Beteiligung, soziale Netzwerke, Gesundheitsmanagement, Familienorientierung, Maßnahmen gegen Burnout und innere

Kündigung sowie Betreuung und Coaching können dazu beitragen, aber auch eine beziehungsorientierte Unternehmenskultur, soziale Netze, Gelegenheit und Raum zu Begegnungen oder flexible Arbeitszeiten und -bedingungen.

Der Versuch einzelner Konzerne, das HR-Management teilweise oder ganz in ein Call-Center in Osteuropa oder Indien auszulagern, verstößt gegen den Wunsch nach persönlichen Beziehungen und Verbundenheit. Outsourcing von HR-Aufgaben lässt sich nicht mit Wertschätzung für die Mitarbeitenden vereinbaren. Außerdem werden die kostenmäßigen Vorteile regelmäßig überschätzt.

Die Mitarbeitenden erwarten sowohl Fairness in der Sache (Beispiel: gerechte Leistungsbeurteilung) wie im Prozess (Beispiel: Einflussmöglichkeiten auf die Spielregeln des Verfahrens).

Besonders anspruchsvoll ist die Balance zwischen *Gleichbehandlung und Individualisierung*, denn diese zwei Aspekte der Verbundenheit widersprechen sich teilweise. Über die letzten Jahrzehnte war ein Trend zur Individualisierung zu beobachten, allerdings mit klaren Unterschieden in verschiedenen Kulturen. Dem amerikanischen Traum nach Individualität steht die asiatische Idee der Gemeinschaft gegenüber. Gemäß einer Umfrage der Deutsche Gesellschaft für Personalfragen (2012) halten sich in Europa Standardisierung und Individualisierung im HR-Management die Waage. Die Sozialwerke haben insofern zur Individualisierung beigetragen, als man weniger aufeinander angewiesen ist. Individualisierung kann nach BECK (1986) sowohl Befreiung, wie auch Verlust bedeuten, sowohl die Möglichkeit, wie auch der Zwang, sich eigenverantwortlich einzubringen.

Sprenger setzt sich in seinem Buch „Aufstand des Individuums"(2000) dafür ein, dass Organisationen vermehrt um Menschen herum gebaut werden, statt alle über den gleichen Kamm zu scheren. Tatsächlich verlangen einzelne Zielgruppen und auch Bereiche in Unternehmen zunehmend eine differenzierende Personalpolitik und unterschiedliche Systeme und Instrumente. Für eine Individualisierung spricht, dass sie die Einzigartigkeit jedes Mitarbeitenden besser berücksichtigt. Gerade qualifizierte Mitarbeitende erwarten ein unkompliziertes Eingehen auf ihre individuellen Bedürfnisse. Das Gerechtigkeitsempfinden ruft hingegen nach Gleichbehandlung. Nicht umsonst gilt die Gleichheit vor dem Gesetz als eine zentrale Errungenschaft des Rechtsstaates. Gerechtigkeit und Gleichbehandlung stützen das Systemvertrauen. Wenn Arbeitsbedingungen oder Lohn subjektiv als ungleich bewertet werden, entsteht Unzufriedenheit. Außerdem machen fast unbeschränkte Auswahlmöglichkeiten (z. B. im Einkaufscenter) kaum zufriedener. Egalitäre Gesellschaften sind stabiler. Schließlich spart eine gewisse Standardisierung auch Kosten. Individualisierung oder Zielgruppenorientierung bedeutet für das HR-Management höheren Aufwand, der allerdings aufgrund erweiterter technischer Möglichkeiten relativiert wird.

Die Kunst besteht darin, zwischen egalisierenden und individualisierenden Ansätzen eine unternehmensspezifische Balance zu finden. Auch Unternehmen, die dazu tendieren, Systeme und Strukturen zu harmonisieren und zu standardisieren, kommen nicht darum herum, mindestens einzelne Mitarbeitergruppen differenzierter und individueller anzusprechen. Das gilt sowohl für die Arbeitsbedingungen und Arbeitszeitmodelle, Instrumente und Systeme (z. B. spezifische Strategien für Frauen, Wiedereinsteigerinnen, ältere

Mitarbeitende), als auch für die Personalentwicklung und die Führung. Individualisierung hat allerdings auch klare Grenzen.

Arbeitsgestaltung oder Job sculpturing beruht auf der Überzeugung, dass Mitarbeitende nur wirklich engagiert arbeiten, wenn ihre Aufgaben ihren Interessen entsprechen. Folglich sollten jedem Mitarbeitenden die Aufgaben verschafft werden, die er gerne ausübt und die für das Unternehmen den größtmöglichen Mehrwert schaffen. Der Chirurg will operieren, nicht administrieren, die Krankenschwester will pflegen, nicht Patientendossiers ausfüllen.

Jede Funktion umfasst eine Anzahl beliebter und weniger gesuchter Aufgaben. Sie können hinterfragt und optimiert werden, indem auf Stärken eingegangen wird und neue Einsatzmöglichkeiten gesucht werden, die den Interessen von Unternehmen und Mitarbeitenden besser entsprechen. Die Aufgaben sind periodisch zu diskutieren und mit den persönlichen Zielen des Mitarbeitenden sowie den Zielen des Unternehmens möglichst in Einklang zu bringen. Dabei sollte gefragt werden:

- Welche Aufgaben werden aus Sicht der Mitarbeitenden als unbefriedigend empfunden? Was ist demotivierend?
- Welche Mitarbeitenden sind übermäßig mit administrativen Aufgaben belastet, die nicht ihren Qualifikationen entsprechen?
- Wo kann die Arbeit durch Aufgabenrotation interessanter gestaltet werden?
- Welche Fachspezialisten sind mit Führungsaufgaben betraut, die ihnen nicht liegen?
- Welche Aufgaben unterfordern die Mitarbeitenden? Welche überfordern sie?
- Welche Fähigkeiten kommen in den jetzigen Aufgaben zu wenig zum Tragen?
- Was könnte für die Mitarbeitenden eine neue Herausforderung darstellen?
- Wie könnten die jetzigen Aufgaben angereichert werden?
- Was kann im Arbeitsumfeld verbessert werden (Prozesse, Einbezug, Kompetenzen usw.)?

Obwohl bekannt ist, dass es Projekte ohne Einbezug der Mitarbeitenden schwer haben, wird immer noch häufig darauf verzichtet. Wirklich partizipative Modelle sind nur in wenigen Unternehmen zu finden, obwohl die Technik neue Formen der Mitarbeiterbeteiligung ermöglicht, wie z. B. geeignete Formate zum individuellen Austausch zwischen den Mitarbeitenden.

Mitarbeiterbefragungen sind heute verbreitet und als Fortschrittskontrolle, als Grundlage des Dialoges sowie als Feedback und Reflexionsinstrument nützlich. Sie funktionieren allerdings nur, wenn das Top-Management dahintersteht und ein echter Wille vorhanden ist, aus den Ergebnissen zu lernen und allenfalls Maßnahmen daraus abzuleiten. Zukunftsfähige Mitarbeiterbefragungen sollten vermehrt die limbischen Grundbedürfnisse ansprechen, statt die üblichen oberflächlichen Zufriedenheitsfragen zu stellen. Außerdem sollten sie auf die qualitativen Aspekte, das Commitment und auf die Führungsqualität fokussieren. Neue Befragungstools (wie z. B. Repertory Grid-Ansätze) können Denkmodelle und Werte neuerdings vertieft ergründen.

Produktive Mitarbeitende fühlen sich bei ihrer Arbeit wohl. Vor allem Informatikunternehmen erhoffen sich durch *atmosphärische Verbesserungen* oder Erlebnischarakter der Arbeit zufriedenere und leistungsbereitere Mitarbeitende. So wird beispielsweise Essen und Trinken gratis abgegeben, die Kantine mutiert zum Gourmet-Restaurant, Fitness-, Meditationsräume und Wohlfühloasen dienen der Entspannung. Kreative Bürowelten sind ebenso selbstverständlich wie Kinderbetreuung, Ernährungsberatung und Einkaufsmöglichkeiten. Damit kann möglicherweise die Arbeitszufriedenheit erhöht werden, aber kaum das Engagement. Dazu ist viel eher Anerkennung gefragt, z. B. in Form eines persönlichen Dankes des obersten Chefs für außerordentliche Leistungen, Beteiligung an interessanten Projekten oder Zusammenarbeit mit den Besten des Faches. Informelle Kommunikationsmöglichkeiten, kulturbildende Veranstaltungen und Verankerung in einem sozialen Netzwerk sind weitere Beiträge zur Verstärkung des Wir-Gefühls.

Eine minimale Fürsorge wird vom Arbeitgeber gesetzlich gefordert. Breiter verstandene *Fürsorge oder Care* sucht auch die Einzigartigkeit jedes einzelnen Mitarbeitenden zu erkennen und ihm durch Unterstützung und hilfreiche Kritik zu persönlicher Entfaltung zu verhelfen. Das setzt Vertrauen, Respekt, Ehrlichkeit und Achtsamkeit voraus. Gesundheitsmanagement, Familienorientierung, Maßnahmen gegen Burnout und innere Kündigung sind in diesem Sinne fürsorgerische Beiträge in der Hand des HR-Managements.

Gesunde Unternehmen haben gesunde Mitarbeitende. Das HR-Management kann mit entsprechenden Programmen einen Beitrag zur Gesundheit und damit zu leistungsfähigeren Mitarbeitenden, einer Reduktion der Absenzen, weniger Fluktuation und höherer Arbeitgeberattraktivität leisten. Möglichen Maßnahmen sind flexible Arbeitszeiten, unbezahlte Urlaube und Sabbaticals, präventivmedizinische Untersuchungen, Fitnessprogramme, Yoga im Büro, gesunde Ernährung, Entspannungsmöglichkeiten und Mikropausen sowie psychologische Beratung.

Vor allem mittelständische Unternehmen haben *familienfreundliche Arbeitsmodelle* entwickelt, nicht nur aus sozialer Gesinnung, sondern auch zur Gewinnung qualifizierter Familienfrauen, denen sie flexible Rahmenbedingungen, Teilzeitarbeitsmöglichkeiten, Home office, Kinderbetreuungsmöglichkeiten, keine Sitzungen ausserhalb der Blockzeiten oder Kontakttabu an freien Tagen offerieren.

Innere Kündigung ist der bewusste oder unbewusste Verzicht auf Eigeninitiative und Engagement eines Mitarbeitenden oder die stille, mentale Verweigerung engagierter Leistung. Wer innerlich gekündigt hat, tut seine Arbeit, aber nicht mehr. Pointiert ausgedrückt ist die innere Kündigung der Entschluss, das Unternehmen nicht mehr zu verlassen. Innere Kündigung erkennt man an fehlender Eigeninitiative, unangepasstem Verhalten, Vermeiden von Auseinandersetzungen, fehlender Kritikfähigkeit, Drängen auf wenig anspruchsvolle Ziele, unausgeschöpften Kompetenzen und versiegendem Humor.

Man kann davon ausgehen, dass durchschnittlich ein Viertel der Mitarbeitenden innerlich gekündigt hat und mindestens einen Teil seines Leistungsbeitrages zurückhält. Das hat einen großen Einfluss auf die Produktivität. Zudem schaden Frustrierte und innerlich gekündigte Mitarbeitende dem Unternehmen auf vielfältige Weise. Für den einzelnen sind Unzufriedenheit und Lustlosigkeit bis hin zu körperlichen Beschwerden die Folge. Für das Unternehmen resultieren fehlendes Engagement und die Gefahr, dass andere Mitarbeitende angesteckt werden. Durch innere Kündigung werden Innovation und Qualität verhindert und sie wirkt sich auch finanziell aus. So fehlen beispielsweise hoch motivierte Mitarbeitende nur vier Tage im Jahr, demotivierte 12 Tage. Kein Unternehmen kann sich Mitarbeitende leisten, die innerlich gekündigt haben. Volkswirtschaftlich gesehen liegt ein großes menschliches Potenzial brach.

Die Ursachen der inneren Kündigung können beim Unternehmen, im Arbeitsumfeld (Führung, Team), in der Arbeit selbst oder beim Individuum liegen. Beeinflussbar sind vor allem diejenigen Ursachen, die beim Unternehmen liegen, wie z. B. Unternehmenskultur, glaubwürdiges Handeln, unbürokratische Strukturen und mitarbeiterorientierte Führung.

Je früher innere Kündigung erkannt wird, desto besser kann sie bekämpft werden. Dazu dienen offene Gespräche zwischen Vorgesetztem und Mitarbeitenden sowie periodische Standortbestimmungen. Weitere Ansätze betreffen die Führungsqualität, Entwicklungsmöglichkeiten und die Schaffung eines geeigneten äußeren Rahmens. Eine gute Möglichkeit, mit realistischen Zielen Weichen neu zu stellen, sind Herausforderungen oder ein Funktionswechsel. Nicht selten leben innerlich Gekündigte in einer neuen Umgebung oder mit neuen Herausforderungen wieder auf.

Während der innerlich Gekündigte nicht mehr will, kann der Mitarbeitende mit *Burnout* nicht mehr. Burnout ist ein Zustand der Erschöpfung, der durch Raubbau an den eigenen Kräften und durch nicht erfüllte Erwartungen entsteht. Aus einer Werte- und Sinnkrise wird eine Gesundheitskrise. Wer ausbrennt, hat vorher gebrannt. Burnout trifft häufig diejenigen, die zu viel von sich selbst erwarten. Unternehmen verdrängen das Phänomen oft lange, weil sie mindestens in einer ersten Phase davon profitieren.

6.5   Reflektierte Herausforderungen – Potenziale entfalten

Den Mitarbeitenden herausfordernde Aufgaben zu übertragen und ihnen damit neue Erfahrungen zu ermöglichen, ist ein besonders zukunftsträchtiger Ansatz. Höchstleistungen werden primär in Situationen von Herausforderung und Freiheit erbracht. Handlungsspielräume zu geben heißt, die Aufgaben und den Entscheidungsspielraum im Rahmen der Leitplanken zu vergrößern und auf einengende Vorschriften und Richtlinien zu verzichten. Selbständiges Arbeiten motiviert, macht resistent gegen Leistungsdruck und weckt schöpferische Gestaltungskräfte. Aufgabenfelder können verbreitert und Job rotations intensiviert werden. Einzelne Unternehmen haben eine Beschränkung der Verweildauer in der Funktion eingeführt (z. B. „Niemand bleibt länger als sieben Jahre in der gleichen Funktion") und fördern so eine institutionalisierte Rotation. Andere legen den Fokus auf den internen Arbeitsmarkt.

Die internen Ressourcen werden unterschätzt. Qualifizierte Mitarbeitende kann man nur beschränkt „einkaufen", man muss sie durch gezielte Zuweisung neuer Aufgaben entwickeln. Viele interessante Positionen werden mit Externen besetzt, obwohl die externe Besetzung von Schlüsselpositionen riskanter ist und die Verbundenheit beeinträchtigt. Weniger als 50 % der Unternehmen berücksichtigen primär interne Kandidaten bei der Besetzung von Führungspositionen. Andere (Beispiele: Hilti, Bosch) leben nach dem Grundsatz, dass die zukünftigen Manager intern entwickelt werden. Die Vorteile einer internen Rekrutierung und Entwicklung liegen auf der Hand. Interne haben bereits einen Leistungsnachweis erbracht, verfügen über ein Netzwerk, sind mit der Unternehmenskultur vertraut und kosten weniger. Interne Entwicklungsmöglichkeiten stellen für die Mitarbeitenden Perspektiven dar, die ihnen verbaut werden, wenn ihnen immer wieder Externe vor die Nase gesetzt werden.

Potenzial meint die Fähigkeiten einer Person, die sie nicht oder noch nicht optimal einsetzen kann. Echte Talente bringen nicht nur fachliche Qualifikationen mit, sondern auch soziale Kompetenz und Engagement. Potenzialmanagement beinhaltet alle personalpolitischer Maßnahmen, die sicherstellen sollen, dass jederzeit genügend leistungs- und potenzialstarke Mitarbeitende zur Verfügung stehen.

Die größten Potenziale betreffen gut ausgebildeter Frauen und älteren Mitarbeitenden, die länger im Unternehmen gehalten werden könnten. Der Beitrag des HR-Managements liegt in der Förderung der Potenziale und darin, einen Rahmen zu schaffen, damit sich die Mitarbeitenden entwickeln können. Er kann auch darin bestehen, in Jahresgesprächen mit den Bereichen die Schlüsselpersonen zu identifizieren und ihre Entwicklung zu planen. Entscheidend ist nicht das System der Potenzialerfassung und -entwicklung, sondern eine entwicklungsorientierte Denkhaltung und die Konsequenz, mit der sie gehandhabt wird. Junge Führungskräfte sollten früh in Führungspositionen gebracht und in die Bearbeitung konkreter Unternehmensprojekte eingebunden werden.

Selbst da, wo sie vorhanden sind, werden die Instrumente und Systeme des Potenzialmanagements selten konsequent gehandhabt. Potenzialerfassung und entwicklung ist kein einmaliger Kraftakt, sondern eine Investition in die Zukunft. Potenzialmanagement braucht einen langen Atem. Glaubwürdigkeit entsteht durch verbindliche Standards. Nur wenn bei Beförderungen und Versetzungen konsequent darauf Bezug genommen wird, wirkt das Potenzialmanagement überzeugend.

Die Mitarbeitenden gemäß ihren Stärken einzusetzen, gibt ihnen Befriedigung in ihrer Arbeit und Sicherheit. Es bringt wenig, zu versuchen, die Mitarbeitenden auf Gebieten kreativ zu machen, auf denen sie keine Voraussetzungen mitbringen. Verbessert man ihre Schwächen, werden sie eventuell mittelmäßig, stärkt man hingegen ihre Stärken, werden sie einzigartig.

Neben der Förderung von Eliten dürfen die übrigen Leistungsträger nicht vergessen werden. Die stillen „Arbeiter" machen die Mehrheit der Mitarbeitenden aus. Aufgrund ihrer Zurückhaltung werden ihre Stärken und Kompetenzen unterschätzt. Eine Mannschaft mit lauter Stars ist nicht unbedingt erfolgreicher als ein Team durchschnittlicher Spieler, das sich uneigennützig für den gemeinsamen Erfolg einsetzt.

6.6   Das Mächtige in Rekrutierung, Entlöhnung und Personalentwicklung

Das funktionale HR-Management beschäftigt sich neben der Ressourcenplanung und dem Personaleinsatz mit den drei Feldern HR-Marketing und Rekrutierung, Leistungsmanagement und Entlöhnung sowie Personal- und Werteentwicklung.

6.7   HR-Marketing und Rekrutierung

Personalmarketing wird hier umfassend verstanden und schließt Arbeitgeberimage, Rekrutierung, Einführung und Retentionmaßnahmen mit ein. HR-Marketing ist eine Denkhaltung, welche die aktuellen und die potentiellen Mitarbeitenden als Kunden begreift. Dem eigentlichen Personalmarketing geht eine Analyse der Mitarbeiterbedürfnisse, d. h. eine Auseinandersetzung mit den Mitarbeitenden und eine unternehmensspezifische Definition der Kompetenzen, voraus.

Die Bedeutung des Personalmarketings und der Personalauswahl wird unterschätzt. Wenn die Falschen ausgewählt wurden, ist es schwierig, nachträglich fehlende Fähigkeiten zu entwickeln, vor allem, wenn es um persönliche oder soziale Kompetenzen geht. Auslese kommt vor Personalentwicklung. Durch eine konsequente Anstellungspraxis über mehrere Jahre kann das Gesicht eines Unternehmens verändert werden. Keine HR-Aufgabe wirkt sich langfristig ähnlich stark aus. Rekrutierung ist die wichtigste Aufgabe von Führungskräften und HR-Management. Sie sollten auch nicht allein an die Personalabteilung delegiert werden. Die Führungskräfte müssen Zeit dafür investieren.

Man kann in der Rekrutierung nicht sorgfältig genug vorgehen. Ein erfolgreicher Firmengründer erkannte rückwirkend: „Nahezu jeder Fehler, den ich gemacht habe, kam daher, dass ich die falschen Mitarbeitenden ausgesucht habe". Es ist deshalb viel mehr Zeit darauf zu verwenden, sich vor dem strategischen und kulturellen Hintergrund darüber klar zu werden, welche Mitarbeitenden das Unternehmen braucht, und sie besonders sorgfältig auszulesen.

Personalentscheidungen sind eine hohe Investition und ein großes Risiko, weil sie nur schwer korrigierbar sind und deshalb Langzeitwirkung entfalten. Kritische Beobachter gehen von bis zu ein Drittel Fehlentscheiden bei der Personalauswahl aus. Sie verursachen großen Schaden. Wenn die falschen ausgelesen oder gefördert werden, nützt die beste Personalentwicklung nichts. In der Auslese darf es deshalb keine Kompromisse geben. Die Kosten von Fehlbesetzungen sind zu wenig bewusst. Jeder Weggang kostet als Faustregel mindestens ein Jahressalär. Personalentscheide auf Managementebene sind Millionenentscheide, wenn man die Auswirkungen auf das Umfeld berücksichtigt. Als Regel für qualifizierte Mitarbeitende gilt: „ Die Senkung der Fluktuationsrate um 1 % spart ungefähr 1 % der Lohnsumme."

6.7.1 Limbische Anforderungsprofile als Basis von Stellenbesetzungen

In der Rekrutierung und Auswahl neuer Mitarbeitenden, aber auch in der Besetzung von Führungspositionen, ist von den limbischen Anforderungen auszugehen. Mitarbeitende sind neben den fachlichen Qualifikationen aufgrund von Limbik, Kultur und Werten zu rekrutieren.

Werte und Unternehmenskultur werden zum Auswahlkriterium. Unternehmen werden sich zunehmend auf dem Arbeitsmarkt als Kulturen vermarkten müssen. Personalauswahl heißt, Kulturmitträger finden. Schon in der Stellenausschreibung sollte deutlich werden, für welche Werte das Unternehmen steht. Im Anstellungsgespräch und bei Personaleinstellungen sind neben den fachlichen Fähigkeiten vor allem Haltungen und Werteorientierung zugrunde zu legen. Die Mitarbeitenden sind danach auszusuchen, welche Einstellungen sie mitbringen und wie sie ins Team passen. Leute, die der Unternehmenskultur nicht entsprechen, verlassen das Unternehmen ohnehin über kurz oder lang wieder. Gute Unternehmen stellen nur Mitarbeitende ein, die sich mit den Werten des Unternehmens identifizieren und deren Werte möglichst weitgehend mit den zukunftsbezogenen Unternehmenswerten übereinstimmen. Es geht nicht darum die besten, sondern die passenden einzustellen.

Unbestrittenermassen beeinflusst das Arbeitgeberimage die Attraktivität von Unternehmen am Arbeitsmarkt nachhaltig. Entscheidend ist, wie die Unternehmenskultur durch Aussenstehende wahrgenommen wird. Der Mitarbeitende der Zukunft sucht sich sein Unternehmen nach Imagemerkmalen und Werten aus. Bereits heute informieren sich viele Kandidaten online über das Firmenimage. In denjenigen Punkten, die potentiellen Interessenten wichtig sind, sollte das Unternehmen bekannt und als hochstehend positioniert sein, z. B. bei der Sicherheits- und Mitarbeiterorientierung. Image hat (im Guten wie im Schlechten) Langzeitwirkung: Unternehmen, die Mitarbeitende abbauen mussten, sind oft noch lange am Arbeitsmarkt benachteiligt. Ist der Ruf als Arbeitgeber einmal ruiniert, bewerben sich gute Kandidaten nicht mehr. Vertrauensverlust ist teuer. Umgekehrt gibt es Beispiele von Unternehmen, die aufgrund ihres mitarbeiterorientierten Images auch in einem ausgetrockneten Arbeitsmarkt kaum Beschaffungsprobleme kennen (Beispiel: verschiedene genossenschaftlich organisierte Unternehmen).

Die internen Ressourcen werden zu wenig ausgeschöpft. Freie Positionen sollten zuerst intern und erst dann extern ausgeschrieben werden. In erfolgreichen Unternehmen stammt in der Regel ein erheblicher Teil der Führungsmannschaft von Innen. Das richtige Maß zwischen internen Aufstiegsmöglichkeiten und frischem Wind von Außen ist ein Spannungsfeld und eine Herausforderung für das HR-Management, wobei der Fokus auf der internen Rekrutierung liegen sollte.

Wenn mit PR-Agenturen Employer Branding-Projekte initiiert werden, um das Unternehmen auf dem Arbeitsmarkt zu positionieren, ist Skepsis angebracht. Starke Brands strahlen aufgrund ihrer gelebten Unternehmenskultur und nicht aufgrund von Employer Branding-Programmen. Employer Branding beginnt bei den eigenen Mitarbeitenden, und beim Marketing nach Innen. Sicherheit und Wertschätzung sind entscheidende Aspekte der Attraktivität eines Arbeitgebers. Unternehmen, die es schaffen, ihren Mitarbeitenden neben dem unumgänglichen Wandel auch Stabilität und damit so etwas wie eine Heimat zu bieten, sind im Kampf um die besten Talente im Vorteil. Bei der Stellensuche geben Arbeitsinhalte, Arbeitskollegen und -kolleginnen, Unternehmenskultur und Image des Arbeitgebers den Ausschlag. Der Lohn kommt gemäß Befragungen erst viel später. Auch hier schlagen Sicherheitsdenken und Verbundenheit durch.

Der Einstellprozess wird zunehmend technisiert. Die Vision eines großen deutschen Industrieunternehmens lautet: Der ganze Einstellprozess wird so weit perfektioniert und technisiert, dass der erste persönliche Kontakt am 1. Arbeitstag stattfindet. Ausschreibung, Bewerbung, Tests, Assessment Center, Video des Unternehmens und Vertragsangebot erfolgen elektronisch. Damit mag der Einstellprozess schneller werden. Es bleibt aber offen, wie eine persönliche Beziehung geschaffen oder die Unternehmenskultur übermittelt wird. Wie spürt man das „Leuchten in den Augen", ohne das man niemanden einstellen sollte (Kobi Balance, S. 129)?

Eine Professionalisierung und Beschleunigung des Einstellprozesses ist unumgänglich. Wenn er sich über mehrere Monate hinzieht, sind die meisten guten Leute bereits nicht mehr auf dem Markt. Schnelligkeit darf aber nicht auf Kosten des Human-touch gehen. In der Rekrutierung lohnt es sich, wählerisch und sorgfältig vorzugehen.

Mitarbeiterempfehlungen sind als Rekrutierungskanal in vielen Unternehmen noch ausbaufähig. Daraus resultieren mehr Anstellungen als bei einer Suche über andere Kanäle. Der Rekrutierungsprozess ist zudem kürzer und Fehleinstellungen seltener.

Wenn Profile mehrfach besetzt werden sollen (z. B. Trainees), sind Jobmärkte beliebt. Die Teilnehmer absolvieren einen Parcours, der ihnen Unternehmen und Aufgaben näherbringt und bei dem sie sich in entspannter Atmosphäre mit dem HR-Management und zukünftigen Kollegen austauschen können. Die Bewerber schätzen den Eventcharakter und den Fokus auf den kulturellen Fit.

Mangels entsprechender Qualifikationen der Interviewer ist die Aussagekraft von Einstellungsinterviews oft ungenügend. In der Auswahl wird tendenziell zuviel aus der Hand gegeben (externe Personalberater, Tests, Assessment-Center usw.). Dadurch stehlen sich Vorgesetzte und HR-Management aus der Verantwortung. Längerfristig schwindet das Vertrauen in die eigene Urteilskraft.

Oft sind Assessment Centers zu wenig auf die Unternehmensanforderungen abgestimmt und berücksichtigen die limbischen Bedürfnisse zu wenig. Außerdem sind sie aufwändig und technokratisch. Eher negativ wirken sich zudem die geweckten Erwartungen sowie die Situation „Gescheiterter" aus. Hilfsmittel wie Tests, Assessment-Center usw. sollten nur eine einzelne Blumen in einem großen Strauß darstellen. Sie dienen dazu, zusätzliche Sicherheit zu gewinnen oder Fragen aufzuwerfen. Die Verantwortlichkeiten dürfen aber nicht verwischt werden.

Eine noch wenig angewandte Möglichkeit sind On-the-job-Assessments in Projekten. Im Unterschied zu Einzel- oder Gruppen-Assessment-Centers wird die Beurteilung aufgrund eines Projektes vorgenommen. Projektleitungsaufgaben sind anspruchsvoll und geben umfassende Beobachtungsmöglichkeiten. Insbesondere können auch Persönlichkeits- und Führungskompetenzen gut beurteilt werden. Mit einem On-the-job-Assessment wird eine Laborsituation vermieden. Das Unternehmen hat einen konkreten Nutzen, und es eröffnen sich vielfältige Reflexionsmöglichkeiten. Dieser Ansatz eignet sich vor allem für Interne, die sich auf eine Projektleiter- oder Führungsposition bewerben.

6.7.2   Die Mitarbeitenden als Kunden behandeln (Verbundenheit)

Ein eigentliches Marketingdenken ist im HR-Management noch wenig verbreitet. Das HR-Management sollte die Mitarbeitenden vermehrt als Kunden behandeln und zielgruppenspezifisch vorgehen. Es wird zu wenig in diesen Dimensionen gedacht. Marketingabteilungen wissen gewöhnlich mehr über ihre Kunden, als das HR-Management über die eigene Belegschaft. Verglichen mit der Intensität, mit der Marktforschung betrieben wird, wird heute noch viel zu wenig nach den Bedürfnissen und Anregungen der Mitarbeitenden gefragt. Das Unternehmen muss nicht nur die eigenen Mitarbeitenden „spüren", sondern auch in ständigem Kontakt zu möglichen und früheren Mitarbeitenden stehen. Auch das ist Teil der Verbundenheit.

6.8   Leistungsmanagement und Entlöhnung

In der Entlöhnung spielt das Feld „Leistung" naturgemäß eine besondere Rolle (Qualität der Leistungsziele, -beurteilung, -lohn). Dabei gehen Sicherheit und Verbundenheit gerne vergessen. Statt zu überlegen, wie die materielle Entlöhnung optimiert werden kann, wären Möglichkeiten der Erhöhung von Beschäftigungssicherheit und Verbundenheit zielführender.

Abbildung 6.4 zeigt Inputs der Limbik auf die Entlöhnung:

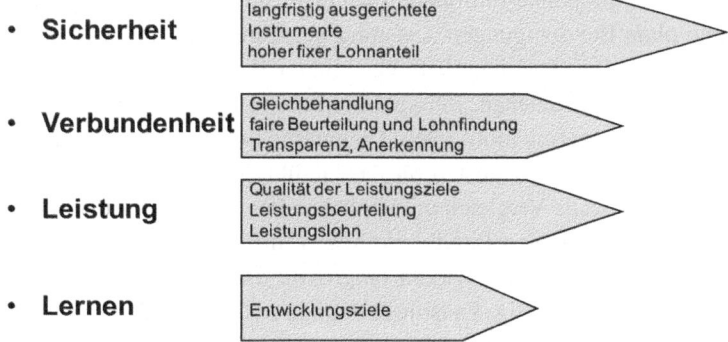

Abb. 6.4 Limbische Entlöhnungsgrundsätze

6.8.1   Entlöhnungssysteme auf die Sicherheitsaspekte ausrichten

Entlöhnungssysteme, die Sicherheitsaspekte berücksichtigen, sind langfristig ausgerichtet und beinhalten einen hohen fixen Anteil.

Langfristige Ausrichtung bedeutet, dass das Entlöhnungssystem selber nicht dauernd geändert wird und dass die Mitarbeitenden wissen, was sie zu erwarten haben, bzw. ihre Gehaltsentwicklung voraussehbar ist. Die einzelnen Aspekte von Belohnungssystemen (Funktion, Erfahrung, Leistung, variable Erfolgskomponente, Neben- und Sozialleistungen, steuerliche Aspekte, immaterielle Anreize usw.) sind ganzheitlich zu betrachten, aufeinander abzustimmen und langfristig auszurichten. Verständliche Systeme sind einfach und verzichten auf Perfektion.

Die Bedeutung der materiellen Aspekte und variabler Vergütungsanteile wird überschätzt. Solange die interne und externe Lohngerechtigkeit (in einer gewissen Bandbreite) und die immateriellen Anreize stimmen, dürfte der Lohn für die wenigsten Mitarbeitenden der entscheidende Motivator sein, vielleicht abgesehen von Mitarbeitenden, die eher ausführende Tätigkeiten ausüben.

Außerdem sollte nicht das Kurzfristige belohnt werden. Mindestens ein Teil des Bonus sollte an qualitative Ziele und mittel- bis längerfristige Ergebnisse geknüpft werden. Es ist widersprüchlich, wenn langfristiges Denken gefordert, aber kurzfristiges belohnt wird.

Lohnkürzungen haben auch dann negative Verhaltenskonsequenzen bei den Mitarbeitenden, wenn sie als gerechtfertigt beurteilt werden, weil sie die Sicherheit tangieren.

6.8.2   Verbundenheit durch fairen Beurteilungsprozess

Verbundenheit baut auf Gleichbehandlung, fairer Beurteilung und Lohnfindung sowie Transparenz. In Entgeltsystemen spielen Gerechtigkeitsprinzipien eine wichtige Rolle. Große Ungleichheiten zerren an der menschlichen Psyche. Den Mitarbeitenden ist vor allem eine als fair empfundene Entlöhnung wichtig. Sie wünschen sich eine ausgewogene Behandlung ohne Bevorzugungen. Leistungsgerechtigkeit, interne Lohngerechtigkeit und Marktgerechtigkeit sollten innerhalb bestimmter Bandbreiten gegeben sein. Um die besten Mitarbeitenden anzuziehen, müssen interne und externe Lohngerechtigkeit stimmen. Nur faire Entgeltsysteme motivieren. Die interne Lohngerechtigkeit hat einen hohen Stellenwert. Als Orientierungsmaßstab für das Gefühl, gerecht oder ungerecht behandelt zu werden, dient der soziale Vergleich mit ähnlichen Personen und die Beurteilung, ob die Leistungen in einer akzeptablen Bandbreite liegen. Im internen oder externen Vergleich als ungerecht empfundene Löhne wirken langfristig demotivierend. Wettbewerbsfähige Löhne zu zahlen ist zwar wichtig. Es ist jedoch nicht nötig, für jede Position die höchsten Saläre anzubieten. Das Gesamtpaket, das monetären wie nicht monetären Komponenten Rechnung trägt, muss stimmen.

Das Gleichheitsprinzip erfordert, möglichst alle gleich zu behandeln und nur besondere Leistungen besonders zu entlöhnen. Wichtiger als monetäre Anreize sind kleine Anerkennungen, welche im Sinne von Spontanprämien von den Vorgesetzten eigenständig vergeben werden können. Schnelle, informelle und direkte Anerkennung ist wirkungsvoller als eine Lohnerhöhung am Ende des Jahres.

Wenn sich die Lohnschere zwischen Management und Mitarbeitenden allzustark öffnet, werden die Löhne nicht mehr als fair empfunden. Nach neueren Studien schwächt Lohnungleichheit sogar das wirtschaftliche Wachstum. Mit Fairness haben auch nicht nachvollziehbare Lohnunterschiede zwischen Männern und Frauen zu tun. Wenn Frauen auf dem Arbeitsmarkt 15 % weniger verdienen als Männer, ist die Fairness tangiert. Außerdem kann man sich fragen, warum „rationale" Arbeitgeber nicht bevorzugt offenbar deutlich günstigere Frauen einstellen.

Menschen trachten zuerst nach intrinsischen Werten. Erst wenn diese sich nicht realisieren lassen, werden die extrinsischen wichtiger. Honorierung mit interessanten Aufgaben und Sinn wird vermehrt nachgefragt. Laut einer Studie wären 43 % der Befragten bereit, Lohneinbussen in Kauf zu nehmen, um in einem ethisch handelnden Unternehmen arbeiten zu können.

Den Mitarbeitenden geht es in erster Linie um Fairness des Verfahrens (prozedurale Gerechtigkeit) und die Qualität der Leistungsziele. Wenn die prozedurale Fairness fehlt oder die Qualität der Leistungsziele mangelhaft ist, stoßen Leistungsbeurteilungssysteme auf Widerstand. Im schlimmsten Fall demotivieren sie. Um Fairness gewährleisten zu können, kommen größere Unternehmen nicht um eine Lohnsystematik herum. Nur transparente Lohnsysteme schaffen Vertrauen. Intransparente verunsichern, statt dass sie motivieren.

Um dem Hang nach mittleren Beurteilungen entgegenzuwirken, definieren einzelne Unternehmen Quoten. Damit zwingen sie die Vorgesetzten, differenzierter zu beurteilen. Gleichzeitig wird aber viel Unruhe gestiftet und ein faires Verfahren in Frage gestellt.

6.8.3 Anerkennung der persönlichen Leistung

Leistungslöhne entsprechen dem menschlichen Bedürfnis nach individueller Anerkennung der persönlichen Leistung. Die Vorbehalte gegenüber Beurteilungen aufgrund von Zielen und gegenüber Leistungslöhnen sind aber gravierend und betreffen vor allem die Qualität der Leistungsziele, die Leistungsbeurteilung und die Leistungslöhne.

Gegenüber Zielen und Zielbeurteilung wird angeführt:

- Nur knapp die Hälfte der Befragten trauen dem Vorgesetzten eine zuverlässige Leistungsbeurteilung zu. Zuweilen fehlen ein gemeinsames Verständnis, wie die Zielerreichung zu messen ist, und ein faires Verfahren von Zieldefinition und -beurteilung.
- Zielvereinbarung und Beurteilung sind aufwändig.
- Oft sind die Ziele zu vage formuliert.
- Die längerfristige Zieldimension wird vernachlässigt. Schwierige, nur langfristig lösbare sowie qualitativ anspruchsvolle Aufgaben bleiben auf der Strecke.

- Die Beeinflussbarkeit von Zielen ist oft gering und es kann schwierig sein, den Erfolg einer einzelnen Person zuzuschreiben.
- Zu hoch gesteckte Ziele lähmen, zu tief angesetzte fordern zu wenig heraus. Zu viele oder unerreichbare Ziele erzeugen Druck und Unzufriedenheit.
- Nicht erreichte Ziele wirken demotivierend.
- Ziele sind unflexibel und werden der Dynamik des modernen Wirtschaftslebens nicht gerecht.
- Komplexe Tätigkeiten und qualitativ anspruchsvolle Aspekte lassen sich nicht mit wenigen Zielvariablen messen.
- Beurteilung aufgrund von Zielen erzeugt eine Scheinobjektivität. Jede Beurteilung bleibt aber bis zu einem gewissen Grad subjektiv.
- Die Vorgesetzten beurteilen ungern. 80 % der Beurteilungen sind zu gut. Die Jahresgespräche verkommen zu unbeliebten Pflichtübungen.

Für Leistungslöhne spricht, dass sich Leistung lohnen soll. Leistungen und Verhaltensweisen, die man fördern will, sollten auch belohnt werden. Für die Mitarbeitenden ist Leistungslohn eine Form der Anerkennung. Der leistungsbezogene Anteil der Entlöhnung ist kontinuierlich wichtiger geworden und die Meinung, die Entlöhnung müsse sich nach der Leistung ausrichten, ist heute weit verbreitet. Wenn es um einfache, rein mechanische Aufgaben und quantitative Vorgaben geht, haben Leistungslöhne durchaus positive Effekte. Sobald aber qualitative Aspekte entscheidend sind, spornt die leistungsbezogene Vergütung nicht mehr an. Zumindest in kreativen Unternehmen braucht es keinen Bonus, weil damit das Mitdenken und das Engagement beeinträchtigt werden.

Anerkannten Vorteilen von Leistungslöhnen und Erfolgsbeteiligung wie Förderung der Zielorientierung und des unternehmerisches Denkens und Handelns, objektivere Beurteilung sowie Grundlage zu Dialog zwischen Vorgesetztem und Mitarbeitenden stehen bedenkenswerte Risiken und Nebeneffekte gegenüber. Gemäß verschiedenen Studien eignen sich finanzielle Anreize nur beschränkt als Instrument zur produktivitätsorientierten Motivierung der Mitarbeitenden. Teilweise sind sie sogar kontraproduktiv. Ein ebenso wichtiger Ansporn, sich mehr einzusetzen, sind Vertrauen, persönlicher Freiraum, interessante Aufgaben, Entwicklungsmöglichkeiten, soziale Kontakte, Einflussmöglichkeiten, Umfeld und Kultur, Fairness und soziale Einbindung. Gerade in höheren Funktionen wird die Anerkennung der eigenen Kreise und nicht unbedingt materieller Erfolg gesucht.

Die Bedeutung der variablen Vergütungsanteile wird überschätzt. Osterloh und Frey (2009) plädieren für eine Rückkehr zu Fixlöhnen als Alternative zu Bonus und Anreizsystemen. Der Mehrwert von Erfolgsbeteiligungen hat sich als beschränkt erwiesen. Variable Lohnsysteme haben klare Grenzen und können dazu führen, dass nur noch das getan wird, was bonuswirksam ist. Außerdem besteht die Gefahr, dass Loyalität und Teamgeist leiden. Häufig sind überdies „bei Lichte besehen" die Beeinflussungsmöglichkeiten relativ gering. Die behauptete Kausalität zwischen variablem Lohn und Leistung konnte bisher nicht nachgewiesen werden. Nach Osterloh und Frey (2009) gibt es keinen statistischen Zusammenhang zwischen „Pay for Performance" und Unternehmenserfolg. Untersuchungen der Universität Zürich zeigen, dass der Anteil und die Höhe der variablen Vergütung bei Managern wenig Einfluss auf die Motivation haben. Wichtiger ist, dass Vergütungssysteme Ziele setzen, Feedback und Anerkennung vermitteln und dadurch deutlich machen, dass Leistung im Unternehmen geschätzt wird. Variable Lohnsysteme verdrängen die intrinsische Motivation, führen zu einer Fokussierung auf den persönlichen Vorteil und beinhalten zusätzliche Risiken, wenn die falschen Messgrößen gewählt werden, keine gesicherte Datenbasis besteht oder die individuelle Zurechenbarkeit nicht gegeben ist.

Besonders hohe Gewinnaussichten führen zu übermäßigem Druck und damit zu kontraproduktivem Stress, der sich wiederum auf das Leistungsniveau auswirkt (Kaduk et al. 2013, S. 227). Testpersonen, denen der höchste Gewinn in Aussicht gestellt wurde, zeigten nur halb so gute Leistungen wie solche mit geringeren Gewinnchancen. Die intrinsische Motivation der Bonusempfänger wird von der Gier verdrängt (Frey 2002). Der Mehrwert von Erfolgsprämien ist kleiner als angenommen. Die Art und Weise, wie die Wirtschaft Belohnungen zuweist, wird immer mehr eine Quelle von Dissonanzen und Frustration.

Die Gründe für oder gegen leistungsbezogene Entgeltsysteme sind unternehmensspezifisch sorgfältig abzuwägen. Die Erfahrung zeigt, dass die Verbindung zwischen Beurteilung und Lohn nicht zu direkt und der leistungsbezogene Anteil nicht zu hoch sein sollte. Vergütungssysteme sollten vor allem Feedback und Anerkennung vermitteln.

Das jährliche Mitarbeitergespräch sollte weniger ein Qualifikationsgespräch sein, sondern die längerfristige individuelle Entwicklung des Mitarbeitenden zum Gegenstand haben. Qualifikationsgespräche schaffen keine Verbundenheit. Wenn Beurteilungs- und Mitarbeitergespräch an den Lohn gekoppelt werden, kommt das Gespräch im Sinne eines Beratungs- und Führungsgesprächs regelmäßig zu kurz. Schnelles persönliches Feedback ist hilfreicher als Beurteilungsgespräche mit Betonung der kritischen Punkte. Wer Besonderes leistet, aber auch wer die Erwartungen nicht erfüllt, soll das sofort erfahren. Entsprechend der Bedeutung der Mitarbeitergespräche sind die Führungskräfte systematisch darauf vorzubereiten.

6.9   Werte- und Personalentwicklung – akzeptieren, dass die Entwicklungsmöglichkeiten beschränkt sind

Neue Technologien und Prozesse verlangen von den Mitarbeitenden lebenslanges Lernen. Während die Halbwertszeiten des beruflichen Wissens rapid sinken, erhöht sich das geforderte Qualifizierungsniveau kontinuierlich. Der Wissensbedarf steigt an jedem Arbeitsplatz und in allen Branchen.

Personalentwicklung will sowohl Unternehmensziele wie individuelle Entwicklungs- und Karriereziele von Führungskräften und Mitarbeitenden erfüllen. Der Aufwand für Personalentwicklung ist in den letzten Jahren allerdings zurückgegangen. Nicht funktionsnotwendige Schulungen und Weiterbildungen verschwinden. Teilweise werden Neueinstellungen einer Weiterbildung und Umschulung von Internen vorgezogen. Ganz generell hat Weiterbildung beim Management einen geringen Stellenwert.

Sie ist in Unternehmen oft einseitig verteilt. Lediglich etwa ein Viertel aller Erwerbs-tätigen ist daran beteiligt. 80 % der Personalentwicklung wird für 20 % der Mitarbeitenden (vor allem die Jüngeren und die Qualifizierteren) erbracht. Die wenig Qualifizierten und die älteren Mitarbeitenden sind als Teilnehmer an Weiterbildungsveranstaltungen stark untervertreten. Das dürfte in Verbindung mit der Demografie in absehbarer Zeit gravie-rende Folgen haben.

Personalentwicklung leitet einen erheblichen Teil ihrer Existenzberechtigung aus der Annahme ab, dass Menschen sich grundsätzlich ändern können. Wenn aber, wie in Kap. 2.2 dargelegt, die Lernfähigkeit aufgrund der Neuroplastizität zwar grundsätzlich gegeben ist, aber auch schnell an Grenzen stößt, dürfen an die Schulung der sozialen und führungsmäßigen Kompetenzen keine zu hohen Erwartungen gestellt werden. Weil akzep-tiert werden muss, dass sich die Mitarbeitenden nicht unbeschränkt entwickeln lassen, ist der Personalauswahl mehr Gewicht beizumessen als der Personalentwicklung. Man sollte sich keine Illusionen betreffend nachträgliche Entwicklungsmöglichkeiten machen.

Es geht nicht darum, keine Schwächen zu haben, sondern in ein paar Bereichen her-ausragend zu sein. Dinge, die uns schwerfallen oder die uns nicht interessieren, werden wir nie richtig beherrschen. Wer keine ausgesprochene Schwäche hat, sollte sich darauf konzentrieren, die relativen Stärken weiterzuentwickeln. In der Personalentwicklung geht es weniger um die Beseitigung von Defiziten als um Potenzialentfaltung.

Lernen ist eine Frage der Einstellung. Man lernt, wofür man sich interessiert und be-geistert. Dieses Interesse zu wecken ist eine große Herausforderung für das HR-Manage-ment.

6.9.1 Auf die Kernkompetenzen fokussieren

Kompetenzen sind die Grundlage von Rekrutierung, Entlöhnung und Personalentwick-lung. Definierte Kernkompetenzen bringen erfahrungsgemäß nur etwas, wenn alle Instru-mente darauf ausgerichtet sind.

Ganzheitliche Handlungskompetenz umfasst sowohl persönlichkeitsbezogene als auch soziale und führungsmäßige, unternehmerische und fachliche Kompetenzen. Abbildung 6.5 zeigt einen entsprechenden Raster.

In der Personalentwicklung ist eine Konzentration auf die langfristigen Kernkompe-tenzen besonders bedeutsam. Die soziale Kompetenz bringt die fachliche Kompetenz erst eigentlich zum Tragen.

6.9.2 Werte und Haltungen verinnerlichen

An Werten und Haltungen arbeiten, kann einerseits heißen, einen Rahmen zu schaffen und andererseits an den Haltungen der Führungskräfte zu arbeiten (Werte thematisieren, Ge-staltung der Unternehmenskultur).

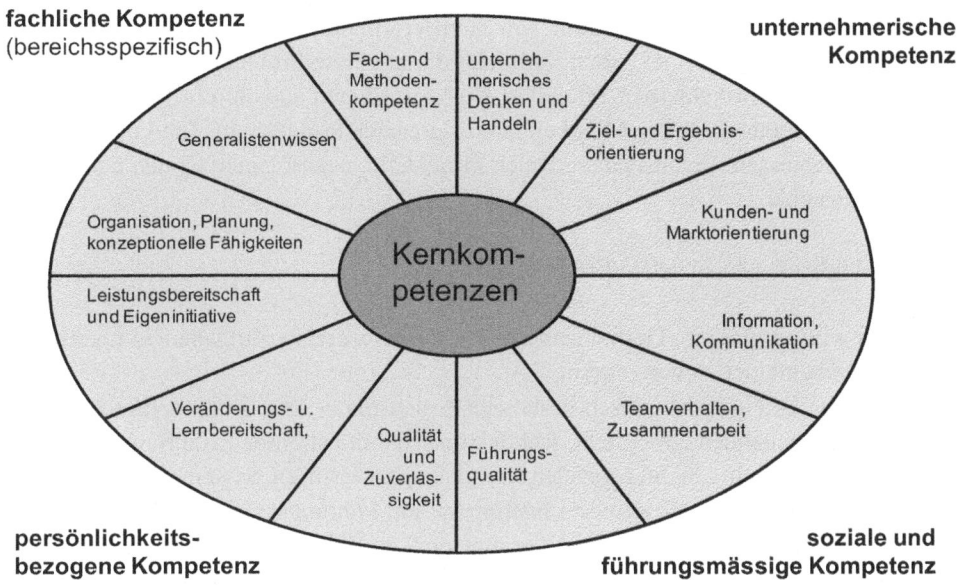

Abb. 6.5 Kernkompetenzen

Führungstrainings dienen nicht primär der Vermittlung von Methoden. Es geht viel mehr darum, die Führungskräfte in einem persönlichen Prozess zu begleiten und Werte und Haltungen in Leadershiptrainings zu integrieren. An den Haltungen der Führungskräfte zu arbeiten dürfte besonders erfolgversprechend sein.

Die Führungskräfte werden zu sehr allein gelassen. In diesem Sinne besteht die Aufgabe des HR-Managements darin, die Führungskräfte von der Bedeutung der Human Resources zu überzeugen, sie für eine professionelle Führungsarbeit zu gewinnen sowie sie zu unterstützen und sie zu befähigen, ihre Personalaufgaben kompetent wahrzunehmen.

6.9.3   Neue Erfahrungen ermöglichen

Von Praktikern hört man immer wieder:

- Führen lernt man in der täglichen Praxis.
- Projektarbeit ist eine der besten Entwicklungsmöglichkeiten.
- Wohldosierte Überforderung schafft Lernerfolg.

Die wirksamsten Schulungsmaßnahmen sind Herausforderungen, die Erfahrungen vermitteln und reflektiert werden. Zielführender als Seminarbesuche sind neue Erfahrungen durch herausfordernde Aufgaben. Die Frage ist nicht, welche Trainings ein Mitarbeitender noch besuchen sollte, sondern welche Erfahrungen er noch machen muss.

Eine radikale Form der Vermeidung von Transferproblemen ist die Bearbeitung realer Probleme in Projekten. Projektarbeit verbindet die konkrete Problemlösung mit Weiterbildung. Wenn die Projektarbeit reflektiert wird, profitieren sowohl die Mitarbeitenden als auch das Unternehmen. Die Mitarbeit in erfolgreichen Projektteams führt oft zu intensiven Lernerlebnissen. Ergänzend sind auch Projekte in andern Unternehmen oder Lernumfeldern denkbar.

Weitere Möglichkeiten zu neuen Erfahrungen sind:

* Gelernt wird on-the-job. Deshalb sind neue, herausfordernde Aufgaben zu übertragen und Aufgabenfelder zu verbreitern.
* Job rotation ist ein systematisch gestalteter Arbeitsplatz- bzw. Aufgabenwechsel, der es den Mitarbeitenden ermöglicht, fachlich und funktional breite Erfahrungen zu sammeln und gleichzeitig in ihrer sozialen Kompetenz zu wachsen. Systematische Rotation ist wahrscheinlich das effizienteste Instrument, um Führungskräfte und Mitarbeitende zu entwickeln. Funktionen, die viel Lernpotential enthalten und sich besonders gut als Rotationsstellen eignen, sollten definiert und gezielt besetzt werden.
* Die besten Voraussetzungen für Managementfunktionen bringen in der Regel Mitarbeitende mit, die im Rahmen einer spiralförmigen Karriereentwicklung verschiedene Positionen intensiv erlebt haben. Dabei sollte es sich nicht nur um kurzfristige Einsätze handeln, sondern um Aufgaben, in denen auch die Umsetzung mit gestaltet werden muss, also Einsätze von mindestens drei bis vier Jahren in verschiedenen Bereichen.
* Eine größere Zahl von Führungskräften aus Wirtschaft und Verwaltung haben schon einen sogenannten Seitenwechsel erlebt. Das Programm Seitenwechsel der Schweizerischen Gemeinnützigen Gesellschaft vermittelt Führungskräften Einsätze in sozialen Institutionen. Für die Teilnehmer resultieren Horizonterweiterung und soziale Kompetenz, vergrößerte Sensibilität für psychische Situationen der Mitarbeitenden und Persönlichkeitsentwicklung. Grenzen können erfahren und Vorurteile korrigiert werden. Resultatdrang und Verstand treffen auf emotionale Intelligenz und Leben. Solche Begegnungen machen Seitenwechsel zu wichtigen Führungserfahrungen, die die Führungspersönlichkeit stärken. Viele Teilnehmer möchten die Erfahrung nicht missen.
* In Outdoorprogrammen, die der Auseinandersetzung mit Neuem dienen, kann das Führungshandwerk auf unkonventionelle Weise erarbeitet werden, z. B. durch Herausforderungen in der Natur (Zuttellato 2014).

6.9.4 Personalentwicklung reflektieren

Personalentwicklung, die den Fokus auf den Transfer legt, interessiert sich für die Reflexion des Wissenstransfers. Der Nutzen der Weiterbildung sollte so weit wie möglich reflektiert werden. Im Anschluss an Personalentwicklungsmaßnahmen können mit Fragebogen, Einzel- oder Gruppeninterviews Transferbefragungen durchgeführt werden. Gefragt wird:

- Wie gut konnten sie das Gelernte im Alltag nutzen?
- Welche Veränderungen haben stattgefunden?
- Haben sich die Veränderungen auf die Qualität der Arbeit und der Ergebnisse ausgewirkt?
- Wie gut wurden sie bei ihrer Umsetzung von ihrem Vorgesetzten unterstützt?

Selbstbeobachtung und Selbstreflexion z. B. mittels Lerntagebuch oder mit einem Lernbegleiter sind weitere Lernmöglichkeiten.

6.10 Personalcontrolling als systematisches Reflexionsfeld

Im Vergleich mit dem Unternehmenscontrolling ist das Personalcontrolling unterentwickelt. Es gibt viele Daten, aber wenig Akzeptanz. Oft wird das Falsche gemessen oder es mangelt an Steuerungsrelevanz, weil die Soll-Perspektive fehlt.

Wie das Unternehmenscontrolling hat auch das Personalcontrolling verschiedene Gesichter. Es kommt entscheidend darauf an, mit welcher Haltung es angewendet wird. Wenn es primär zahlengetrieben ist und im Sinne von Kontrolle gehandhabt wird, sät es Misstrauen. Als Reflexions- und Steuerungsinstrument im Sinne eines Business-Supports kann es hingegen wertvoll sein.

Häufig beschränkt man sich auf das Messbare. Gemessen wird das, was einfach gemessen werden kann. Es braucht den Mut, neben quantitativen auch qualitative Messgrößen einzubeziehen. Bei einer rein quantitativen Betrachtung ist die Sichtweise immer eingeengt. Gerade das Personalcontrolling kann sich nicht darauf beschränken. Weil die qualitativen, „weichen" Elemente wie Mitarbeiterzufriedenheit, Führungsqualität entscheidend sind, sind Subjektivität und Unschärfen zu akzeptieren. Auch Michelin-Punkte werden subjektiv vergeben, und im Marketing interessiert man sich intensiv für die subjektive Meinung der Kunden. Nur das HR-Management kennt seine Kunden und ihre Bedürfnisse ungenügend. Eine ganzheitliche Beurteilung beinhaltet eine Kombination von Kennzahlen, Indikatoren sowie die Beurteilung von Standards. Nur so wird auch die qualitative Dimension genügend einbezogen.

Damit reflektiert werden kann, braucht es Standards, die Grenzwerte oder Bandbreiten festlegen, die nicht über oder unterschritten werden sollten. Sie zeigen auf, was erwartet wird. In diesem Sinne sind sie anspruchsvoller als Kennzahlen, weil sie die Entwicklung einer maßstabbildenden Sollvorstellung voraussetzen. Vorab muss die Messlatte definiert werden, an welcher der Erfolg gemessen werden soll. Konkrete Standards sind unerläßlich, um anschließend feststellen zu können, ob ein Versprechen eingehalten worden ist. Grundsätzen ohne Standards mangelt es an Verbindlichkeit.

Das HR-Management muss imstande sein, die erfolgsentscheidenden Daten herauszufiltern, zu analysieren und dem Management überzeugend zu präsentieren. Ein fundiertes Personalcontrolling kann dem Personalmanagement Akzeptanz und Legitimation verschaffen. Es braucht Zahlen und Fakten, um die Wertschöpfung von HR-Maßnahmen glaubhaft zu machen. Das als „People Analytics" bezeichnete Sammeln und Analysieren einer Vielzahl von Personaldaten findet immer größere Verbreitung. Beispielsweise werden bei der Suche nach Mustern der Erfolg neuer Mitarbeitender oder die Fluktuation vertieft untersucht.

Das Wichtigste in Kürze

- Rollen, Aufgaben und Schwerpunkte des HR-Managements sind zu überdenken. Im Verhältnis von Führungskräften und HR-Management ist ein Backsourcing an die Führungskräfte zu prüfen. Schwerpunkte des HR-Managements sind Werteorientierung, Sicherheit, Verbundenheit und Reflexion.
- Sicherheit vermitteln heißt, die interne Beschäftigungsfähigkeit betonen und möglichst auf Entlassungen verzichten. Sorgfältig planen und offen kommunizieren vermitteln Sicherheit.
- Beiträge des HR-Managements zur Verbundenheit sind Arbeitsgestaltung, Einbezug, Arbeitsatmosphäre und Fürsorge in ihren vielfältigen Formen.
- Die Mitarbeitenden sind mit größter Sorgfalt und nicht nur aufgrund fachlicher Fähigkeiten, sondern auch von Limbik, Kultur und Werten zu rekrutieren. Entlöhnungssysteme sind langfristig auszurichten und sollten einen hohen fixen Anteil beinhalten. Die Mitarbeitenden lassen sich nur beschränkt entwickeln. Die wirksamsten Maßnahmen fordern die Mitarbeitenden heraus, vermitteln ihnen neue Erfahrungen und unterstützen ihre Reflexion. Das Personalcontrolling ist als systematische Reflexionsmöglichkeit zu nutzen.

Literatur

Beck, U. (1986) *Risikogesellschaft*. Frankfurt a. M.: Suhrkamp.
Bruch, H. (2012) Organisationale Energie. In *HRM-Jahrbuch*. Zürich: Weka Verlag
CS Sorgenbarometer. (2014). Forschungsinstitut gfs.Bern.
Deloitte-Studie. (2014). „Global Human Capital Trends."
Deutsche Gesellschaft für Personalfragen, Armutat, S. (Hrsg.). (2012). *Standardisierung und Individualisierung, differenzielles Management*. Wiesbaden: Springer.
Dortmund, T. U. (2010). Kompetenz von Jobnomaden, Studie.
Fehr, E., & Schwarz, G. (Hrsg.). (2002). *Psychologische Grundlagen der Ökonomie*. Zürich: Verlag Neue Züricher Zeitung.
Frey, B. S. (2002). Die Grenzen ökonomischer Anreize. In E. Fehr & G. Schwarz (Hrsg.), *Psychologische Grundlagen der Ökonomie*. Zürich: Verlag Neue Züricher Zeitung.
Grote, G., & Staffelbach, B. (Hrsg.) (2012). *Schweizer HR-Barometer*. Zürich: Universität Zürich und ETH Zürich. (HR-Barometer)
Held, G. u. a. (2015). Are older workers more active copers? *Journal of Organizational Behavior*.
Hüther, G. (2011). *Was wir sind und was wir sein könnten – ein neurobiologischer Mutmacher*. Frankfurt a. M.: Fischer.

Information factory. (2014). Information factory-studie.

Institut für Dialogforschung. (Nov. 2011). Arbeitszufriedenheit hängt vom Privatleben ab. *HR-To-day*.

Kaduk, St., Osmetz, D., Wüthrich, H. A., Hammer, D. (2013). *Musterbrecher, Die Kunst das Spiel zu drehen*. Murmann.

Kobi, J.-M. (2006). Personalcontrolling. *HRM-Dossier, 33,* Zürich: SPEKTRAmedia. (SPEKTRAmedia).

Kobi, J.-M. (2008). *Die Balance im Management*. Wiesbaden: Gabler. (Kobi Balance).

Kobi, J.-M. (2012). *Personalrisikomanagement* (3. Aufl.). Wiesbaden: Gabler. (Kobi Risk).

Kolb, M. (2008). *Personalmanagement: Grundlagen – Konzepte – Praxis*. Wiesbaden: Gabler.

Kreis, M., & Fiori, M. (Juni 2012). Wohin ist bloß die Employability verschwunden? *HR-Today*.

Osterloh, M., & Frey, B. (13. März 2009). Fixe Löhne als Alternative zu Bonus und Anreizsystem. Neue Züricher Zeitung.

Sendel, M. J. (2012). *Was man mit Geld nicht kaufen kann*. Berlin: Ullstein-Verlag.

Sennet, R. (1998). *Der flexible Mensch: Die Kultur des neuen Kapitalismus*. Berlin: Berlin-Verlag.

Sprenger, R. K. (2000). *Aufstand des Individuums*. Frankfurt a. M.: Campus.

Vuk, W. (2014). *Zukunft der Arbeit – Arbeit der Zukunft*. Hamburg: Disserta Verlag.

Zuttelato, A. (2014). *Führen lernt man draussen*. Zürich: NZZ Libro.

Fazit

Ohne Sicherheit und Verbundenheit keine Leistung und Innovation.
Ohne Reflexion kein lernendes Unternehmen.
Ohne Haltungen und Werte kein tragfähiges Commitment.

Im Sinne des Ausspruchs von Victor Hugo: „Nichts ist mächtiger als eine Idee, deren Zeit gekommen ist" hoffe ich, dass die „mächtigen" Aspekte – Sicherheit, Verbundenheit und Reflexion – die Führungsthemen in einem neuen Licht haben erscheinen lassen. Vielleicht konnte auch da und dort eine überraschende neue Sichtweise aufgezeigt werden oder der eine oder andere hat sich sogar vorgenommen, den eigenen Kompass neu zu justieren.

Der Ansatz könnte in Richtung Volkswirtschaft, Psychologie und Soziologie fruchtbar gemacht werden. In der Volkswirtschaft weisen zum Beispiel Themen wie die Bedeutung der Stabilität oder die Kurzfristigkeit in den Medien und im Internet auf die Sicherheitsthematik hin. Ungleiche Einkommensverteilung zerrt an der Verbundenheit und an einer solidarischen Gesellschaft.

© Springer Fachmedien Wiesbaden 2016
J.-M. Kobi, *Neue Prämissen in Führung und HR-Management,*
DOI 10.1007/978-3-658-12112-9

The manufacturer's authorised representative in the EU is Springer
Nature Customer Service Centre GmbH, Europaplatz 3, 69115 Heidelberg,
Germany. If you have any concerns regarding our products, please
contact ProductSafety@springernature.com

Printed and bound by CPI Group (UK) Ltd, Croydon, CR0 4YY

23/04/2026

02095645-0014